JOSEF RESCH

# GEFAHR IST MEIN BERUF

MH17, Pablo Escobar, Florian Homm –
Deutschlands erfahrenster Privatermittler
packt aus

Aufgeschrieben von
Holger Schöttelndreier

Econ

Um die Persönlichkeitsrechte einiger Akteure zu wahren, wurden Namen und Details verändert. Alle in diesem Buch dargestellten Ereignisse, Szenen und Dialoge haben sich aber wie beschrieben so oder in sehr ähnlicher Weise abgespielt.

MIX
Papier aus verantwortungsvollen Quellen
FSC® C083411

Econ ist ein Verlag
der Ullstein Buchverlage GmbH

ISBN: 978-3-430-20200-8


Gesetzt aus der Quadraat Pro
Satz: Pinkuin Satz und Datentechnik, Berlin
Druck und Bindearbeiten: CPI books GmbH, Leck
Printed in Germany

# Inhalt

# Vorwort

*Diese Dinge wird es immer geben: Prostitution, Korruption, Drogenmissbrauch – und eine sich um die Sonne drehende Erde.*
*(Eigene Erkenntnis)*

Die Realität entsteht nicht in den Drehbüchern der Autoren von Hollywood oder Babelsberg. Im richtigen Leben siegt nicht immer das Gute, und das Böse steht am Ende nicht immer vor dem Richter. Diese Erfahrung musste ich oft machen, und sie findet sich auch in den Schilderungen meiner Aufträge. Manchmal verhindert eine politische Entscheidung die Aufklärung, wie bei einem spektakulären Banküberfall in Belfast, manchmal stehen Unternehmensinteressen einer Überführung von Straftätern im Weg. Das musste ich erleben, nachdem ich jahrelang zuerst im Auftrag von Siemens und später der Deutschen Telekom einem internationalen Fälscherring auf der Spur war.

Seit mehr als 30 Jahren bin ich jetzt im Geschäft. Mein Privatleben hat oft darunter gelitten, meine Familie musste viele Opfer bringen. Jetzt ist es an der Zeit, mich – zumindest teilweise – zur Ruhe zu setzen. Ich werde meine Firma verkaufen und nur noch beratend tätig sein. Das Versteckspiel soll ein Ende haben. Gerade erst ist eine Anwaltskanzlei an mich herangetreten, ich sollte im VW-Abgasskandal ermitteln. Das Honorarangebot war gut, ich habe trotzdem abgelehnt. Zum wiederholten Male hätte ich mich durch den Schlamm wühlen müssen. Ich habe dazu einfach keine Lust mehr.

In diesem Buch kann ich nicht alles erzählen, denn Diskretion verjährt nicht. Oft musste ich aus juristischen Gründen zurückhaltend formulieren und konnte die Fälle nicht so auserzählen, wie ich es gerne getan hätte. Stoff genug für ein zweites Buch gäbe es auf jeden Fall. Auch im Fall der über der Ost-Ukraine abgeschossenen MH17 darf ich nicht alles erzählen. Hier wurde in den letzten Monaten viel vertuscht und die Öffentlichkeit getäuscht. Ich weiß nicht, wer bei der Rakete den Abzug gezogen hat. Aber ich weiß, wer hinter der Vertuschung steht. Die Öffentlichkeit wird zum Narren gehalten.

Im ersten Kapitel gehe ich ausführlich auf meine Kindheit ein. Was das mit meinem Job als Privatermittler zu tun hat? Auf den ersten Blick nicht viel. Aber das, was man in seiner Kindheit erlebt, prägt einen Menschen. So war es auch bei mir. Groß geworden bin ich auf der Schwaigeralm, einem beliebten Ausflugslokal südlich des Tegernsees. Die Alm ist das Lebenswerk meiner Eltern, deren Alltag von Verzicht geprägt war, um dieses Ziel zu erreichen. Daraus habe ich gelernt, nicht aufzugeben, nicht nachzulassen und immer dranzubleiben. Und ich hatte schon als Kind sehr viel Kontakt zu Prominenten, die auf der Schwaigeralm zu Gast waren. Auch das war wichtig für mich und meine Arbeit. Große Namen lassen mich nicht vor Ehrfurcht erstarren. Nach dem Tod meiner Mutter habe ich die Schwaigeralm an eine finanzstarke Stiftung verkauft, um sicherzustellen, dass sie dauerhaft als Traditionswirtschaft bestehen bleibt. Die neuen Pächter Ute und Christian Totzauer machen ihre Sache gut.

Meine Mutter hat vor ihrem Tod ihre Erinnerungen in einem kleinen Buch mit dem Titel »Einkehr in der Schwaigeralm bei Kreuth – Von der Stöcklmilli zum Filetsteak« aufgeschrieben. So unterschiedlich unsere Ansichten oft waren, ihr Buch beschreibt ein Leben, das vom Kampf geprägt war. Das ist bei mir nicht anders.

Bad Schwartau im Januar 2016

# Kapitel 1

# Junior

## Wie aus dem Jungen von der Alm ein Privatermittler wurde

Bierkrüge wurden in die Luft gestemmt und krachten im dichten Nebel aneinander. »Ein Prosit« auf den einen, »zum Wohl« auf den anderen. Niemand wurde vergessen, keiner ausgelassen. Ein Grund fand sich immer. Das Akkordeon meiner Mutter lief heiß, virtuos nutzte sie ihr Repertoire an bayerischem Liedgut, um die Stimmung immer weiter aufzuheizen. Darin verstand sie sich wie kaum eine andere. Mein Vater hielt einen tönernen Bierkrug mit drei Löffeln in der Hand und klatschte im Rhythmus der Musik mit der anderen Hand dagegen. Die Dirndl-Bedienungen schleppten im Akkord frische Bierkrüge und Obstler an die Tische.

Es war eine reine Herrenrunde, die sich an diesem Abend so ausgelassen eine Auszeit von den Niederungen der Politik genehmigte. Es hagelte derbe Witze und beißenden Spott. Draußen in der Welt tobte der Kalte Krieg. Draußen vor der Schwaigeralm in Kreuth am Tegernsee hingegen der Winter. Der war auch kalt, bitterkalt sogar. Das Thermometer hatte sich bei minus zwanzig Grad eingependelt. Das war keine Seltenheit hier oben in 850 Metern Höhe. Doch der große Kamin sperrte die Kälte draußen vor der Tür aus.

Viele Schnäpse später stellte mein Vater den Bierkrug zur Seite, entzündete seine armlange Pfeife und setzte sich zu dem Mann, der in dieser Runde unangefochten die Rolle des Alphatiers innehatte. Er legte seinen Arm um ihn, schaute ihn mit seinen glücklich lachenden Augen an und sagte: »Weißt was? Wenn sie dich in Bonn nicht mehr brauchen, dann kommst zu mir als Schankkellner, weil saufen kannst gut.«

»Abgemacht«, sagte der und reichte meinem Vater die Hand.

Doch daraus wurde nichts. Er wurde in Bonn und in der kalten Welt noch gebraucht, auch wenn er das an diesem Abend noch nicht wissen konnte. Es war der Mann, der nur wenige Jahre später mit einer demütigen Geste, die um die Welt ging, das Bild vom bösen Aggressor Deutschland etwas zurechtrückte und das eiserne Tor zwischen dem Osten und dem Westen einen kleinen Spalt breit öffnete. Mein Vater durfte diesen symbolträchtigen Akt nicht mehr erleben. Er starb ein Jahr vor Willy Brandts Warschauer Kniefall im Alter von nur 48 Jahren.

Der Abend in dieser denkwürdigen Runde 1967 mit Willy Brandt und seiner Entourage war sicher einer der Höhepunkte im Leben auf der Schwaigeralm – der einzige war er aber keinesfalls. Meine Mutter Hermine hatte schon 1956 damit begonnen, ein Gästebuch zu führen, in das sich all die Prominenz eintrug, die uns im Laufe der Jahrzehnte auf der Schwaigeralm besuchte. Meine Eltern waren Vollblutgastronomen, die einfach ein Händchen für ihre Gäste hatten und jedem das Gefühl gaben, auf das Herzlichste willkommen zu sein. Sie machten dabei keinen Unterschied zwischen dem einfachen Holzarbeiter und einer königlichen Hoheit wie Kaiserin Soraya, die einmal mit ihrer Mutter Eva Esfandiary bei uns einkehrte.

Mein Vater hatte sich mit der Alm einen Lebenstraum verwirklicht. Der kleine Schustermeister vom Tegernsee, eines von sieben Kindern einfachster Arbeiter, hatte in 14 Jahren aus einer nur mit dem Notwendigsten ausgestatteten Bergalm einen Platz geschaffen, an dem sich neben Spitzen aus Politik, Film, Sport und Gesellschaft Urlauber und Einheimische gleichermaßen für einen Augenblick fallenlassen und oberbayerische Gastfreundschaft und eine ausgezeichnete Küche genießen konnten. Aber der Preis, den er dafür gezahlt hat, war eigentlich zu hoch. Ganze drei Tage Urlaub in all diesen Jahren sind ein Teil dieser Bilanz. Und jener Urlaub wurde in der Pension von Verwandten in Garmisch-Patenkirchen verbracht. All die anderen Tage hatten den immer gleichen Ablauf: morgens um fünf Uhr aufstehen, die Tiere versorgen, sich anschließend bis spät in den Abend ums Geschäft kümmern.

Mein erstes Gefühl für die Schwaigeralm war abgrundtiefer Hass. Sie war der Grund, warum ich das Liebste aufgeben musste, das ich als sechsjähriger Bub hatte: meine Schäferhündin Cora. Sie war meine ständige Begleiterin, als meine Großeltern die Schwaigeralm noch bewirtschafteten und ich mit meinen Eltern auf der Lodenfrey-Hütte lebte. Diese Hütte war der erste Versuch meines Vaters, sich von seinem erlernten Handwerk ab- und der Gastronomie zuzuwenden. Es war wirklich nichts anderes als eine Hütte, die in den Sutten, einem Skigebiet südlich des Tegernsees, lag. Eigentümer war die Firma Lodenfrey, die in München hochwertige Trachtenkleidung herstellt. Es gab eine Küche, einen Schankraum und unter dem Dach ein großes Matratzenlager für die Gäste. Meine Eltern hatten keine Sekunde gezögert, als sie das Angebot für die Bewirtschaftung bekamen. Ich war damals knapp drei Jahre alt, hier beginnen meine ersten Erinnerungen. Zwar waren ständig Menschen um mich herum, doch einsam war ich trotzdem. Ich lebte mit Cora in meiner eigenen Welt und lernte sehr früh, meine Tage selbstständig zu gestalten. Das Leben meiner Eltern war hart und bestand ausschließlich aus Arbeit. Ich lief nebenher. Was zählte, war das Wohl der Gäste.

Böse war ich deswegen nicht auf meine Eltern. Ich kannte ja kein anderes Leben. Mit drei Jahren stand ich sicher auf den Skiern, mit vier Jahren schickten mich meine Eltern hinab zur ein paar hundert Meter entfernten Moni-Alm, um Milch und Eier zu holen. Sorgen machten sie sich keine. Sie wussten, dass ich mich nicht verlaufen würde, und sie wussten, dass Cora ihr Leben riskieren würde, um mich zu beschützen. Einem Waldarbeiter und Freund meiner Eltern wäre das beinahe zum Verhängnis geworden. Als er mich auf einem dieser Erledigungsgänge im Wald traf, herzlich begrüßte und zum Spaß ein wenig in die Luft warf, sprang Cora ihm ansatzlos von hinten ins Genick. Er stürzte, und knurrend stand meine Hündin mit gefletschten Zähnen über ihm. Es muss ein seltsames Bild gewesen sein. Ein Vierjähriger rettet einen gestandenen Waldarbeiter vor einem zu allem entschlossenen Schäferhund.

Am 1. Mai 1929 hatten die Eltern meiner Mutter, Georg und Anna Steger, die Schwaigeralm übernommen, die damals wirklich nicht mehr war als eine kleine Bergalm. Es gab keinen Strom und nur eine einzige Feuerstelle. Fließend Wasser hatte nur der Sagenbach, der bis kurz oberhalb der Schwaigeralm über vier Kilometer unterirdisch verläuft und deswegen der kälteste Bach der ganzen Region ist. Im Sommer brachte der Verpächter sein Vieh auf die Alm, das auf den zu der Zeit noch wenig bewaldeten Bergwiesen rund um die Alm graste. Meine Großeltern durften für die Arbeit mit den Kühen und Kälbern umsonst wohnen und hatten das Recht, neben der Milch auch noch Kaffee und alkoholfreie Erfrischungsgetränke an Wanderer und Arbeiter zu verkaufen.

Die untere Etage des Hauses bestand praktisch nur aus der kleinen Küche und dem großen Gastraum. In der oberen Etage waren die Schlafkammern, die alle eisig kalt waren. Durch die unverschalten Zimmerwände blitzten in den ersten Jahren einzelne Sterne. Der Raureif ließ sich von den Wänden kratzen. Zwischen Fenstern und davorgehängten Winterfenstern hatten meine Großeltern dicke Stoffrollen mit Holzwolle und Sägemehl zur Abdichtung gestopft.

Die Winter hier oben waren einfach brutal. Daran sollte sich in den nächsten Jahrzehnten nicht viel ändern. Von Mitte November bis Mitte Januar schafft es kein einziger Sonnenstrahl über den Gipfel des Hohlenstein. Mit großer Gewissenhaftigkeit hatte sich mein Großvater auf den ersten Winter vorbereitet. Brennholz war genügend vorhanden, alle Lebensmittel waren im Herbst nach dem Almabtrieb eingekauft. Fiel der erste Schnee, gab es kaum etwas anderes zu tun als Wege in die bis zu drei Meter hohen weißen Massen zu schaufeln und zu sägen.

Mein Großvater starb 1951. Von da an war Großmutter gezwungen, die Schwaigeralm allein mit meiner Tante Bertha zu bewirtschaften. Als Bertha heiratete und zu ihrem Mann zog, kam der Hilferuf an meine Eltern. Sie müssten die Lodenfrey-Hütte aufgeben und sie bei der Arbeit unterstützen. Für meinen Vater war die Sache sofort klar, denn er sah großes Potential in der Alm. Anders als in der kleinen Hütte in den Sutten konnte er hier seine gastronomischen Pläne verwirklichen. Für Mutter bedeutete es eine Rückkehr in ihr Elternhaus, das Großvater vor ein paar Jahren endlich hatte kaufen können.

Auf der Schwaigeralm gab es immer noch keinen Strom. Meine Großeltern waren extrem sparsame Menschen, viel hatten sie seit ihrem Einzug 1929 nicht verändert. Womit auch? Das Geschäft reichte gerade eben zum Leben, aber bestimmt nicht für größere Investitionen. Was ich nicht geahnt hatte, war, dass ich durch unseren Umzug meine geliebte Cora verlieren würde, denn auf der Schwaigeralm gab es schon einen Hund. Einen Spitz, die damals groß in Mode waren. Bella hieß die falsche Schlange, und als mir meine Eltern offenbarten, dass wir Cora auf der Lodenfrey-Hütte zurücklassen müssen, weil es sonst blutige Kämpfe zwischen den beiden Hündinnen geben würde, hätte ich es gerne darauf ankommen lassen. Aus dem Kampf konnte nur meine Cora als Siegerin hervorgehen. Doch meine Eltern blieben hart. Cora blieb in der Hütte, Bella auf der Alm. Am liebsten wäre ich mit meinen sechs Jahren sofort zur Großmutter auf die Alm gelaufen, um den verhassten Köter im eiskalten Sagenbach zu ertränken. Stattdessen saß ich heulend zusammen mit meinen Eltern auf dem Traktor, der unsere bescheidene Habe von der Lodenfrey-Hütte zur Schwaigeralm brachte. Einen großen Anhänger haben wir nicht gebraucht. Meine Eltern besaßen nur wenig mehr als nichts.

Cora hatten wir an der alten Hütte angeleint, damit sie uns nicht hinterherlief. Sie jaulte und winselte, und ich bin mir sicher, sie wusste genau, was gerade passierte. Die neuen Bewirtschafter hatten versprochen, sich gut um sie zu kümmern, doch Cora starb nur wenige Monate später.

Mich hat dieses Erlebnis nachhaltig geprägt. Verantwortung für Schutzbefohlene und Schwächere zu übernehmen, ist mir seit diesem Tag im Jahr 1955 eine Herzensangelegenheit. Da verstehe ich keinen Spaß. Ein Münchner Oberlude sollte Jahre später am eigenen Leib spüren, dass ich da keine Ausnahmen mache.

Der Verlust von Cora beschäftigte mich noch lange, aber mein Vater sorgte dafür, dass ich nicht allzu viel Zeit zum Nachdenken hatte. Ich bezog eine kleine zugige Kammer in der oberen Etage und bekam schnell neue Aufgaben. Neben den Kühen, die wir im Sommer oben versorgten, gab es noch zwei Schweine, eine Katze und einen Haufen Hühner. Vor dem Haus hatte mein Vater im Sagenbach ein Becken für Forellen angelegt. Dort lebten sie so lange, bis sie entweder geräuchert oder zu Forelle blau verarbeitet wurden – zwei der Spezialitäten auf der Schwaigeralm – oder der Bach nach starken Regenfällen so viel Wasser mit sich führte, dass sie das Weite suchten.

Den Spitz ignorierte ich einfach.

Schnell wurde klar, dass die Pläne meines Vaters so gar nicht zu den Vorstellungen passten, die meine Großmutter von der Schwaigeralm hatte. Sie argumentierte mit der Vergangenheit, er beschwor die Zukunft. Expansion war sein Stichwort. Ihm schwebte ein richtiger Berggasthof mit guter Küche, verschiedenen Gasträumen, einer großen Terrasse und zünftiger Musik vor. Der Zeitpunkt schien ideal, denn endlich hatten meine Eltern die langersehnte Konzession bekommen, auch Alkohol ausschenken zu dürfen.

»Und wie willst du das bezahlen?«, fragte die Großmutter.

»Wir gehen zur Sparkasse und nehmen ein Darlehen.«

Ich hatte keine Ahnung, was ein Darlehen ist. Aber es musste etwas Unheilvolles sein, wenn ich die Reaktion meiner Großmutter richtig interpretierte: »Du lässt dich auf ein Spiel mit dem Teufel ein.« Ich war da ganz ihrer Meinung, mit dem Teufel sollte man nicht spielen. Das heißt nicht, dass ich ein strenggläubiger Katholik war, geschweige denn bin, aber wer wie ich aus einer Gegend kommt, in der an jeder Weggabelung ein ans Kreuz genagelter Christus Wind und Wetter trotzt, hatte zumindest im zarten Alter von sechs Jahren keine Lust, sich mit dem Antichristen anzulegen.

Es war der klassische Streit zwischen den Generationen, zwischen Bewahren und Erneuern. Und er endete, wie er in den meisten Fällen endete: Die Oma zog aus. Sie ging zurück in ihre österreichische Heimat.

Freie Bahn für meinen Vater, und der drückte das Gaspedal durch bis zum Anschlag. In einem atemberaubenden Tempo wurde die Schwaigeralm immer größer und einladender. Täglich ging er bis an seine Grenzen für seinen Traum. Er schuftete wie ein Ackergaul – und das, obwohl er seit seinem achtzehnten Lebensjahr mit einer schweren Behinderung leben musste. Damals wurde sein Fuß bei einem Kletterunfall mit Freunden im Riederstein nach einem Sturz in die Tiefe so sehr verdreht, dass alle Sehnen rissen und ihm der rechte Unterschenkel amputiert werden musste. Seitdem trug er eine Holzprothese, die nicht besonders gut saß und ihm häufig Schmerzen, Schwellungen und Entzündungen bescherte, die ihn aber nie von der Arbeit abhielten.

Vielleicht war es seine Art, sich zu beweisen, dass bei ihm nichts fehlte, er ein richtiger Mann ist. Ich bin sicher, niemand, der ihn auf der Schwaigeralm erlebt hat, wäre je auf die Idee gekommen, etwas anderes zu behaupten. Selbst beim Schuhplattlern ließ er sich nichts anmerken. Bei diesem oberbayerischen Balztanz, der fester Bestandteil der Abendgestaltung auf der Schwaigeralm war und für einen Mann mit nur einem Bein eine echte Herausforderung ist, konnte ihn niemand halten. Ohne Rücksicht auf Herkunft, Alter und Aussehen seiner Tanzpartnerinnen drehte und bespaßte er sie. Den Damen hat's gefallen. Auch den Damen, die sich weiß Gott nichts von einem einfachen Almwirt hätten gefallen lassen müssen.

Anneliese von Bohlen und Halbach zum Beispiel, Ex-Gattin des letzten Krupp-Magnaten Alfried Krupp von Bohlen und Halbach, die zusammen mit ihrem Sohn Arndt gerne im »Jägerwinkel« kurte, einer Klinik weiter nördlich am Tegernsee in Bad Wiessee. Während dieser Kuren schaute sie regelmäßig bei uns vorbei, und es entwickelte sich im Laufe der Jahre eine geradezu herzliche Bindung zwischen meiner Mutter und ihr. Die beiden mochten sich. Vielleicht war es auch deswegen kein Problem, wenn mein Vater ihr beim Tanzen den Rock in die Höhe schlenzte und lauthals versprach, mit ihr noch ein Kind zu zeugen. Auch Marianne Eckes-Chantré, deren Geburtsname ihren Mann Ludwig Eckes bei der Namensgebung für einen neuen Weinbrand inspiriert hatte, hätte sich noch einen kleinen Resch »einschenken« lassen können. Nach meinem Kenntnisstand bin ich trotz der vielen Balztänze meines Vaters ein waschechtes Einzelkind ohne versteckte Halbgeschwister.

Für meine Mutter war das alles kein Problem. Eifersucht war für sie ein Fremdwort: Er durfte sich vieles erlauben, weil ihn die Leute einfach mochten. Hermine stand zu ihrem Mann, wie sie es dem Herrgott bei der Hochzeit versprochen hatte: in guten wie in schlechten Zeiten. Die guten Zeiten waren die brechend vollen Abende und Tage auf der Alm, wenn die Gäste die oberbayerische Gemütlichkeit in vollen Zügen genossen, die Küche auf Hochtouren lief und das Personal mit dem Bedienen kaum nachkam. Die schlechten Zeiten waren mittwochs – da war Ruhetag – und am Abend, wenn meine Eltern sich mit den finanziellen Sorgen schlafen legten. Den Ruhetag nutzte meine Mutter für die Buchhaltung, mein Vater schraubte, sägte und hämmerte.

Die Buchhaltung war keine Freude, denn obwohl die Alm sich immer größerer Beliebtheit erfreute, blieb kaum etwas zum Leben übrig. Die Schulden bei der Sparkasse waren inzwischen enorm. Meine Eltern rechneten, drehten jeden Pfennig so lange um, bis er glänzte, und trotzdem reichte es vorne und hinten nicht. Immer wieder gab es deswegen auch heftigen Streit zwischen den beiden. So gut sie als Gastgeber harmonierten, bei der Neugestaltung der Alm waren sie einfach unterschiedlicher Meinung. Meine Mutter fand, dass mein Vater zu schnell zu viel wollte. Doch auch wenn es ihr Elternhaus war, das letzte Wort hatte er.

Josef Resch sen. hatte eine Vision. Er wollte die Schwaigeralm zu einer Institution aufbauen. Damit passte er durchaus in die Zeit. Deutschland erhob sich aus den Trümmern, auch wenn in der Langenau nicht eine einzige Bombe niedergegangen war. Es waren die Jahre des Wirtschaftswunders. Investieren war die Devise. Die Banken gaben gerne, und noch lieber nahmen sie. Im Fall meiner Eltern war das Risiko minimal. In Kreuth kannte jeder jeden, und jeder wusste, dass Hermine und Josef Resch wie Kamele in der Wüste weitermarschieren würden, bis sie irgendwann tot umfielen.

Im Jahr 1960 gab es noch immer keinen Strom auf der Schwaigeralm und selbstverständlich auch kein Telefon. Licht spendeten die fauchenden Petromax-Lampen, die in Deutschland wahrscheinlich schon damals kaum noch jemand kannte. Tagelang hatten sich meine Eltern gestritten. Ich reagierte wie die meisten Kinder in so einer Situation, zog mich zurück. Ich wollte das alles nicht hören. Die Gründe verstand ich eh nicht. Als es wieder ruhiger wurde zwischen den beiden, schlug mein Vater einen Spaziergang vor – einen Familienspaziergang. Seit ich denken konnte, hatte es das noch nicht gegeben. Touristen und Kurgäste gingen spazieren, aber wer hier lebte, arbeitete hier. Und wenn er damit fertig war, gab's ein Bier – mit oder ohne Brotzeit. Es war eine seltsame Stimmung, als wir an einem Mittwoch zu dritt den Weg hinter der Schwaigeralm hochspazierten. Ich blieb natürlich nicht die ganze Zeit bei meinen Eltern. Zwar kannte ich jeden Baum persönlich, aber mitten in der Natur gibt es für einen Elfjährigen immer noch sehr viel Spannenderes als neben seinen Eltern einen Waldweg entlangzuspazieren. Kam ich von meinen kleinen Exkursionen zurück, so verstummte das Gespräch augenblicklich. Ich sah, dass Mutter weinte. Irgendwann kehrten wir um, und meine Eltern machten sich schweigend wieder an die Arbeit. Viele Jahre später, als mein Vater schon lange tot war, hat Mutter mir gebeichtet, was an diesem seltsamen Tag eigentlich passieren sollte: Vater hatte seine Pistole eingesteckt. Er war am Ende und sah keinen Ausweg mehr. Er wollte sich und uns im Wald erschießen.

Ich habe lange überlegt, ob ich diese Geschichte aufschreiben soll oder ob ich damit das Ansehen meines Vaters beschädige. Nichts liegt mir ferner. Ich habe es getan, weil sie zeigt, wie verzweifelt er war. Wenn ich heute in Zeitungen über einen »erweiterten Suizid« lese, dann kommt mir jedes Mal die Geschichte von damals wieder in den Sinn. Und ich bin stolz auf meinen Vater. Obwohl er keine Chance mehr sah, gegen die Schulden anzukämpfen, ist er diesen letzten Schritt eben nicht gegangen. Er hat nicht aufgegeben, sondern den Kampf wieder aufgenommen.

Vaters Mut wurde nur ein Jahr später belohnt. Als die SED in Berlin die Mauer durch die Stadt zog, rückte bei uns das Technische Hilfswerk an und verlegte ein Stromkabel zur Schwaigeralm. Das war kein leichtes Unterfangen, dreimal musste der Sagenbach untertunnelt und mussten Felsen gesprengt werden. Es war ein feierlicher Moment, als wir alle in der Gaststube standen, mein Vater eine kleine Ansprache hielt und dann den Lichtschalter umlegte. Es war das einzige Mal in meinem Leben, dass ich ihn habe weinen sehen.

Ein Grund zum Weinen wären auch meine schulischen Leistungen gewesen. Da gibt es nichts zu beschönigen. Die Schule und ich, das war von Anfang an keine große Liebe. Im Winter habe ich sie verflucht. Dafür gab es allerdings auch einen guten Grund. Denn mein Schulweg war kein Zuckerschlecken. Die Nacht begann gemütlich mit einem heißen Stein aus dem Ofen in der Küche, den Mutter mit Baumwolltüchern umwickelte und mir ins Bett legte. Wenn ich dann hineinschlüpfte, war die Bettwäsche herrlich vorgewärmt. Eine Wärmflasche war übrigens keine Option. Warum? Sie wäre über Nacht eingefroren. So eisig war es in meiner kleinen Kammer. Wenn mein Vater mich morgens um fünf Uhr weckte, war meine erste bange Frage: »Hat's geschneit?« Nickte er mit dem Kopf, würde ich mit meinen sieben Jahren und einer Körpergröße von 1,30 Meter den Schneepflug geben müssen. Also stapfte ich mit einem dick mit Butter und Rauchspeck belegten Brot im Ranzen in den finsteren und bitterkalten Morgen. An den ganz schlechten Tagen lagen bis zu 60 Zentimeter Neuschnee. Für die wilde Romantik der Bergwelt hatte ich damals keinen Blick. Bei Neumond konnte man vom unberührten Neuschnee eh nichts sehen.

Vor mir lagen knapp 3,5 Kilometer, von denen ich nur die ersten 800 Meter alleine bewältigen musste. Danach traf ich auf meine Freunde Arno und Fidi, mit denen ich den restlichen Weg zur Schule ging. Jahre später wurde aus dem Trio ein Quartett, als Ottos Familie in die Langenau zog und uns Otto auf dem Weg zur Schule begleitete. Wenn ich nach dem zweieinhalbstündigen Marsch völlig durchnässt um acht Uhr im warmen Klassenzimmer auf meinem Stuhl in mich zusammensackte, dauerte es meist nur wenige Minuten, bis ich vor Erschöpfung einschlief. Das Ergebnis waren Noten, die gerade eben reichten, um in die nächste Klasse versetzt zu werden. Nur einmal wurde es so knapp mit der Versetzung, dass ich beschloss, dem Schicksal etwas nachzuhelfen.

Die achte Klasse lag zu dem Zeitpunkt in weiter Ferne. Nur ein Wunder konnte mir noch helfen. Ich würde es eher effektive Informationsbeschaffung nennen, mein wahres Talent.

In meiner Verzweiflung kletterte ich mitten in der Nacht durch das winzige Fenster meiner Schlafkammer ins Freie, ließ mich an einem Seil herab und machte mich freiwillig auf den Weg zur Schule. Inzwischen hatte ich schon ein Rad, was den Weg erträglicher machte. Freilich hatte ein junger Bub wie ich zur nachtschlafenden Zeit allein nichts auf der Straße zu suchen. Also musste ich den letzten Kilometer sicherheitshalber zu Fuß gehen.

Der Plan war gut. Das dreistöckige Schulhaus, das heute noch unverändert Kreuths Kinder auf das Leben vorbereitet, beherbergt im Obergeschoss die Dienstwohnung des Hausmeisters, von dem ich wusste, dass er sich abends gerne einen genehmigte. Ich rechnete mir aus, dass er in seiner körperlichen und geistigen Leistungsfähigkeit schon stark eingeschränkt sein müsste, wenn ich am Schulhaus ankam. Damit war er ein leichter Gegner. Ich nahm einen kleinen Stein und warf ihn gegen sein hell erleuchtetes Wohnzimmerfenster. Die Zeit, die es brauchte, bis sein breiter Schädel schwankend am Fenster erschien, um nachzusehen, was die Ursache für die nächtliche Störung war, bestätigte mein Kalkül. Drei weitere Steine waren nötig, damit er sich in Bewegung setzte, um draußen nach dem Rechten zu sehen.

Ich hatte mich inzwischen hinter einem Baum auf dem Schulhof versteckt, als er durch den Haupteingang nach draußen ging. Mein Herz schlug bis zum Hals. So schlimm habe ich es bisher nur ein zweites Mal erlebt, viele Jahre später in einem Schnellboot vor der algerischen Küste. Ein weiterer Stein lockte ihn von der Eingangstür weg um die Ecke des Gebäudes. Die Tür ließ er offen. Es ist immer ein erhebendes Gefühl, wenn sich der Gegner so verhält wie geplant. Als er hinter der Ecke verschwunden war, sprintete ich los und rannte die blankpolierte Holztreppe hoch in den ersten Stock. Mein Klassenzimmer lag auf der Ostseite der Schule, der Hausmeister suchte auf der Westseite nach dem Störenfried.

Der Schlüssel fürs Klassenzimmer hing für mich unerreichbar hoch oben neben dem Türrahmen. Dafür hatte ich vorgesorgt. Zu meiner Ausrüstung gehörte ein langer Stock, an dem ich vorne einen Haken angebracht hatte. Ich nahm am Pult meines Lehrers Herrn Wengermeier Platz, fischte mir die Mathearbeit unseres Klassenbesten Hansi Berthold aus dem Stapel und verglich sie mit meinen Ergebnissen. Es war noch schlimmer, als ich befürchtet hatte. Ich ging zu meinem Tisch, holte mein Papier und begann im durch ein Löschblatt gedämpften Schein meiner Taschenlampe unter Wengermeiers Pult meine Arbeit neu zu schreiben. Anschließend räumte ich alles wieder fein säuberlich an seinen Platz, steckte das Original in die Hosentasche, schloss die Tür von außen, beförderte den Schlüssel zurück an seinen Platz und machte mich aus dem Staub. Der Hausmeister hatte seine Suche längst ergebnislos abgebrochen und trank wahrscheinlich gerade einen Obstler auf den Ärger, als ich durch das Toilettenfenster im Erdgeschoss unbemerkt verschwand.

»Ein Wunder ist geschehen! Der Herrgott selbst muss aus dem Himmel hinabgestiegen sein, um unseren Sepp mit seiner göttlichen Weisheit zu beflügeln. Nur einen winzig kleinen Fehler hat er in der Mathearbeit gemacht. Das ist wirklich ein Wunder, für das der Josef dem lieben Gott sein Leben lang dankbar sein sollte.« Hansi Berthold hatte eine Eins, ich immerhin eine Eins bis Zwei. Das hatte es in der Tat noch nie gegeben. Ich war nicht so dumm gewesen, Hansis Rechenprobe eins zu eins zu kopieren.

Manchmal gibt es für Wunder ganz weltliche Erklärungen. Wengermeier hatte sicher schlaflose Nächte deswegen. Mein Lehrer wusste genau, dass ich ihn beschissen hatte, aber er kam nicht darauf, wie ich's angestellt hatte. Bei Klassenarbeiten stand ich unter strengster Beobachtung. Wengermeier war erfahren genug, um mich nicht von der Klugheit meiner

Klassenkameraden profitieren zu lassen. Nach dem Ende meiner Schulzeit hat er bis zu seinem Tod nie wieder ein Wort mit mir geredet – obwohl wir uns noch oft begegnet sind.

Über die Rettung meiner Mathenote habe ich mit niemandem geredet. Verschwiegenheit war für mich noch nie ein Problem. Daran hat sich bis heute nichts geändert. Geschwätzigkeit kann in meinem Geschäft schnell lebensgefährliche Folgen haben. Mit »niemandem« meine ich übrigens wirklich niemanden. Auch gegenüber dem Pfarrer, dessen Beichtstuhl keine hundert Meter von der Schule entfernt stand, blieben meine Lippen verschlossen. Nur das Ergebnis zählte, und das war in diesem Fall die achte Klasse.

Im krassen Gegensatz zum bayerisch-katholischen Dorfleben stand die große weite Welt in Wildbad Kreuth. Das alte Kurbad am Hang des Hohlensteins war wie schon die Jahrhunderte zuvor ein beliebter Rückzugsort für den europäischen Hochadel. Von hier aus führen viele wunderschöne Wanderwege in die Blauberge und hoch zum Schildenstein. Bis zur Schwaigeralm waren es im Sommer zu Fuß nur 24 Minuten. Deswegen und weil es sich offenbar auch in der großen weiten Welt von Wildbad Kreuth herumgesprochen hatte, dass man beim schuhplattlernden Josef Resch auf der Schwaigeralm kurzweilige Abwechslung zum Kurbetrieb finden konnte, hatte ich schon in meiner Kindheit mehr Promis hautnah erlebt als die meisten Menschen in ihrem ganzen Leben. Welcher Elfjährige konnte schon von sich behaupten, zusammen mit Fürst Rainier von Monaco in der Küche zusammen einen Zwetschgendatschi gebacken zu haben? Ich rollte den Teig aus, der Fürst verteilte die Pflaumen. Ich fand's nur bedauerlich, dass seine schöne Frau Grace Kelly, damals schon Gracia Patricia, nicht mitgekommen war. Jahre vorher hatte ich schon seinem Vater Pierre Grimaldi, Herzog von

Valentinois, eine besonders schöne Forelle aus dem Becken gefischt, die er sich an einem sonnigen Tisch in der Winterstube schmecken ließ. An den Besuch erinnert ein Eintrag in unserem Gästebuch, um den ihn meine Mutter gebeten hatte. Das war noch zu den Zeiten, als meine Eltern ihre Gäste aufs Plumpsklo vor der Alm schicken mussten, wenn's was Menschliches zu erledigen gab. Zu gerne hätte ich in der Schule damit geprahlt, meine täglichen Geschäfte auf einem durch ein herzögliches Gesäß geadelten Brett verrichten zu können, aber Pierre Grimaldi hatte bei seinem Besuch diesbezüglich wohl keine Bedürfnisse. Auch Prinz Louis Ferdinand, Chef des Hauses Hohenzollern und Enkel des letzten deutschen Kaisers, der zusammen mit Georg Moritz, Prinz zu Schaumburg-Lippe, und Prinz Friedrich Carl von Preußen einen gemütlichen Abend bei uns am großen Kamin verbracht hatte, sah dafür keinen Anlass.

Die Gästebücher wurden im Laufe der Jahre zu einer Leidenschaft meiner Mutter. Später bedauerte sie, manchmal einfach zu wenig Zeit gefunden zu haben, jeden Prominenten um einen Eintrag zu bitten. Einigen von ihnen war's wohl auch ganz recht, und vermutlich hat sie auch nicht jeden erkannt. Wer inkognito kam, der blieb es meist auch. Klatschzeitschriften gab es bei uns nicht und erst recht natürlich keinen Fernsehapparat. Eines der schönsten Gästebücher hatte meine Mutter 1962 von ihrer »Freundin« Anneliese von Bohlen und Halbach geschenkt bekommen, als diese gesehen hatte, dass das alte Buch auf die letzten Seiten zuging. Es war ihr eine Freude, sich zusammen mit ihrem Sohn gleich auf der ersten Seite einzutragen. Das war nach einem dieser feuchtfröhlichen Nachmittage mit viel Himbeergeist und Vaters Witzen. Zarah Leander und ihr Mann Arne Hülphers waren ebenfalls dabei und ließen sich nicht lumpen, sich ebenfalls schriftlich für den unterhaltsamen Nachmittag zu bedanken.

Meine Mutter platzte vor Stolz. Das waren die Momente, in denen meinen Eltern zusätzlicher Lohn für die harte Arbeit ausgezahlt wurde.

Die Promis gaben sich auf der Schwaigeralm die Klinke in die Hand: Ilse Werner, Willi Bogner, Carl Lieffen, Carl Raddatz, Peter Alexander, Nadja Tiller, Erik und Hilde Ode, Ilse Kubaschewski, Rudolf und Gertrud Platte, Olga Tschechowa, Anneliese Fleyenschmidt, Erni Singerl, Harald Leipnitz und auch der Mensch gewordene Berg Louis Trenker. Viele von ihnen sind inzwischen in Vergessenheit geraten, damals waren sie das, was heute unter den Begriff A-Promi fällt und nicht im Dschungelcamp in Maden baden muss. Doch nicht nur Schauspieler und Musiker schätzten die Gastfreundschaft meiner Eltern. Auch »Wienerwald«-Gründer Friedrich Jahn kam mit seiner ganzen Familie. Otto Schedl, Mitbegründer der CSU und später stellvertretender Parteivorsitzender sowie bayerischer Wirtschafts- und Finanzminister, gab sich ebenso die Ehre wie der damalige Landwirtschaftsminister Josef Ertl, der spätere bayerische Staatsminister für Wirtschaft und Verkehr, Anton Jaumann, und Dr. Manfred Schreiber, Polizeipräsident in München. Robert Schwan, legendärer Manager des FC Bayern München, kam nicht nur oft allein auf die Schwaigeralm, er ließ meine Eltern sogar eine Meisterfeier seines Clubs mit allen Spielern ausrichten.

Meine Mutter erinnerte sich besonders gern an einen Besuch von Quelle-Gründer Gustav Schickedanz mit seiner zweiten Frau Grete im Februar 1963. Vielleicht ist er ihr deswegen so positiv in Erinnerung geblieben, weil er sein Vermögen im Grunde mit den Bedürfnissen der einfachen Frauen vom Lande gemacht hatte, indem sie sich in seinem Versandhandel Dinge bestellen konnten, die in abgelegenen Gegenden nur schwer zu bekommen waren. Meine Mutter entsprach also zu 100 Prozent seiner Zielgruppe.

Auch Josef Neckermann gehörte mit seiner Frau Annemarie zu unseren Stammgästen. Damals konnte ich noch nicht wissen, dass ich viele Jahre später ein Kopfgeld in Höhe von 1,5 Millionen Euro auf seinen Großneffen Florian Homm aussetzen und mit seiner Nichte Uschi, der Mutter von Florian, eine gewagte Flucht aus einem italienischen Gefängnis planen würde. Auch mit einem anderen Gast meiner Eltern sollte mich später indirekt eine unheilvolle Geschäftsbeziehung verbinden: Dr. Peter von Siemens, Urenkel von Firmengründer Werner von Siemens. Eine Geschichte, die mein bester Freund und treuer Mitarbeiter fast mit dem Leben bezahlt hätte.

Der schrulligste von allen Gästen aber war zweifelsohne Multimilliardär Friedrich Karl Flick, dem damals in der Nachbarschaft das Anwesen Grüneck gehörte. Er kam eine Zeitlang fast jeden Morgen. Er hatte sich angewöhnt, meinen Vater zu einem Birnenschnaps für 60 Pfennig einzuladen, und erwartete, dass Sepp sen. die zweite Runde spendierte, was mein Vater natürlich nie verweigerte. Flick, der seine Unternehmen 1985 für 5,4 Milliarden Mark an die Deutsche Bank verkaufte, bestand darauf, dass ein einfacher Wirt ihn auf einen Birnenschnaps einlud. So sind sie, die Leute. Vom Geldausgeben ist noch keiner reich geworden.

So spannend es klingt, ständig berühmte Menschen daheim in der Gaststube zu haben, bedeute es für mich in erster Linie Arbeit. Gingen die anderen Kinder spielen, musste ich arbeiten. Kam ich nach der Schule um die letzte Kurve und sah den vollen Parkplatz, wusste ich, es wird wieder mal nichts mit Spielen und Freizeit. »Wo bleibst denn so lang?«, empfing mich mein Vater ungeduldig.

Dann füllte ich Milchkännchen nach oder ging dem Spüler zur Hand – es gab immer etwas zu tun, auch wenn wir in der Zwischenzeit bis zu fünf Bedienungen hatten. Schlich ich mich davon, konnte ich sicher sein, schon nach kurzer Zeit den Pfiff meines Vaters zu hören, der mich an die Arbeit gemahnte. Ich werde diesen Pfiff nie vergessen. Man konnte ihn mindestens einen Kilometer weit hören.

Die einzige Ausnahme war der Sport. Mein Vater und ich teilten die Leidenschaft für Eishockey. Er opferte seine wertvolle Zeit, um mich regelmäßig zum Training zu fahren. Ich hatte durchaus Talent, war schnell und wendig, mir fehlte aber noch die Masse, um mich in diesem körperbetonten Sport gegen meine Gegner durchzusetzen. Aus ganz anderem Holz geschnitzt war mein Teamkollege Hans Zach. Ließ ihn ein Gegner brutal in die Bande krachen, stand er auf, schüttelte sich ein Mal und meinte: »Den nehme ich jetzt mal Maß.« Wie Hans Sachen wegsteckte und dann verbissen weiterkämpfte, das hatte Klasse. Daran habe ich mich später immer wieder erinnert und auch so gehandelt. Später wurde er Deutscher Meister und sogar Trainer der Nationalmannschaft. Ich dagegen musste die Schlittschuhe wegen meiner Lehre an den Nagel hängen.

Auf der Schwaigeralm ging es immer nur um die Gäste. Ein richtiges Familienleben habe ich deswegen nie kennen gelernt. Höchstens mal, wenn ich bei meinem Freund Arno im Forsthaus war. Das war das Gegenmodell zu meinem Zuhause. Hier gab es ein richtiges Familienleben, mit gemeinsamen Abendessen und Zeit füreinander. Hier habe ich gesehen, was Familie bedeuten kann. Trotzdem mache ich meinen Eltern keinen Vorwurf. Sie hatten ihren Traum, dafür haben sie gelebt. Für Familienleben war da kein Platz. Das gab es nur an einem Tag im Jahr, nämlich am Heiligen Abend. Dann saßen wir zu dritt zusammen, aßen Würstchen mit Kartoffelsalat, packten die bescheidenen Geschenke aus, hörten im Radio die Kirchenglocken und gingen früh schlafen. Am ersten Weihnachtstag ging es dann weiter.

Bei so viel Betrieb hätte man annehmen müssen, dass es meinen Eltern blendend ging, doch das Gegenteil war der Fall. Ich hatte zwar immer wieder mitbekommen, dass es finanziell drückte, wie schlimm es aber tatsächlich war, erfuhr ich erst nach dem Tod meines Vaters. Mit mehr als einer Million Mark stand er bei der Sparkasse Tegernsee in der Kreide. Auf den ersten Blick war das ein Schuldenberg, der jedem Menschen den letzten Lebensmut nehmen kann. Doch auf der Habenseite stand eine erstklassig laufende Gastwirtschaft, die er in seinen Jahren dort oben zu einem echten Schmuckstück ausgebaut hatte. Nichts erinnerte mehr an die alte Schwaigeralm, wie er sie 14 Jahre zuvor übernommen hatte. Die Nutzfläche hatte sich mehr als verdoppelt, das Dachgeschoss war vernünftig ausgebaut, beherbergte eine richtige Wohnung sowie mehrere Personalzimmer. Das Plumpsklo war längst abgerissen, stattdessen gab es im neuen Keller richtige Sanitärräume. Und das Wichtigste: 1963 hatte es gegen den erbitterten Widerstand des Forstrats endlich mit dem Kauf des Grundstücks geklappt. Die Schwaigeralm stand nach vielen Jahrzehnten Kampf auf unserem eigenen Grund und Boden.

Als hätte er sein jähes Ende geahnt, hatte mein Vater den Sparkassendirektor zu unserem »Jahresschoppen« einen Tag vor seinem Tod eingeladen. Er führte ihn durch alle Räume, damit er sehen konnte, wo das ganze Geld geblieben war. Der Direktor war beeindruckt und wünschte meinen Eltern eine finanziell leichtere Zukunft.

Nach der Abfahrt der Sparkassen-Delegation fühlte sich mein Vater müde und legte sich auf sein geliebtes Kanapee im Büro: »Ich muss mich kurz ausruhen. Das wird schon wieder«, sagte mein Vater voller Überzeugung.

Meine Mutter wollte noch am Abend unbedingt den Doktor rufen, aber der alte Sturkopf weigerte sich. Nach einer sehr unruhigen Nacht wurde es meiner besorgten Mutter zu viel. Sie rief den Arzt. Es kamen gleich zwei. Sie zeigte ihnen das Erbrochene, die murmelten etwas von »Zirrhose« und beschlossen, dass er sofort ins Krankenhaus müsse.

Mutter durfte nicht mitfahren, das hätte mein Vater nie erlaubt. Er hat immer darauf bestanden, dass einer von beiden im Geschäft ist.

Im Krankenhaus verabschiedete er sich von seiner Schwester mit den Worten: »Schauts auf d'Hermine und aufs Gschäft.« Sie versprach es ihm, wollte aber immer noch nicht an das Schlimmste glauben und fuhr sofort zurück auf die Schwaigeralm, die an diesem sonnigen Vatertag brechend voll mit Gästen war.

Ich kam am späten Nachmittag aus München, wo ich zu der Zeit schon arbeitete. Als ich von seinem Zusammenbruch erfuhr, bin ich sofort ins Krankenhaus, um nach ihm zu sehen. Aber die Schwester sagte nur: »Da können Sie jetzt nicht rein. Ihr Vater liegt auf der Intensivstation.«

»Dann richten Sie ihm liebe Grüße von mir aus. Ich schaue morgen noch mal nach ihm.« Dann fuhr ich zu Freunden, mit denen ich mich für den Abend im Kino verabredet hatte.

Um 20.30 Uhr hatte der Arzt meine Mutter angerufen: »Frau Resch, ich muss Ihnen die traurige Mitteilung machen, dass wir Sepp nicht mehr helfen konnten. Er kam nicht mehr zu sich und starb ohne Schmerzen.« Davon hatte er in seinem Leben reichlich.

Ein Meer von Blumen und Kränzen lag auf seinem Grab, als drei Tage später ein schwarzer Adenauer-Mercedes vor dem kleinen Friedhof mit den weiß getünchten Mauern in Kreuth hielt. Zwei Männer in dunklen Anzügen stiegen aus und holten einen großen Kranz aus dem Kofferraum. Langsam gingen sie zum Grab meines Vaters, den wir hier bei den Eltern meiner Mutter begraben hatten. Sie legten den Kranz aufs Grab, richteten die Schleife und hielten einen Moment lang inne. Die Schleife trug den Aufdruck: »Sepp Resch – von seinem Gast Ludwig Erhard, Bundeskanzler.« Dann fuhren der Bundeskanzler und sein Chauffeur wieder davon. Tage später brachte der Chauffeur meiner Mutter einen Brief des Kanzlers, in dem er ihr Trost und Mitgefühl spendete und sich entschuldigte, dass er wegen einer dienstlichen Auslandsreise nicht zur Beerdigung hatte kommen können. Dazu hatte er ein Foto mit Widmung gelegt, das meinen Vater zusammen mit ihm auf der Schwaigeralm zeigt. Mein Vater mit seiner langen Pfeife, der Kanzler mit Zigarre. Anders habe auch ich ihn nie kennen gelernt.

Ludwig Erhard war oft bei uns zu Gast. Er hatte ein Haus in Gmund am Tegernsee. Meistens kam er am Silvesterabend, und oft rief seine Frau erst eine Stunde vorher an, um einen Tisch zu reservieren. Zum Jahresausklang hätte die Schwaigeralm gut und gerne doppelt so groß sein können, so groß war der Andrang jedes Jahr. Aber meine Eltern wussten, dass der Kanzler so spät reserviert, und ließen deswegen immer einen Tisch mit 25 Plätzen frei. Zu Silvester kam er immer mit seiner Frau Luise, seiner Tochter Elisabeth, seinen beiden Enkelinnen und weiteren Familienangehörigen, Freunden und seinem Leibwächter.

Der »Vater des Wirtschaftswunders« gab sich bei der Menüwahl grundsätzlich so bescheiden und bodenständig, wie er war. Für ihn und seine Frau gab es Forelle blau und Kaiserschmarrn. Auf den habe ich übrigens ein Diplom. Da macht mir so schnell niemand was vor. Viele Jahre später habe ich diese Alpenspezialität unter abenteuerlichsten Umständen einem der meistgesuchten und brutalsten Männer der Welt zubereitet.

Hatten der Kanzler und seine Familie ihr Silvestermahl beendet, gehörte es zum festen Ritual, dass mein Vater mit frischer weißer Schürze und seiner Pfeife dazukam. Er setzte sich dann nicht ohne Stolz auf den Stuhl neben den Kanzler und wurde wie selbstverständlich in die Gespräche mit einbezogen. Der Kanzlertisch war immer eine ruhige, harmonische und gemütliche Runde. An einem dieser Silvesterabende ist auch das Foto entstanden, das Ludwig Erhard meiner Mutter nach der Beerdigung mit der Widmung zukommen ließ.

Aus den anderen Stuben versuchten die Gäste natürlich immer einen neugierigen Blick auf den Regierungschef und seine Familie zu werfen. Er konnte gut damit leben. Eine dieser Nächte aber wird mir und allen Beteiligten wohl ewig in Erinnerung bleiben. Um 21 Uhr, nachdem das Essen beendet und die Zigarre geraucht war, stand der Kanzler auf. Gewöhnlich war das das Zeichen für den Aufbruch, denn länger blieb er sonst nie. 1966 aber stand er auf, um eine Rede zu halten. Mit einem Schlag wurde es so still in der Schwaigeralm, dass man den Schnee draußen hätte fallen hören können. Die festlich beleuchtete Fichte, die ich als 14-Jähriger vor der Sommerterrasse gepflanzt hatte, war inzwischen mannshoch und festlich beleuchtet. Ihr Licht glitzerte bis in die Wirtstuben.

Der Kanzler redete ruhig, aber eindrucksvoll zu allen Anwesenden. Er sprach vom »Bescheiden- und Zufriedenseinsollen«, von unserem stolzen Vaterland, das nicht hochmütig werden dürfe. Er sagte auch: »So ein Gegensatz. Vor zwei Tagen habe ich noch in Washington im Weißen Haus eine Rede gehalten. Jetzt bin ich glücklich, hier im schönen Tegernseer Tal und auf der Schwaigeralm sein zu können.« Er beschloss die Rede mit Glückwünschen für das Haus und dessen Gäste für die kommenden Jahre und bat den Herrgott um seinen Segen.

Es gab kaum jemanden, der nicht tief bewegt war. Es blieb noch eine ganze Zeitlang still, dann standen alle Gäste auf und spendeten ihm minutenlang Beifall. Stolz und glücklich geleiteten wir den Kanzler hinaus.

An solche Abende mag meine Mutter gedacht haben, als sie in den Tagen nach der Beerdigung allein war mit ihrer Trauer und den finanziellen Sorgen. Die Schwaigeralm war nur am Tag der Beisetzung geschlossen geblieben. Wie sollte es jetzt weitergehen? Freunde rieten ihr zum Verkauf, aber das wollte sie auf gar keinen Fall. Zu sehr war sie hier verwachsen. Verpachten war keine Option, denn mit dem Erlös hätte sie die immensen Schulden nicht tilgen können. Sie würde weitermachen müssen – so wie es mein Vater sich gewünscht hätte. Ein Viertel der Schwaigeralm hatte Vater mir vererbt. Ich führte lange Gespräche mit der Mutter, und wir kamen zu dem Schluss, dass ich zurückkommen müsse, um sie bei dieser Mammutaufgabe zu unterstützen. Meine Begeisterung hielt sich in Grenzen, denn nach meiner Gastronomielehre war ich inzwischen im »Vier Jahreszeiten« in München gelandet, das zu einer der ersten Adressen in Deutschland gehörte. Und doch ging ich im Alter von 20 Jahren zurück auf die Schwaigeralm. Das war ein schwerer Schritt für mich, und es steckte kein Herzblut drin. Da war ich ganz anders als meine Mutter. Aber ich hatte keine Wahl, ich musste meine Mutter unterstützen.

Meine Mutter lebte nach dem Tod meines Vaters genauso bescheiden wie bisher. Mit einem Unterschied: Sie machte Schluss mit den ständigen Erweiterungen und Neubauten. Für sie war das Projekt Umbau abgeschlossen. Die Schwaigeralm blieb, wie sie war. »Es ist gut so, wie es ist.«

Die Jahre flossen den Sagenbach runter in die Weißach, und das Geschäft florierte. Die Schwaigeralm war eine Institution im Tegernseer Tal. 1972, nach dem Attentat bei den

Spielen in München, tagte sogar das Olympische Komitee bei uns. Draußen war alles abgesichert, dass man die Berge vor lauter Polizisten nicht mehr sehen konnte. Mir wurde die Welt in der Langenau trotzdem zu klein.

Meine Leidenschaft galt in dieser Zeit dem Motorsport. Am liebsten wäre ich Rennfahrer geworden. Leider ein teures Hobby, und Millionäre waren die Reschs nur auf der falschen Saldo-Seite. Ganz in der Nähe, in Lenggries, hatte der ehemalige Vietnam- und Koreakämpfer Francis McNamara mit dem Geld seiner vermögenden Frau Bonnie einen kleinen Rennstall für Formel V- und Formel 3-Wagen aufgebaut. Mit so einem Ding wollte ich auch Rennen fahren. Also suchte ich Sponsoren. Reiche Leute kannte ich genug. *Neckermann macht's möglich*, dachte ich und bekam tatsächlich einen Termin bei Josef Neckermann. Der sportbegeisterte Unternehmer war der Sache gar nicht so abgeneigt. Wohl auch, weil er sich der Familie Resch durch seine vielen Besuche auf der Schwaigeralm verbunden fühlte. Wir führten mehrere Gespräche, aber letztendlich wurde doch nichts daraus. Mehr Glück hatte ich bei einer wohlhabenden Dame, ebenfalls Stammgast, durch deren Adern vermutlich ein Blut-Benzin-Gemisch floss. Plötzlich war ich stolzer Besitzer eines McNamara im Wert von 30 000 Mark und konnte endlich meine ersten Trainingsrunden auf dem Salzburgring drehen. Um es gleich vorwegzunehmen: Bestzeit bin ich nur einmal gefahren – unter Umständen, die heute zum Glück verjährt sind.

Ich kam mit Freunden im Ford Transit von einer dieser Testfahrten zurück, den McNamara hinten auf dem Hänger. Es war schon dunkel, aber der Vollmond schien so strahlend, dass einer im Spaß sagte: »Schalt das Licht aus, ist doch hell genug.«

»Dann kann ich auch gleich den McNamara nehmen«, flachste ich, denn der hatte keine Beleuchtung und war selbstverständlich auch nicht für den öffentlichen Straßenverkehr zugelassen. »Und 'ne neue Bestzeit fahren?«, kam es zurück. Dazu muss man wissen, dass wir nachts oft wie die Verrückten um den Tegernsee gejagt sind. Jeder wollte schneller sein als der andere. Die Bestzeit hatte ich schon, aber mit dem kleinen Rennwagen müsste sie deutlich zu unterbieten sein. Kurz bevor wir in Gmund ankamen, wo ich eine Garage gemietet hatte, in der mein bestes Stück samt Werkzeug untergestellt war, sagte ich: »Halt an. Ich setze mich jetzt rein und lasse ihn schon mal warmlaufen.« Alle im Auto wussten, dass ich verrückt genug war, es wirklich zu machen.

Wir ließen ihn vom Hänger rollen, und dann gab ich Gas. Es war ohrenbetäubend laut. Mit seinem 1600-Kubik-Schnitzer-BMW-Motor brachte er nicht nur viel Krach, sondern auch satte Leistung auf die Straße. Von Gmund ging es mit Vollspeed gegen den Uhrzeigersinn um den See. Eine Strecke von etwa achtzehn Kilometern. Es war ein gigantischer Spaß. Die Piste hatte ich mit all ihren Kurven, Steigungen und Kreuzungen fest abgespeichert. Ich konnte es mir sogar erlauben, die Kurven zu schneiden, weil ich am Scheinwerferlicht erkennen konnte, ob mir Autos entgegenkamen. In der Ringsee-Kurve am südwestlichen Zipfel des Sees war längst klar, dass es eine sensationelle Zeit werden würde.

Plötzlich sah ich sie vor mir. Polizisten in einem Streifenwagen. Verdammte Scheiße, schoss es mir durch den Kopf. Umdrehen auf der engen Straße hätte eine Ewigkeit gedauert, dafür ist der Wendekreis eines Formel-3-Wagens viel zu groß. Mir blieb nur die Flucht nach vorn. Ich gab Vollgas und zog mit etwa 240 Stundenkilometern auf der langen Geraden an ihnen vorbei. Ich war bestimmt schon 800 Meter weg, als sich die Beamten wohl darauf geeinigt hatten, dass da eben etwas an ihnen vorbeigeflogen war, was zu tief für ein Flugzeug und zu laut und zu schnell für ein Auto war. Sie schalteten das

Blaulicht an ihrem VW-Käfer an und nahmen die Verfolgung auf. Das machte mir weniger Sorgen als der Umstand, dass ich noch durch Tegernsee musste – und da war das Polizeirevier. Keine Ahnung, warum ich nicht mitten in eine Sperre raste. Vielleicht hatten sie wirklich gehofft, mich ohne fremde Hilfe schnappen zu können, oder sie waren so perplex über die Erscheinung und hatten schlicht vergessen, zum Funkgerät zu greifen. Unbehelligt flog ich in Gmund den letzten Hügel hoch, stellte den Motor ab und rollte bergab lautlos in die Garage.

8 Minuten 36. Handgestoppt. Ich bin sicher, der Rekord steht bis heute. Trotzdem, ein irrsinniger Ausflug. Aber er zeigt, dass ich meine Ziele hartnäckig verfolge – und sei es so ein alberner Rekord wie die schnellste Umrundung des Tegernsees.

Meine zweifelhafte Motorsport-Karriere endete beim »Großen Preis von Mendingen«. Ich lag auf Platz vier, als der Motor sich verabschiedete. Ein neuer war nicht drin.

Der Generationskonflikt erwischte irgendwann auch meine Mutter und mich. Es war Zeit für einen Neubeginn. Dass dieser ausgerechnet zu mir auf die Schwaigeralm kam und nicht ich zu ihm, war wohl ein gut gemeinter Wink des Schicksals. Es waren Zuhälter mit ihren Mädchen, die wohl so etwas wie einen Betriebsausflug auf die Schwaigeralm gemacht hatten. Sie luden mich ein, sie doch mal in München zu besuchen. Ich machte mich nach der Arbeit auf den Weg und hinterließ gleich am ersten Abend einen bleibenden Eindruck, der meinen weiteren Lebensweg maßgeblich beeinflussen sollte.

Verabredet hatten wir uns im »Kinky«, damals eine In-Disko, in der viele Zuhälter verkehrten. Ich war viel zu früh da, und der Abend verlief sehr ruhig, bis es plötzlich einen lauten Streit zwischen einem Mädchen und einem Typ mit

Goldschmuck gab. Er schrie sie an, und dann schlug er ihr mit der Faust direkt ins Gesicht. Das passte überhaupt nicht in mein Wertesystem. Der Beschützerinstinkt kam in mir hoch. Sofort stand ich auf, ging zu dem Typen und sagte: »Hey, Frauen werden nicht geschlagen.« Ungläubig schaute er mich an und holte aus. Es war nicht schwer, seinen Schlag zu parieren. Und weil die harte, körperliche Arbeit mit Schneeschaufeln und Holzhacken auf der Schwaigeralm mich durchaus zu einem robusten Kerl hatte werden lassen, zögerte ich keine Sekunde, packte mir den Idioten und flog mit ihm über den Tresen. Dort schnappte ich mir seinen Kopf und schlug ihn ein Mal kräftig auf den Boden. Klarer K.o.-Sieg. Das Blut floss ihm aus der Nase, und er verschwand in die Nacht. Was ich nicht wusste: Der Typ, dem ich gerade mit der Faust mein Weltbild vermittelt hatte, war ein Münchner Lude, der in der Hierarchie ziemlich weit oben stand. Einer, mit dem man sich eigentlich nicht anlegt. Das konnte ich zwar nicht wissen, hat mir aber gehörigen Respekt in der Szene verschafft. Wer es ohne zu zögern mit ihm aufnimmt, der hat auch keine Skrupel, an anderer Stelle für Ruhe zu sorgen.

Ein paar Mädchen fragten mich, ob ich nicht Lust auf einen ruhigen, aber gut bezahlten Job hätte. Sie hatten zusammen eine Dienstwohnung mit mehreren Schlafzimmern und einer Küche, in der sie nachts Besuch empfingen. Ich sollte einfach nur anwesend sein und eingreifen, falls sich mal jemand danebenbenahm. Dafür gab es ein paar hundert Mark am Abend, ohne Lohnsteuerkarte. Schnell verdientes Geld, dachte ich. Ich hatte ab sofort einen Nebenjob, wenig Schlaf und bald so viel Geld, dass ich den Absprung von der Schwaigeralm wagen konnte. Ich kaufte mich als stiller Teilhaber in einen Nachtclub ein, verdiente noch mehr Geld und investierte in den nächsten und übernächsten Club und so weiter.

Vielleicht war das die verrückteste Zeit in meinem Leben.

Ganz ohne Geldnot konnte ich plötzlich tun und lassen, was ich wollte. Es waren Sachen dabei, die ich heute so nicht mehr machen würde. Zum Beispiel der Mercedes 500 SL in Lapisblau mit weißen Ledersitzen, den ich mir im Oktober 1980 zugelegt hatte. Ein absolutes Traumauto, das in dem Jahr auf den Markt gekommen war. Unglaubliche 240 PS in einem Fünf-Liter-Motor. Wie ein eitler Gockel fuhr ich damit um den See. 66 000 Mark hatte er gekostet. Das war ein Haufen Geld. Aber ich war jung, ich hatte das Geld – also was soll's, her mit der Karre. Heute würde ich mir so einen auffälligen Wagen ganz sicher nicht mehr kaufen, damals hatte ich ihm die Begegnung mit meinem Idol und seiner Band zu verdanken. Bob Marley & the Wailers. Die Umstände waren traurig, für mich blieb die Zeit trotzdem unvergesslich.

Bei Marley war schon 1977 ein bösartiger Hautkrebs entdeckt worden. Weil die Rastafari-Religion, der er angehörte, ihm verbot, die Krankheit behandeln zu lassen, verschlechterte sich sein Zustand in den nächsten Jahren dramatisch. Im September 1980 brach er mit seiner Band zu einer Konzertreise in die USA auf, die ihm dort zum endgültigen Durchbruch verhelfen sollte. Doch nach den ersten Auftritten brach er beim Joggen im New Yorker Central Park zusammen. Die Fachärzte gaben ihm bestenfalls noch ein paar Wochen. In dieser Situation wandte er sich an den umstrittenen deutschen Krebs-Mediziner Josef Issels, der in Bad Wiessee eine Klinik für hoffnungslose Fälle aufgebaut hatte. Marley mietete sich einen Bauernhof am Tegernsee und zog im November mit seiner Band und seinen beiden Frauen ein. Die bunte Truppe mit ihren langen Dreadlocks bevölkerte plötzlich die Diskotheken am Tegernsee. In Windeseile sprach sich herum, welch prominenter Patient sich bei Issels in Behandlung begeben hatte. Ständig traf man auf sie. In meiner direkten Art ging ich auf sie zu und fragte, ob es möglich wäre, ein

Autogramm von dem Mitbegründer der Reggae-Musik zu bekommen. »Klar, Mann. Du bist doch der Freak in dem geilen Mercedes. Bob hat dich schon damit gesehen. Er will unbedingt auch so eine Karre. Lass uns gleich zu ihm fahren.«

Es war wirklich ein trauriges Bild, ihn so schwach und todkrank in seinem Bett liegen zu sehen. Aber er lächelte mich an und hörte überhaupt nicht auf, von dem Wagen zu schwärmen. »Du musst mir einen besorgen, aber mit Rechtslenkung für Jamaika.«

»Klar, ich kümmere mich sofort. Aber ich weiß nicht, ob ich den in München als Rechtslenker bekomme.«

»Egal, zur Not ist das Lenkrad eben links.« Er signierte mir eine LP, und ich fuhr am nächsten Tag mit einem der Wailers nach München zu meinem Mercedes-Händler. Rechtslenker würde mehr als ein Jahr dauern, also entschieden wir uns für die schnellere Variante, die direkt nach Jamaika geliefert werden sollte.

Erst schien es, als würde Issels es tatsächlich schaffen, den Krebs zu besiegen. Bob erholte sich sichtlich, und ich hatte eine sensationelle Zeit mit den Wailers. Wir hingen in Diskotheken rum, sie luden mich zu einem Manfred-Mann-Konzert nach München ein. Es war unglaublich. Doch ganz plötzlich ging es rapide bergab mit ihm. Am 8. Mai entschloss er sich, zum Sterben in seine Heimat zurückzukehren. Bei einer Zwischenlandung in den frühen Morgenstunden des 11. Mai in Miami war er schon zu schwach für den Weiterflug. Er kam ins Krankenhaus und starb um 11:30 Uhr. Eine Fahrt in seinem neuen 500 SL durfte er nicht mehr erleben. Den muss sein Clan dafür in den Folgejahren ausgiebig genutzt haben. Jedenfalls war nicht mehr viel vom alten Glanz übrig, als sein ältester Sohn Ziggy das Auto 2013 der Öffentlichkeit als »letztes Auto meines Vaters« präsentierte und es dann aufwändig für das Marley-Museum in Kingston restaurieren ließ. Die

Geschichte des Kaufs, warum das Lenkrad links und er selbst nicht mehr damit gefahren ist, wird heute kaum noch jemand wissen.

Wahrscheinlich wäre mein sorgloses Leben immer so weitergegangen, wenn die Polizei nicht ständig in meinen Nachtclubs angerückt wäre, um bei den Gästen nach Drogen zu suchen. Die ewigen Razzien waren schlecht für das Geschäft, und so erkundigte ich mich bei der Polizei, ob wir nicht einen Deal machen könnten. Ich würde für sie verdeckt die Drogen aufkaufen, die Hintermänner ans Messer liefern, und als Gegenleistung dafür gab es weniger Razzien. Das konnte die Kripo damit begründen, dass der Chef hier selbst ein Auge auf den Drogenkonsum seiner Gäste hatte. Offenbar habe ich das sehr gut gemacht. Erfolgreich auf jeden Fall.

Der Privatermittler Josef Resch hatte die Arbeit aufgenommen.

## Kapitel 2

# Traumtänzer

### Über eine Geldwäsche mit Löschpapier und Föhn

Irgendwo in Afrika, Ende der sechziger Jahre. Zwei junge Männer genießen die Sonne, den Strand, den Indischen Ozean und die Mädchen. Sie haben zwei gemeinsame Leidenschaften: Tauchen und den Traum von einem Leben in Reichtum und Luxus. Beide wissen, dass das mit Arbeit im klassischen Sinne kaum zu schaffen ist. Sie würden ihrem Glück ein bisschen auf die Sprünge helfen müssen.

Justizvollzugsanstalt Straubing mehr als 15 Jahre später. Die beiden Tauchfreunde treffen sich wieder. Dietmar Blumin sitzt eine 13-jährige Haftstrafe wegen Kokainhandels ab, der andere, Dieter Zlof, war am 9. Juni 1980 zu 15 Jahren Haft verurteilt worden, weil er den Millionärserben Richard Oetker brutal entführt und das bis dahin höchste Lösegeld der deutschen Nachkriegsgeschichte erpresst hatte: 21 Millionen Mark. Im Knast leben die alten Träume weiter. Und zumindest der eine hat das Geld für diese Träume. Er kommt nur nicht ran und könnte es nicht ausgeben, weil der Großteil der Scheine vor der Übergabe registriert worden war. Da sie mittlerweile ungültig waren, konnten sie nur noch bei der Bundesbank und den Landesbanken gegen neue Scheine getauscht werden.

Blumin hatte seinen Aufenthalt hinter Gittern mir zu verdanken. Ich war inzwischen mit den Münchner Behörden gut verdrahtet und hatte ihnen schon einige Dealer ans Messer geliefert. Das neue Leben gefiel mir. Es war abwechslungsreich und das totale Kontrastprogramm zu meinem früheren Leben auf der Schwaigeralm und in den Küchen irgendwelcher Restaurants. Offiziell trat ich natürlich nicht als Privatermittler mit Firmenschild an der Tür und Eintrag in den Gelben Seiten in Erscheinung. Ich war ein Typ aus dem Milieu. Drogen waren mein Geschäft. Das sollte auch einige Zeit so bleiben, denn ein erster Versuch, das Geschäftsmodell um klassische Detektiv-Arbeit zu erweitern, war gründlich in die Hose gegangen.

Das war so: Eines Tages war ein Geschäftsmann an mich herangetreten. Ich wusste nicht einmal, wie er auf mich gekommen war, denn inseriert habe ich natürlich nicht.

Es ging um seine Frau. Er selbst war viel auf Reisen und äußerte mir gegenüber den Verdacht, sie könnte eine Affäre haben. Der Klassiker. Er trat großspurig auf und meinte nur »Geld spielt keine Rolle«, als ich ihm sagte, das würde ihn 300 Mark die Stunde kosten. Um es gleich vorwegzunehmen: Betrogen hat sie ihn tatsächlich, aber das habe ich ihm nicht gesagt. Der Mann hatte ganz konkret den Tennislehrer im Verdacht. Ein paar Klischees zu viel, dachte ich, aber weil er mir gleich einen Vorschuss über 1000 Mark gab und ein präziser Verdacht viel Wartezeit im Auto unnötig machte, schlug ich ein. Er gab mir ihren Trainingsplan und meinte: »Aber ich brauche unbedingt Fotos. Sie wissen, was ich meine?«

Klar wusste ich das.

Wie in Tennisclubs üblich, gab es einen Gastronomiebereich, von dem aus man einen guten Blick auf die Plätze hatte. Ich setzte mich an den Tresen, bestellte einen Kaffee, beobachtete die beiden aus den Augenwinkeln und kam ganz nebenbei mit dem Barmann ins Gespräch.

»Ich müsste auch mal wieder anfangen. Ich habe langsam das Gefühl, einzurosten.«

»Was hält Sie davon ab?«

»Mein Hund.«

»Ach kommen Sie, ein Hund ist doch kein Grund, keinen Sport zu machen.«

»Mein innerer Schweinehund schon.«

Die Frau meines Auftraggebers war sehr attraktiv, in dem kleinen weißen Röckchen machte sie eine richtig gute Figur, hatte ein einnehmendes Lachen und war mir auf den ersten Blick sympathisch. Sie spielte nicht schlecht, soweit ich das beurteilen konnte, und war ehrlich bemüht, noch besser zu werden. Nach der Übungsstunde kamen Trainer und Schülerin auf ein Erfrischungsgetränk ins Restaurant, saßen noch kurz zusammen am Tisch und plauderten unverbindlich, aber verräterische Körperkontakte konnte ich keine bemerken. Und damit kannte ich mich genau aus.

»Führen Sie wieder Ihren Hund Gassi?«, begrüßte mich der Barmann beim zweiten Besuch. »Sie haben es erfasst«, lachte ich. »Vielleicht würde es mir leichter fallen, wenn's hier so hübsche Tennislehrerinnen gäbe wie die junge Dame dahinten auf dem Platz.«

»Sybille? Ja, das ist wirklich eine tolle Frau. Die ist oft hier. Beim Golf würde man sagen, sie arbeitet hart an ihrem Handicap.«

»Beneidenswerte Einstellung«, sagte ich. »Aber die hat auch einen gutaussehenden Tennislehrer.«

»Maurizio? Der ist glücklich verheiratet mit einer bildhübschen Frau.«

»Das ist ein Grund, aber kein Hindernis«, gab ich eine meiner vielen Stammtischweisheiten zum Besten. »Und Frau Sybille?«

»Auch verheiratet.«

»Das muss sie ja wohl auch sein, wenn sie so viel Zeit auf dem Tennisplatz verbringen kann.«

»Altes Geld«, wiegelte er ab.

Ich beschloss, das Thema erst einmal ruhen zu lassen: »Wenn Sie mir noch einen Kaffee bringen und ich den beiden noch ein bisschen zusehe, habe ich beim Nachhauseweg vielleicht auch das Gefühl, etwas Sport gemacht zu haben.«

Ich war mir schnell ziemlich sicher, dass zwischen Sybille und dem Tennislehrer nichts lief. Aber mein Auftraggeber machte Druck: »Da läuft was, ganz bestimmt. Ich brauche die Fotos.« Es gab allerdings partout nichts zu fotografieren. Warum also bestand der Kerl darauf, es gebe eine Affäre? Es war an der Zeit, ihm mal auf die Finger zu schauen. Und siehe da, sie hatte das Geld, er eine fast bankrotte Firma. Wollte er sie erpressen und sich mit diesen Fotos die Scheidung vergolden lassen?

Meinen nächsten Besuch legte ich so, dass ihre Stunde am frühen Abend zu Ende und sie schon mit Maurizio im Restaurant war. »Sie kommen langsam richtig in Form«, rief mir der Barmann zu.

»Schön wär's«, grummelte ich zur Antwort. »Aber wissen Sie was? Jetzt mache ich Nägel mit Köpfen. Könnten Sie die beiden fragen, ob ich mich kurz dazusetzen darf? Ich muss mir einen Tritt in den Arsch abholen.«

Sie hatten nichts dagegen, aber Maurizio sagte gleich, dass er kaum Zeit habe, weil schon die nächste Schülerin warte. Zu Sybille gewandt fragte er: »Hast du nicht Lust, ihn zu motivieren?«

»Na gut«, sagte sie freundlich.

»Eigentlich bin ich aus einem ganz anderen Grund hier«, ließ ich gleich die Hosen runter. »Ihr Mann hat mich beauftragt. Er glaubt, Sie haben eine Affäre mit Maurizio.«

»Das ist doch Blödsinn.«

Sie schaute mich kurz etwas ungläubig an. »Wissen Sie was? Ich mache mich schnell frisch, und dann essen wir hier zusammen etwas. Ich lade Sie ein. Haben Sie ein wenig Zeit?« Hatte ich.

Es wurde ein sehr langer Abend, eine ganze Nacht sogar. Aber davon erzählte ich Sybilles Mann nichts. Ich machte auch keine Fotos von unserer gemeinsamen Nacht. Ich gab ihrem Mann die Hälfte des Vorschusses am nächsten Tag zurück. »Sie haben eine tolle Frau. Die betrügt sie nicht.«

Danach hat sie sich scheiden lassen, seine Firma ging in die Insolvenz. Und ich stellte fest: So schön der Abend auch war, das war nicht mein Acker. Ich wollte nicht die schmutzige Wäsche anderer Leute waschen.

Berufliche Glücksgefühle kamen in mir auf, wenn ein Mann wie Dietmar Blumin eines Nachts in einer Münchner Bar auf mich zukam und das Gespräch ganz langsam in Richtung Kokain lenkte. Ich hatte ihn schon vorher flüchtig gekannt. Wir waren uns ein paarmal in den angesagten Diskotheken und Clubs begegnet, hatten ein paar Worte gewechselt. Er hielt mich für einen Müßiggänger von der Sorte, die keinem geregelten Erwerb nachgehen, die Nächte durchfeiern, bis zum späten Nachmittag schlafen, gegen Mitternacht wieder auf der Bildfläche erscheinen und trotzdem immer einen Haufen Scheine in der Tasche haben. Solche Leute gibt es in jeder größeren Stadt, und irgendwann laufen sie sich dann über den Weg.

Ich hatte nie einen Hehl daraus gemacht, dass ich selbst keine Drogen anrühre. Das musste man auch nicht, um glaubwürdig zu sein. Ganz im Gegenteil: Wer mit Drogen handelt und dabei selbst sein bester Kunde ist, verliert schnell die Kontrolle.

Kokain hält schön wach, hat aber viele unangenehme Nebenwirkungen. Selbstüberschätzung ist gefährlich, mal abgesehen von einem fast kranken Sextrieb. Kokser reden ohne Pause und meistens ohne Verstand. Nach dem mentalen Höhenflug folgt nicht selten der brutale Absturz in einen schweren psychischen Kater. Um solche Leute habe ich schon immer einen großen Bogen gemacht. Und wer mit ihnen Geschäfte macht, kann sich gleich eine Vorladung bei der Kripo abholen.

Dietmar Blumin gehörte nicht zu dieser Sorte Mensch. Er gehörte zu denen, die daran verdienen wollten. Er hatte ein Ausflugslokal in Konstanz am Bodensee, war aber oft in München unterwegs. »Ich habe gehört, du hast ganz gute Kontakte«, sagte er, als wir endlich beim Thema waren.

»Was heißt Kontakte? Ich kenne halt viele Leute. Willst du, dass ich jetzt losziehe und dir ein Briefchen Koks besorge? Vergiss es.«

Er wiegelte ab: »Nein, nein, ich dachte eher an Leute, die was brauchen, also nicht nur ein, zwei Gramm, sondern schon ein bisschen mehr.«

Ich schaute ihn an. »Was heißt ›ein bisschen mehr‹? Für 50 Gramm stehe ich hier nicht vom Tresen auf.«

»Ich denke da eher im Kilo-Bereich.«

»Woher soll ich wissen, dass du mich nicht verarschst oder im Auftrag der Bullen unterwegs bist?«

Plausibilitäts-Check nenne ich diesen Geschäftseinstieg. Er musste erst einmal ein bisschen von sich erzählen. Es sind zu viele Spinner unterwegs. »Ich bin geschäftlich oft in Südamerika.«

»Wie jetzt? Du kaufst dir ein Flugticket nach Bogotá, gehst zu einem Bauern auf den Markt, lässt dir ein paar Kilo Koks in die Tüte packen und fliegst mit dem Stoff zurück?«

Er lachte. »Ganz so einfach ist es natürlich nicht.«

Dann erzählte er mir von einem Geschäftspartner aus Frankfurt, der drüben extrem gut vernetzt sei und beste Beziehungen zu einem Kokain-Kartell habe. Er würde größere Mengen davon über Miami in die USA bringen, wo sich die Droge seit den Siebzigern zum Partykracher entwickelt hatte.

»Und jetzt sollst du die Deutschland-Filiale eröffnen?«

»Nicht direkt. Das mache ich auf eigene Rechnung. Um ehrlich zu sein, hält mein Partner nicht viel von der Idee.«

Ich hätte ihm auch davon abgeraten, aber das war nicht mein Job. »An wie viele Kilo hast du denn konkret gedacht?«

»Zehn?«

Ich pfiff durch die Zähne: »Du gehst aber ran. Ich gebe dir einen Tipp: Fang eine Nummer kleiner an, sicher ist sicher. Drei Kilo für den Anfang sind genug.«

Plausibilitäts-Check bestanden. Den Tipp hatte er nicht aus christlicher Nächstenliebe von mir bekommen, er diente meiner Tarnung. Warum sollte ich ihn überreden, weniger Koks ins Land zu schleppen, wenn ich nicht sauber bin? Das machte keinen Sinn.

Geschäftlich machte der Direktimport durchaus Sinn, denn an der Quelle gibt es die beste Qualität. Kokain direkt aus Kolumbien hatte oft einen Reinheitsgrad von bis zu 90 Prozent. Da war viel Platz für kostengünstige Zusatzstoffe, denn beim Endverbraucher landeten selten mehr als 30 Prozent Koks im Briefchen. Gab es bei der Kripo keine einschlägige Akte, hielt sich das Risiko, vom Zoll erwischt zu werden, in vertretbaren Grenzen, zumal in den frühen Achtzigern noch nicht jeder Kolumbien-Reisende unter Generalverdacht stand.

Dietmar Blumins Pech war nur, dass er mich angesprochen hatte. Am nächsten Tag besuchte ich Walter vom LKA in München. In meinen Augen war er damals einer der besten Drogenfahnder Deutschlands. Inzwischen ist er pensioniert. Er führte die verdeckt arbeitenden Ermittler, die mitten in der City ein unscheinbares Büro hatten. Sollten sie mal verfolgt werden, konnten deswegen nicht gleich Rückschlüsse auf ihre wahre Tätigkeit gezogen werden. Für diese Tarnung stand ihnen auch ein Fuhrpark mit Autos aus Zuffenhausen und Maranello zur Verfügung. Walter selbst ging mit seinen langen Haaren problemlos als Unterweltler durch.

Beim nächsten Treffen, dieses Mal tagsüber irgendwo am Bodensee, saß also einer von Walters Leuten mit am Tisch. Blumin schöpfte keinen Verdacht. Ich trat jetzt nur noch als Vermittler auf. Es war klar, dass ich mich nicht direkt an den Geschäften beteiligen, aber für jede künftige Lieferung eine Provision kassieren würde.

»Wie schätzt du das Potential ein?«

»Jetzt ist das noch schwer zu sagen«, sagte Walters V-Mann. »Den Vertrieb muss ich schon noch ein bisschen aufbauen. Aber die Nachfrage ist definitiv da.«

»Auf Dauer ist mir das Risiko zu hoch, für drei Kilo nach Südamerika zu fliegen.«

»Wenn's gut läuft und die Qualität okay ist, können wir sicher auch zehn Kilo pro Monat absetzen. Die Leute sind verrückt nach dem Zeug.«

Das waren Größenordnungen nach Blumins Geschmack. 250 000 Mark rief er für die drei Kilo auf. Mir musste er 75 000 Mark Provision zahlen. So blieb immer noch ein hübsches Sümmchen für einen einzigen Flug.

Ein letztes Mal trafen wir uns vor dem Abflug noch in einem Münchner Club. Auf die neue hoffnungsvolle Geschäftsbeziehung musste standesgemäß angestoßen werden. Wir köpften drei Flaschen Moët & Chandon à 100 Mark die Flasche und wünschten Blumin eine gute Reise.

Acht Tage später landete er mit einem Begleiter und jeweils eineinhalb Kilo um die Hüften in München, atmete auf, weil er anstandslos durch die Kontrolle gewinkt wurde, aber nicht gesehen hatte, dass die Jungs vom Zoll ihnen einen mitleidigen Blick hinterherwarfen. Das war eben der Nachteil an seinem Geschäftsmodell. Verkauf allein ist eine Sache, Verkauf und Einfuhr eine andere.

Auf einem Parkplatz in Garmisch-Partenkirchen folgte dann das jähe Ende der Deutschland-Filiale.

»Hast du das Geld?«, fragte Blumin.

»Glaubst du, ich will mit meiner goldenen Amex bezahlen?«, antwortete der V-Mann und öffnete einen Aktenkoffer. Da lagen die Scheine fein säuberlich gebündelt.

»Eine Sache würde ich gerne noch mit dir besprechen«, sagte Blumin, als er dem V-Mann das Kokain übergab. »In meinen Augen hat der Sepp seine Schuldigkeit getan. Er hat uns zusammengebracht, kassiert dafür 75 Riesen. Ist doch ein gutes Geschäft für ihn. Aber in Zukunft brauchen wir ihn doch nicht mehr. So sparen wir einen Haufen Geld.«

Der V-Mann nahm eine kleine Probe mit den Fingerspitzen und nickte dann. In dem Moment stürmten die SEK-Leute aus ihren Verstecken. Dietmar Blumin hatte sich verschätzt und lag nun mit Handschellen fixiert auf dem Pflaster des Parkplatzes. Sein Assistent, der etwas abseits gewartet hatte, versuchte seinem Schicksal noch mit einem Sprint zu entkommen, aber mehr als die olympische Distanz von hundert Metern schaffte er nicht.

Einem gut getarnten Schein-Vermittler wie mir kann jeder auf den Leim gehen. Das ist Berufsrisiko. Dagegen gibt es keinen hundertprozentigen Schutz. Kriminell dumm wird's allerdings, wenn man diesen Makler gleich nach dem ersten Geschäft aus dem Boot wirft. Leute wie Blumin glauben tatsächlich, dass solche Vermittler ein derartiges Vorgehen einfach so auf sich sitzen lassen. Wer gegen die Ganovenehre verstößt, darf auch nicht damit rechnen, von ihr zu profitieren. Hätte ein Vermittler Wind von der linken Nummer bekommen, wäre bei der Polizei ziemlich sicher ein anonymes Schreiben mit Blumins Flugdaten eingegangen. Dann schaut der Zoll auch schon mal genauer hin, warum der Bauch so dick oder der Koffer so schwer ist. Wenn einer betrügt, fühlt sich der andere betrogen. Ganz simpel. Ich habe keine offizielle Statistik, wie viele Verbrecher hochgenommen werden, weil der entscheidende Tipp direkt aus ihrem kriminellen Umfeld kam. Wenige werden es nicht sein.

Der Assi bekam sechs Jahre, Blumin war wie erwähnt mit 13 Jahren dabei. Das war für die Menge an Koks schon ein sehr hartes Urteil. Aber so sieht es das Strafgesetzbuch eben vor: Einfuhr und Handel mit Drogen werden deutlich härter geahndet als nur der Handel.

Blumins Frankfurter Geschäftspartner wurde bei seiner nächsten Einreise ebenfalls festgenommen, aber nach vier Wochen Untersuchungshaft ließen sie ihn wieder laufen. Sie konnten ihm nichts nachweisen, und Blumin schwieg wie ein Grab. Ob er im Fall Dieter Zlof Jahre später gesprächiger war, kann ich nicht sagen.

Zlof saß schon seit ungefähr fünf Jahren in Straubing, als er seinen alten Tauchkumpel Blumin wiedertraf. Zwei Jahre war die Sonderkommission Oetker ihm auf den Fersen gewesen, bis sie glaubte, für eine Verurteilung genug gegen den mutmaßlichen Entführer in der Hand zu haben. In einem aufsehenerregenden Indizienprozess über 55 Verhandlungstage wurde er im Juni 1980 zu 15 Jahren Freiheitsstrafe verurteilt. Bis zum Schluss beteuerte er seine Unschuld. Der über zwei Meter große Richard Oetker, den Zlof in eine nur gut eineinhalb Meter lange Kiste gesperrt hatte, sagte später, bei der relativ hohen Strafe empfinde er keine Genugtuung, er hoffe nur, dass sie Nachahmungstäter abhalte. Ein bemerkenswerter Mann, der noch heute körperlich an den Folgen der Entführung leidet.

Der handwerklich begabte Zlof hatte seine Geisel an eine

Apparatur, einen sogenannten Akustomaten, angeschlossen, die ab einer bestimmten Dezibelzahl Stromstöße auslöste. So wollte er seine Geisel daran hindern, laut um Hilfe zu rufen. Doch dann unterlief ihm ein folgenschwerer Fehler: Als er den kleinen VW-Kastenwagen mit dem Kistengefängnis in einer von ihm gemieteten Garage abstellen wollte, passierte das Unglück: Der Transporter war zu hoch für das tiefe Garagentor und schrammte es. Das dabei entstehende Geräusch war so laut, dass automatisch ein Stromstoß ausgelöst wurde. Oetkers Körper wand sich in Krämpfen und bäumte sich in der engen Kiste auf. Zlof hörte das heftige Rumpeln und riss das Kabel des Akustomaten aus der Steckdose, aber es war schon zu spät. Oetker brach sich unter anderem beide Oberschenkelhalsknochen und zwei Brustwirbel. Zlof gab an, aus Versehen einen zu geringen Widerstand eingebaut zu haben. Der Stromschlag sei deswegen zehnmal stärker ausgefallen als geplant.

Beim Verstecken des Lösegeldes war ihm ebenfalls ein dummer Fehler unterlaufen. Geschützt nur von einem Lederkoffer mit einem Müllbeutel drumherum hatte er es in einem ein Meter tiefen Erdloch in einem Waldstück bei Rosenheim vergraben. Der Müllbeutel hatte jedoch ein kleines Loch, so dass etwa ein Drittel der Beute den Würmern und natürlichen Verwesungsprozessen zum Opfer fiel. Das konnten Zlof und Blumin noch nicht wissen, als sie zusammen mit dem Berufsganoven Hubertus B. in der Haft Pläne schmiedeten, wie sie aus den registrierten Tausendern frei einsetzbare Zahlungsmittel für ihr geplantes Luxusleben machen konnten.

Als Zlof Anfang 1994 seine volle Strafe abgesessen hatte, wohnte ich zwar längst nicht mehr in München, bekam aber trotzdem einen Anruf von der dortigen Kripo. Für sie wäre der Fall erst abgeschlossen, wenn die verschwundenen Millionen wieder aufgetaucht waren. Auch die Familie Oetker hatte eine hohe Belohnung für Hinweise auf das Geld ausgesetzt. Zlof wurde zwar rund um die Uhr überwacht, schaffte es allerdings immer wieder, die Polizei abzuhängen. Einen als Baubude getarnten Observationswagen, den die Ermittler vor seinem Haus postiert hatten, hängte er kurzerhand hinter sein Auto und stellte ihn vor dem Landeskriminalamt in München ab.

Bei der Beschattung war aufgefallen, dass Zlof sich regelmäßig mit den beiden ehemaligen Knastkumpanen traf. Sie bemühten sich auch gar nicht, ihre Freundschaft zu verbergen, ließen es zum Beispiel bei der Feier zu Blumins 55. Geburtstag richtig krachen. Das machte sie sofort zu Verdächtigen, die ihm helfen könnten, das Geld aus dem Versteck zu holen und zu waschen. Deswegen der Anruf: »Du kennst doch den Blumin. Hast du eine Idee, wo sein Kumpel Zlof einen Teil der Beute gebunkert haben könnte?« Mir fiel nur eine Tauchschule am Bodensee ein, deren Namen ich hier nicht erwähnen möchte, denn tatsächlich verlief die Suche dort ergebnislos. Musste sie auch, denn die Millionen waren noch im Erdloch vergraben.

Erst im Dezember 1995 hatte Dieter Zlof das Versteck nach mehreren Anläufen wiedergefunden. Der kleine Baum, den er sich damals als Erkennungspunkt gemerkt hatte, war inzwischen ein richtiger Baum unter vielen Bäumen. Der Schock muss groß gewesen sein, als er erkannte, wie schlimm es um »sein« Geld stand. »Die Kohle ist total im Arsch«, teilte Zlof seinem Kumpel Hubertus B. enttäuscht am Telefon mit. »Sag alles ab. Der ganze Dreck ist nur noch Abfall.«

In einer Garage hatte er den alten Koffer aufgestemmt und nur noch einen graugrün vermoderten Brei vorgefunden, mit Tausenden kleinen Tierchen, die durch den feuchten Klumpen krabbelten. Doch B. gab Tage später zumindest eine Teilentwarnung: »Dieter, ich habe mich erkundigt. Ein Schein ist noch gültiges Zahlungsmittel, wenn mindestens 51 Prozent seiner Fläche erhalten sind.« Zlof schaute sich sein Lebenswerk daraufhin noch einmal genauer an und stellte fest, dass ein Drittel komplett vernichtet, ein weiteres Drittel verwertbar und der Rest sogar noch ganz gut sei. Sie verabredeten sich in einem Forsthaus im Hunsrück zu einer Geldwäsche im herkömmlichen Sinne – inklusive föhnen. Vorher hatten sie schon 20 000 Blatt Löschpapier besorgt, angeblich für eine Flugblatt-Aktion der Grünen.

Knapp zwei Wochen lang schwemmten sie die Klumpen in Wasser auf und lösten die verklebten Tausender mit einer Nadel einzeln ab. Danach pressten sie jeden Schein zwischen die Löschblätter, und B. trocknete sie mit einem Föhn.

Die Restaurierung der ersten acht Millionen ging noch relativ leicht, den Rest musste Zlof wie ein Puzzle zusammenkleben.

Per Auto ging ein Teil des Geldes, versteckt in den Seitenverkleidungen eines Mietwagens, nach London. Hubertus B. hatte Geldwäscher organisiert, aber als die erfuhren, dass es sich nicht um ganz normales Schwarzgeld handelte, sondern um Lösegeld aus einem Entführungsfall, platzte der Deal. Zlof tobte und fuhr mit B. unverrichteter Dinge zurück. Die Tausender versteckten sie im Stützpfeiler einer Fischerhütte, die zu dem Forsthaus im Hunsrück gehörte. Dieses Mal verstauten sie das Geld etwas wetterfester in Tupperdosen.

Zlof ging nach München zurück, um in Ruhe nachzudenken. Doch dazu hatte B. keine Lust. Auf eigene Faust versuchte er, die Scheine unters Volk zu bringen. Plötzlich liefen überall Autodiebe, Hehler und Trickbetrüger mit den falschen Tausendern durch die Gegend. Unter ihnen auch Scheinaufkäufer des Landeskriminalamtes Bayern. Die Beamten waren wie elektrisiert, denn jetzt war sicher, dass der Schatz gehoben worden war. Bei B. klickten die Handschellen. Wohl um den

Richter gnädiger zu stimmen, plauderte er aus, wo das Geld lag. Die Rechnung hatte er allerdings ohne Zlof gemacht. Die Tupperdosen waren weg. Und B. wurde wegen Geldwäsche zu einer Haftstrafe von sechs Jahren verurteilt.

Zlof wusste trotz der gebunkerten Millionen kaum noch, womit er seinen Lebensunterhalt bezahlen sollte. Ich bekam wieder einen Anruf von den Ermittlern, die Zlof über einen V-Mann noch einmal nach England locken wollten. Sie hatten nämlich eine Besonderheit im englischen Rechtssystem entdeckt. In Deutschland konnte Zlof nichts mehr passieren. Er hatte seine Strafe abgesessen. Sie könnten ihm höchstens das Geld abnehmen. In England aber könnte ihm zusätzlich ein Prozess wegen Geldwäsche gemacht werden. Also fragten sie mich, ob ich jemanden kenne, der sich als Lockvogel für Zlof eignen würde. Ich ließ meine Kontakte spielen, und tatsächlich gab es in meinem Netzwerk jemanden, der sich gut mit einem weiteren Knastkumpel von Zlof verstand. Mein Lockmittel würde die Belohnung sein, die die Familie Oetker ausgesetzt hatte. Dafür müsste der Knastkumpel Zlof eine glaubwürdige Geschichte erzählen, wie er zusammen mit ihm das Geld in England waschen könne. Weil Zlof das Wasser bis zum Hals stand, würde er sich, so mein Kalkül, an jeden Strohhalm klammern. Doch irgendjemand war schneller als ich. Ohne weitere Begründung zogen die Oetkers die Belohnung zurück. Überall stand die Nachricht in den Zeitungen, wurde auch über Radio und Fernsehen verbreitet. Mein Lockmittel war futsch. Ich war perplex. Was sollte das? Diese Frage beantwortete mir später Walter.

Sie hatten tatsächlich jemanden gefunden, der Zlofs Vertrauen gewonnen hatte. Als die Belohnung zurückgezogen wurde, musste es für ihn so aussehen, als hätte Familie Oetker die Hoffnung auf Aufklärung aufgegeben. Es gab jetzt keinen Anreiz mehr für zwielichtige Typen, ihn ans Messer zu liefern. Der Mann, den die Polizei auf ihn angesetzt hatte, war deshalb in Zlofs Augen unverdächtiger.

Dieses Mal musste er das Geld ohne B. auf die Insel bringen. Er bat Dietmar Blumin um Hilfe. Zusammen mit einem Dritten höhlten sie Kataloge für Telefonkarten aus und versteckten darin die Tausender. Mit einem gemieteten Lieferwagen und verdeckten Fahndern im Schlepptau fuhren Zlof und Blumin im Mai 1997 nach London, wo Scotland Yard übernahm.

Auf einem Parkplatz vor dem »Paragon Hotel« stoppte Zlof den Lieferwagen und holte im Laderaum in aller Seelenruhe fast elf Millionen Mark aus den Katalogen. Er muss sich so sicher gefühlt haben, dass er sogar die seitliche Tür offen ließ. Die Videokamera von Scotland Yard hatte freie Sicht. Mit dem vollen Geldkoffer ging er hinauf in Zimmer 901. Nur wenige Minuten später flog die Tür auf. Zlof saß mit seinem ganzen Geld auf dem Bett und blickte in geladene Schusswaffen.

Walter erzählte mir später, dass die deutschen Kollegen, die bei der Verhaftung dabei gewesen waren, zu ihm gesagt hätten: »In dem Moment ist er locker um 20 Jahre gealtert.« Seine jahrelangen Unschuldsbeteuerungen und Klagen, er sei ein Opfer der Justiz – alles eine gigantische Lüge.

In England bekam er noch einmal zwei Jahre. Blumin saß beim Zugriff nicht mehr im Lieferwagen. Er wurde zur Fahndung ausgeschrieben und stellte sich wenig später mit seinem Anwalt der Polizei. In erster Instanz bekam er zwei Jahre und sechs Monate. In der Revision wurde daraus eine Bewährungsstrafe.

So zerplatzen Träume.

## Kapitel 3

# Kaiserschmarrn

### Wie man in Kolumbien einen Anschlag überlebt

2500 Dollar. Jeden Monat. Das ist eine Zahl, die vielleicht am besten beschreibt, wie gigantisch die Geldmengen sind, über die Männer wie Pablo Escobar verfügten. Der einst gefürchtetste Mann der Welt, Staatsfeind Nummer eins in den USA, Chef des kolumbianischen Medellín-Kartells und Erfinder der industriellen Massenproduktion von Kokain hat jeden Monat 2500 Dollar für Gummiringe ausgegeben. Gummiringe, die er brauchte, um die aufgerollten Dollar-Noten zusammenzuhalten. Einen Justizminister, etwa 30 Richter und 457 Polizisten sowie unzählige andere Menschen hat er ermorden lassen. Das sind die Zahlen, die zeigen, wie grausam und brutal er vorging. Sein engster Vertrauter und Chefkiller Jhon Jairo Velásquez, genannt Popeye, hat nach eigenen Angaben allein 300 Morde selbst ausgeführt und weitere 3000 in Auftrag gegeben. Escobar war bis zu seinem Tod mit María Victoria Henao Vellejo verheiratet. Bei der Hochzeit war sie 15 Jahre alt. Er hat sie ständig betrogen und diese Mädchen – sollten sie dabei schwanger geworden sein – erschießen lassen. Das zeigt seine emotionale Verkommenheit.

Ich hatte das zweifelhafte Vergnügen, Pablo Escobar und Popeye 1987 persönlich kennen zu lernen. Eine Begegnung, die ich beinahe mit dem Tod bezahlt hätte. Ob der Anschlag mir, den beiden Narcos oder jemand anderem galt, habe ich bis heute nicht erfahren. Eine Narbe am linken Bein erinnert mich täglich daran.

Meine Zelte in München hatte ich zu der Zeit gerade abgebrochen, um der Bergwelt meiner Kindheit für immer adieu zu sagen. Ich brauchte einen Ortswechsel. So schön es in Bayern ist und so gern ich auch heute noch für ein paar Tage dorthin fahre, wohnen wollte ich dort nicht mehr. Ich hatte den Norden für mich entdeckt: Schleswig-Holstein, »Land der Horizonte«, wie es damals noch hieß. Hier musste man nicht auf einen Berg klettern, um den Horizont zu sehen. Ich hatte geheiratet und war mit meiner ersten Frau in eine große Wohnung direkt am Godewindpark in Travemünde gezogen. Zum Strand und zur alten Promenade waren es keine 200 Meter. Ein Traum.

Diese Traumkulisse war im Spätsommer 1987 Schauplatz eines langen Spaziergangs, den ich mit zwei Herren unternahm, die aus Wiesbaden angereist waren, um mich zu sprechen. Auf ihrem Dienstausweis stand »Bundeskriminalamt«. Das BKA kam nicht für zwei Kilo Koks, das war mir sofort klar gewesen, als ich ihren Anruf mit der Bitte um ein Treffen erhalten hatte.

Wir verabredeten uns bei meinem neuen Stamm-Italiener »Bellavista« an der Kaiserallee direkt gegenüber dem alten Casino. »Wie sind Sie auf mich gekommen?«

»Sie wurden uns empfohlen. Haben wohl immer gute Arbeit gemacht für die Kollegen. Und für das, was wir planen, brauchen wir einen sehr zuverlässigen Mann mit einer sehr guten Geschichte. Das ist eine brisante Angelegenheit, die Sie in das Herz des Verbrechens führen wird. Sie werden gute Nerven benötigen.«

Ein schnelles Getränk, dann zur Strandpromenade. Sie hatten mir viel zu erzählen. Zum Schluss klingelten mir die

Ohren. Das war in der Tat eine Reise ins Ungewisse. Mein Reiseziel war Medellín, damals eine der gefährlichsten Städte der Welt, und ihr Warlord war Pablo Escobar.

Seine Karriere begann Escobar im Medellíner Rotlichtbezirk Jesús el Nazareno als Marihuana-Dealer. Später spezialisierte er sich mit seiner Bande auf die Entführung reicher Bürger, die trotz Lösegeldzahlung oft einfach getötet wurden – nur um seine Macht zu demonstrieren. Berühmt wurde er 1971, als er den im Volk sehr unbeliebten Großindustriellen Diego Echavarría erdrosselte, nachdem dessen Familie gezahlt hatte. Mitte der Siebziger stieg Escobar in den Kokainhandel ein und war neben den Ochoa-Brüdern Juan David, Jorge und Fabio sowie dem Deutsch-Kolumbianer Carlos Lehder einer der Pioniere. Was ihn neben seiner Bösartigkeit auszeichnete, war sein feines Gespür für gute Geschäfte. Er lebte nach dem Grundsatz, den seine Mutter Hermilda, eine Dorfschullehrerin, ihm früh eingeprägt hatte: »Der Tag, an dem du was Schlechtes machst, mach es vernünftig. Die Welt ist für die Durchtriebenen und nicht für die Doofen.«[1] Escobars Glück war, dass die kolumbianische Nationaldroge sich in den USA und Europa gerade zur Modedroge entwickelte, als sein Aufstieg begann. Die Gewinnspannen waren so gewaltig, dass er zu seinen besten Zeiten schätzungsweise 1,5 Millionen Dollar verdiente – täglich.

Seine Geschäftstüchtigkeit bewies er mit dem Bau der »Tranquilandia«, einer gigantischen Koksfabrik mitten im Urwald, in der etwa 1000 Mitarbeiter jährlich mehr als 300 Tonnen Kokain produzierten. Mehrere Landepisten sorgten dafür, dass das Kokain gefahrlos nach Panama, Mexiko und auf die Karibik-Inseln ausgeflogen werden konnte. Eine wichtige

---

1 www.spiegel.de/einestages/kolumbiens-drogenmilliardaer-pablo-escobar-der-schneekoenig-a-951320.html

Rolle spielte dabei auch die Bahamas-Insel Norman's Cay, die zur Hälfte Escobars Geschäftspartner Carlos Lehder gehörte. Der Sohn eines deutschen Ingenieurs hatte sich hier zunächst ein Landhaus gekauft, später gleich die halbe Insel mitsamt Yachthafen, den Docks und einem Teil des Flugplatzes. Norman's Cay wurde zu einem der wichtigsten Umschlagsorte für den Weitertransport in die USA. Zum Einsatz kamen dabei nicht nur ferngesteuerte U-Boote und kleine Flugzeuge, die unter dem amerikanischen Radar hindurchflogen. Escobar und Lehder setzten auch Schnellboote mit dem Arneson-Oberflächenantrieb ein. Die Besonderheit bei dieser erst Anfang der Achtziger entwickelten Antriebsart ist eine Schiffsschraube, die sich nur zur Hälfte unter der Wasseroberfläche befindet, deswegen größer sein kann und wesentlich weniger Widerstand bietet. Mit Geschwindigkeiten von mehr als 200 Stundenkilometern bretterten sie ihren Verfolgern davon. Zu dieser Zeit kontrollierte Escobars Kartell etwa 80 Prozent des globalen Kokain-Marktes.

1979 kaufte sich Escobar für 63 Millionen Dollar eine 3000 Hektar große Ranch bei Puerto Triunfo am Río Magdalena, knapp 200 Kilometer südöstlich von Medellín, die Hacienda Nápoles. Hier gab es einen Privatzoo, einen Flugplatz und Schlafzimmer für mehr als 100 Personen.

Den Rückhalt in der Bevölkerung sicherte sich Escobar mit großzügigen Geschenken. So baute er in Medellín ein ganzes Stadtviertel für Obdachlose, die vorher auf einer Müllhalde gehaust hatten. Er finanzierte Krankenhäuser und Schulen und ließ sich als moderner Robin Hood feiern, nicht zuletzt von der von ihm herausgegebenen Zeitung »Medellín Cívico«. Er ließ sich in den Stadtrat, später sogar in den kolumbianischen Kongress wählen, was ihm den Diplomatenstatus einbrachte, mit dem er eine Zeitlang sogar problemlos in die USA einreisen konnte.

Aber zu dem Zeitpunkt, als ich mich in Travemünde über einen möglichen Einsatz in Medellín unterhielt, war die Stimmung längst gegen ihn gekippt. Die USA hatten den Kampf gegen die Kokainbarone aufgenommen, und im Zuge dieser Ermittlungen hatte die amerikanische Drogenbekämpfungsbehörde DEA sein riesiges Urwaldlabor entdeckt. Sie machten Druck auf die kolumbianische Regierung. Justizminister Rodrigo Lara Bonilla ordnete die Zerstörung von »Tranquilandia« an und beschlagnahmte 14 Tonnen reines Kokain. Die US-Luftwaffe flog hinterher und sprühte Herbizide auf die Koks-Plantagen im kolumbianischen Regenwald. Escobars Killer erwischten den Justizminister kurz darauf auf einer Schnellstraße in der Hauptstadt Bogotá. Sie erschossen ihn von einem Motorrad aus in dessen Dienst-Mercedes.

Escobar floh daraufhin für kurze Zeit ins benachbarte Panama, wo er unter dem persönlichen Schutz des damaligen Machthabers Manuel Noriega stand. Der Diktator stand damals zwar noch auf der Gehaltsliste der CIA, unterhielt aber schon seit Jahren lukrative Geschäftsbeziehungen zum Medellín-Kartell. Aus dem Exil machte er der kolumbianischen Regierung ein Friedensangebot. Er sei bereit, die gesamten Auslandsschulden seines Landes zu übernehmen, wenn ihm die Regierung dafür garantiere, ihn nicht an die USA auszuliefern. Schon früher hatte er gesagt: »Lieber ein Grab in Kolumbien als eine Gefängniszelle in den Vereinigten Staaten.« Denn er wusste genau, dass er in einem amerikanischen Gefängnis den Rest seines Lebens würde verbringen müssen.

Sein Wunsch sollte in Erfüllung gehen.

Aus dem Deal wurde nichts, Escobar kam trotzdem zurück nach Kolumbien, lebte fortan unter wechselnden Identitäten an wechselnden Orten und überzog das Land mit Krieg, Chaos und Terror. Er ließ alle Skrupel fallen, seine Killer ermordeten Tausende Menschen, und irgendwo explodierte immer eine Bombe. Für jeden getöteten Polizisten zahlte er ein Kopfgeld von 500 bis 1000 Dollar. Monate bevor ich nach Medellín kam, hatte er den Chefredakteur der wichtigsten Tageszeitung ermorden lassen, weil der sich getraut hatte, seine Taten anzuprangern. »Plata o plomo«, Silber oder Blei. Wer sich nicht kaufen ließ, musste sterben. Seine Kartell-Mitglieder ließ er wissen: »Der Tod muss unser Machtinstrument sein, die einzige Form, uns verständlich zu machen.«[2]

Natürlich lautete mein Auftrag nicht, Pablo Escobar zur Strecke zu bringen. Das BKA hatte zwei Deutsche im Visier, die offenbar enge Kontakte zum Medellín-Kartell hatten. Einer von ihnen betrieb mehrere Nachtlokale in Deutschland und war mit einer Brasilianerin verheiratet. Der andere war im Immobilien- und Baugeschäft tätig, mit Dependancen in Kolumbien, Bolivien und Brasilien. Sie vermuteten, dass beide im ganz großen Stil mit Kokain handelten, ohne sich dabei selbst die Hände schmutzig zu machen. Auch die Antidrogenbehörde DEA sei an dem Fall dran. Möglicherweise holten die beiden auch junge Mädchen über Scheinehen illegal nach Deutschland. Nachschub für die Bordelle. Vielleicht war aber auch die Brasilianerin die Strippenzieherin all dieser Geschäfte. Der Stand der Ermittlungen war offensichtlich mager.

Die BKA-Leute vermuteten, ich würde vielleicht eineinhalb Jahre brauchen, um belastbares Material gegen die beiden Geschäftsleute zu sammeln. Als ich in Madrid die Maschine nach Bogotá bestieg, dachte ich, dass ich auch viel Glück brauchen würde, um heil aus der Sache rauszukommen.

Von Bogotá ging es weiter nach Medellín. Es war feucht und drückend warm im Oktober. Die Stimmung in der Millionenstadt war schwer zu beschreiben, ich beobachtete das

2 Spiegel: »Der Schneekönig« (2. 12. 2013)

geschäftige Treiben einer südamerikanischen Metropole. Was sofort ins Auge stach, waren die vielen Orchideen und wunderschönen Gärten. Capital de las Flores, Hauptstadt der Blumen. Ein Beiname aus einer besseren Zeit. Aber es roch förmlich nach Krawall, anders kann ich das nicht ausdrücken. Pedro lenkte seinen alten Mercedes virtuos durch den dichten Verkehr, aber trotzdem machte mich sein Fahrstil nervös. Er fuhr so dicht auf den Vordermann auf, dass es unweigerlich krachen würde, wenn das Auto vor uns unerwartet bremsen müsste. Aber das schien System zu haben, jedenfalls fuhren alle so. Und viele Autos sahen auch so aus.

»Ich fahre dich jetzt erst einmal zu deiner Wohnung«, hatte er gesagt, als er mich am Flughafen abgeholt hatte. »Da besprechen wir alles Weitere.«

Pedro war mein Kontaktmann hier in Kolumbien. »Ein zuverlässiger Typ«, hatten die Jungs in Travemünde mir versichert. Er war – auch wenn sein Auto nicht danach aussah – bestens verdrahtet in der örtlichen Schickimicki-Szene und arbeitete schon seit Jahren mit verschiedenen Ermittlungsbehörden zusammen. »Verbrannt« war er offensichtlich nicht, schließlich lebte er ja noch. Aber das musste nichts heißen. Neben seiner Muttersprache Spanisch sprach Pedro einigermaßen gut Deutsch und Englisch. Ohne ihn wäre ich hier hoffnungslos verloren. »Hola« ist die einzige spanische Vokabel, die ich in meinem aktiven Wortschatz habe. Fremdsprachen standen bei Herrn Wengermeier damals in Kreuth nicht auf dem Stundenplan.

Die Wohnung war ein kleines Apartment, das seinen Zweck erfüllte. Ich würde ohnehin nur zum Schlafen dort sein. Pedro kramte einen Pass und ein paar tausend amerikanische Dollar aus seiner Tasche. Der deutsche Reisepass auf den Namen Bernd Neumann war eine lausige Fälschung, das konnte ich auf den ersten Blick erkennen. Immerhin hatten sie daran gedacht, ihn mit einem frischen Einreise-Stempel zu versehen. Meinen eigenen Reisepass verstaute ich zusammen mit meiner Kreditkarte und etwa 3000 Dollar in einer sehr enganliegenden Bauchtasche, die ich fortan nur nachts und zum Duschen ablegte. Reine Sicherheitsmaßnahme.

Bernd Neumann war Nachtclubbesitzer aus Süddeutschland, der zu viel Schwarzgeld in der Tasche und eine Schwäche für südamerikanische Schönheiten hatte. Deswegen brauchte er ein Domizil in Kolumbien, am liebsten in Cartagena an der Karibikküste von Kolumbien. Die gilt nämlich als die Perle unter den Kolonialstädten Südamerikas und war damals schon wegen der vielen Touristen und ihrer geographischen Lage die sicherste und bestbewachte Stadt des Landes. Das karibische Nachtleben im komplett ummauerten Stadtzentrum war und ist legendär. Drei Jahre, bevor ich Bernd Neumann wurde, also 1984, war die Altstadt von der UNESCO zum Weltkulturerbe ernannt worden. Das Städtchen war wie gemacht für Bernd aus Oberbayern, dem das UNESCO-Siegel allerdings weniger wichtig war als die karibischen Nächte.

Der wahre Grund, warum ich als Privatermittler nach Cartagena reisen sollte, war simpel: Der Immobilienmann, den ich für das BKA dingfest machen sollte, hatte ein protziges Anwesen in der Küstenstadt. Dort würden sicher nicht nur Kammermusik-Abende stattfinden, wenn er in der Stadt war. Fast zwangsläufig wären sich der vergnügungssüchtige Bernd Neumann und er irgendwann über den Weg gelaufen. Um dem Zufall auf die Sprünge zu helfen, gab es den perfekten Makler für die Luxus-Immobiliensuche in Cartagena: Alexandre Rodriguez aus Medellín. Er hatte sich auf ebensolche Immobilien spezialisiert und pflegte nicht nur geschäftliche Kontakte zu meinem Mann. Wahrscheinlich hatte er sogar einen guten Draht zu Pablo Escobar, den Ochoa-Brüdern und Carlos Lehder. Sollte sich also irgendwann mal die Gelegenheit ergeben, dass eine Party in Cartagena anstand und ein bisschen Raketenpulver für den solventen Nachtclub-Neumann benötigt wurde, sollte das kein großes Hindernis sein. So könnte dann auch mehr draus werden, denn auch in deutschen Nachtclubs befeuerte das weiße Gold schon damals Lust und Hingabe. Es hätte alles prima zusammenlaufen können. Das nennt man eine Legende. Und Pedro war der Türöffner, denn er wiederum kannte Rodriguez.

Bernd Neumann kontaktierte über Pedro den Makler. Vorher kam allerdings noch Besuch aus Amerika. Ich nenne ihn an dieser Stelle Levin. Sollte er noch leben, wird er wissen, warum. Schlaksiger Typ, biologisch ein Mix aus vielen Kulturen. Er hielt mir seinen DEA-Ausweis unter die Nase und hatte definitiv keine Defizite mit seinem Selbstwertgefühl: »Ich bin nur gekommen, um zu sehen, wen die Deutschen uns geschickt haben.« Sein Deutsch war nicht schlecht. »Ist 'ne gefährliche Ecke hier. Das sollten Sie wissen.«

»Und wenn Ihnen Escobar, der Bastard, bei Ihren Recherchen über den Weg läuft, lassen Sie es mich wissen. Den holen wir sofort mit der Kavallerie raus. Dieser verfluchte Kerl rutscht uns leider immer wieder durch die Hände. Der gehört für die nächsten 300 Jahre hinter Gitter. Wenn Sie den schnappen, müssen Sie sich um Ihre Rente keine Sorge mehr machen.«

»Wenn ich sie denn erlebe ...«, murmelte ich.

Der ganze Auftritt dauerte nur etwa zehn Minuten. »Wenn was ist, Pedro hat meine Nummer«, verabschiedete Levin sich. Sein mangelndes Vertrauen ärgerte mich maßlos. Seinen Auftritt fand ich erbärmlich. Vor solchen Leuten kann ich keinen Respekt haben. Es war schön und gut, dass Pedro seine Nummer hatte. Ich hatte sie jedenfalls nicht, und es war auch nicht so, dass mein Kontaktmann und ich planten, die Nächte zusammen zu verbringen, damit ich via Pedro immer mit Levin in Kontakt treten konnte. Glaubte Levin wirklich, ich hätte mir seine Nummer unverschlüsselt ins Portemonnaie gesteckt? Da gibt es ganz einfache Methoden, sie so zu verschlüsseln, dass niemand draufkommt, wenn er nicht auch die Originalnummer zum Vergleich hat. Ich erkläre das mal am Beispiel der Nummer von der Lübecker Stadtverwaltung: 0451-1220. Die hätte ich mir wie folgt notiert: 0659-9880. Übereinander geschrieben erkennt jeder den Code. Aber der DEA-Detective hielt es nicht für angebracht, mir seine Nummer zu geben. Dabei hätte ich sie nur wenige Tage später sehr gut gebrauchen können.

Für Leute wie Alexandre Rodriguez sind Wörter wie smart, abgewichst und abgebrüht erfunden worden. Bernd Neumann traf ihn zusammen mit Pedro in einem Steakrestaurant. Pedro hatte mir vor dem Gespräch nahegelegt, auf dicke Hose zu machen. Das käme bei diesen Leuten besser an. Rodriguez schätzte ich auf etwa Mitte fünfzig. Seine Kleidung verriet, dass er zur kleinen, sehr reichen Oberschicht Kolumbiens gehörte. Der Laden war voll von ihnen.

»Hola«, sagte ich zur Begrüßung, reichte ihm die Hand und drückte so fest zu, dass er Angst um seine schlanken Finger bekam, die er sicher noch nie für eine richtige Arbeit benutzt hatte. Den Rest musste Pedro übersetzen. In diesem Moment dankte ich dem bayerischen Schulsystem, denn ein Oberbayer, der nur ein Wort Spanisch und wenige Brocken Englisch spricht, kann kein Spitzel sein. Keine Behörde der Welt käme auf die Idee, jemanden mit diesem Handicap in die Höhle des Löwen zu schicken. Es war und ist die perfekte Tarnung und hatte noch einen Vorteil: Während Rodriguez sprach, konnte ich mich ganz auf seine Gestik und Mimik konzentrieren und musste nicht krampfhaft darauf achten, ihn zu verstehen.

Ich erzählte ihm von meinen Nachtclubs und den vielen Pesos, die damit zu machen seien. Er schwärmte von seinem wunderschönen Heimatland und wie gut es sich hier leben ließ – wenn man genug Pesos hatte. Die schwierige Situation im Land mit bis zu 7000 Morden jährlich allein in Medellín erwähnte er mit keinem Wort. Und für mich war das Wort Kokain ein Tabu. Selbst Andeutungen über Drogen im Allgemeinen verkniff ich mir. Das würde sich im Laufe der Monate irgendwann von selbst ergeben. Jetzt war es dafür viel zu früh.

»Was schwebt Ihnen vor? Ich habe nach oben hin praktisch unbegrenzte Möglichkeiten. Im unteren Preissegment kann ich Ihnen hingegen gar nichts anbieten. Sie werden schon etwas mehr Geld in die Hand nehmen müssen.«

»Keine Sorge«, beruhigte ich ihn. »Ich dachte nicht an eine Bambushütte im Urwald, sondern eher an ein schönes Penthouse mit Blick auf die Karibik in Cartagena.«

»Sehr schön ist es auch am Rio Magdalena. Da habe ich sogar meinem alten Freund Pablo Escobar vor ein paar Jahren ein riesiges Grundstück vermittelt. Besser kann man nicht wohnen.« Dass er so früh auf Escobar zu sprechen kam, hatte ich nicht erwartet. War das eine Falle oder nur plumpes Namedropping, um die eigene Bedeutung und Unantastbarkeit zur Schau zu stellen? Ich versuchte mich zu beruhigen. Er konnte nichts wissen. Ich hatte keinen Fehler gemacht.

»Das ist mir ein bisschen zu weit ab vom Schuss. Mir ist es wichtig, dass ich eine gute Verkehrsanbindung habe. Der nächste Flughafen sollte nicht zu weit weg sein, denn die meiste Zeit werde ich natürlich weiterhin in Deutschland leben, um mich um meine Geschäfte zu kümmern.«

»Dann ist Cartagena erste Wahl, da muss ich Ihnen Recht geben. Ich bin sicher, ich werde das Richtige für Sie finden. In Cartagena habe ich viele wirklich schöne und vor allem exklusive Objekte. Sie werden mich in meinem Büro besuchen müssen, da können Sie sich in Ruhe die Bilder ansehen.«

Damit war der geschäftliche Teil des Abends abgehakt, und ich konnte nicht umhin, die unglaublich guten Steaks zu loben. »Es ist wirklich schwer, in Deutschland so gutes Fleisch zu bekommen. Da müssen Sie schon lange suchen.« Ich erzählte ihm von meinen Anfängen als Koch. »Ich weiß also, wovon ich rede.«

»Dann haben Sie doch bestimmt auch eine Spezialität. Jeder Koch hat das.«

»Es gab damals Leute, die weit für meinen knusprigen Schweinebraten gefahren sind und für meinen Kaiserschmarrn getötet hätten.« Jetzt kam Pedro beim Übersetzen an seine Grenzen. Fragend blickte er mich an. »Für was wird man bei euch getötet?« Ich musste lachen und umschrieb mit einfachen Worten, dass Kaiserschmarrn eine süße Spezialität aus meiner bayerischen Heimat sei. Sterben müsse dafür aber niemand, das sei so eine Redensart.

»Dann muss ich diesen Kaiserschmarrn unbedingt probieren. Ich habe in meinem Büro eine kleine Küche. Vielleicht haben Sie Lust?«

»Wenn dafür niemand sterben muss, sehr gerne«, witzelte ich und konnte nicht wissen, wie sehr ich dieses blöde Wortspiel schon sehr bald verfluchen würde.

Eine exzellente Lage ist das Wichtigste für alle Immobilienmakler. Auch Alexandre Rodriguez hatte sicherlich daran gedacht, als er sein Büro bezogen hatte. Es hatte eine Top-Adresse in einer extrem gepflegten und sauberen Gegend. Pedros alter und etwas verwahrloster Mercedes fiel schon fast ein bisschen aus dem Rahmen, als wir ihn hinter zwei nagelneuen Modellen desselben Herstellers fast direkt vor dem Büro parkten. Ich hatte hinten rechts sitzen müssen, weil der Beifahrersitz und auch der Platz hinter dem Fahrer vollgestellt waren mit leeren Wasserkisten. »Hast du keinen Kofferraum?«, hatte ich ihn halb im Scherz beim Einsteigen gefragt.

»Auch voll. Man kommt zu nichts.«

Dann gingen wir hoch in den ersten Stock.

Rodriguez war noch im Gespräch, weshalb wir von einem Angestellten an der Eingangstür abgeholt wurden. Er brachte uns in einen Präsentationsraum und bat uns, kurz zu warten. Die Büroetage war riesig, aber bis auf den einen Mitarbeiter war sie menschenleer. Nur aus einem weiter entfernten Raum hörte ich leise Stimmen. Die Schränke waren allesamt gesichert wie Tresore. Ich hätte zu gerne einen Blick hineingeworfen.

Zehn Minuten später kam er rein. »Señor Neumann«, empfing er mich mit ausgestreckten Armen.

»Hola, Señor Rodriguez«, sagte ich als Neumann.

»Kommen Sie rein. Fühlen Sie sich wie zu Hause – aber vergessen Sie nicht, dass Sie bei mir sind.« Sehr spezielle Art von Humor.

Die angebotenen Immobilien waren Sahnestücke. Für einen Moment wünschte ich mir, der versteckte Pass im Bauchgürtel wäre der falsche und Bernd Neumann meine wahre Identität. Hier ließ es sich leben. Da musste Rodriguez nichts schönreden. Besonders angetan war ich von einer Strandvilla im zweistelligen Millionenbereich, aber um mir die finanzieren zu können, hätten Neumanns Mädchen noch viele, viele Männer verwöhnen müssen. Wir brauchten fast zwei Stunden um aus dem Angebot eine Vorauswahl zusammenzustellen, und einigten uns darauf, die Häuser eine Woche später vor Ort zu inspizieren. »Lassen Sie uns zum angenehmen Teil des Tages übergehen. Ich kann es gar nicht erwarten, Ihren tödlich guten Kaiserschmarrn zu probieren. Gehen wir in die Küche.«

Ich möchte wetten, dass Rodriguez' »kleine Küche« größer war als die Wohnung einer zehnköpfigen Familie in den ärmlicheren Stadtvierteln von Medellín. In der Mitte stand ein schwerer Esstisch aus Tropenholz, an dem sich eine ganze Fußballmannschaft hätte niederlassen können. Das Inventar, der Herd – alles vom Feinsten und blitzblank geputzt.

»Was brauchen Sie für Ihre Köstlichkeit?«

Ich ratterte die Zutaten runter: »Mehl, Milch, Eier, Butter, Zucker und ein bisschen Salz. Außerdem eine Pfanne.«

»Haben wir alles da. Kein Problem.« Kurz darauf stand alles bereit. »Sagen Sie, ich habe noch Geschäftsbesuch. Macht es Ihnen was aus, etwas mehr zu machen?«

»Natürlich nicht.«

Er verschwand und kam kurz darauf mit zwei Männern zurück. An Pedros Reaktion merkte ich, dass das nicht irgendein Geschäftsbesuch war. Ich hatte ihn nicht sofort erkannt. »Darf ich vorstellen«, sagte Rodriguez, »mein Freund Pablo, und der junge Mann hier wird von allen Leuten nur Popeye genannt, weil er früher mal zur See gefahren ist.«

Jetzt musste ich ganz ruhig bleiben. Ich konnte es nicht fassen. Erst seit ein paar Tagen war ich in Medellín, und schon stand er in Jeans, dunkelblauem Polohemd und Turnschuhen vor mir. Der Mann, den ganz Amerika jagte, der Menschen nach Belieben tötete und die Welt mit seinem Kokain überschwemmte, stand hier zusammen mit seinem Chefkiller neben mir in der Küche und wollte einen Kaiserschmarrn. In dem Moment hätte ich mir nichts mehr gewünscht, als auf der Schwaigeralm das Geschirr einer ganzen Silvestergesellschaft von Hand zu spülen und zu polieren.

Escobar war etwas kleiner als ich. Er streckte mir seine Hand entgegen und schaute mir in die Augen. Obwohl seine Augen leer wirkten, war sein Blick stechend. Diesen Blick werde ich nie vergessen. Es sah aus, als wäre er auf Droge.

»Hola, ich spreche leider nur Deutsch«, sagte ich entschuldigend. Pedro übersetzte.

»No hay problema.«

Ich inspizierte die Zutaten. Es gab nur H-Milch. »Damit geht's leider nicht«, sagte ich zu Rodriguez gewandt. »Wir brauchen unbedingt Vollmilch.« Ich hatte wenig Lust, dass Popeye mir den Kopf wegpustete, weil der Teig mit dieser beschissenen H-Milch nicht vernünftig aufgeht. »Und die Pfanne passt auch nicht.«

»Was ist mit der Pfanne?«, wollte Escobar wissen. Selbst Fragen klangen bei ihm wie Befehle. »Die hat einen Holzgriff, und wenn ich sie in den Ofen schiebe, verbrennt der.«

Escobar nahm die Pfanne und wollte den Griff gerade am Esstisch abschlagen, als ich ihm sagte, dass ich den brauche, um den Kaiserschmarrn zu wenden. »Kauf eine andere Pfanne und diese Milch, die er braucht«, sagte Escobar zu Rodriguez. Der wiederum rief den Angestellten zu sich, der sich wahrscheinlich irgendwo in hintersten Winkel der Etage zurückgezogen hatte.

»Was machst du hier?«, begann Pablos Verhör, während wir auf die Pfanne und die Vollmilch warteten. Ich erzählte ihm meine Geschichte mit den Nachtclubs und dem geplanten Hauskauf in Cartagena. »Du musst aufpassen, Kolumbien ist ein gefährliches Pflaster. Hier sterben viele Menschen.« Das wusste ich zwar schon, bedankte mich aber trotzdem für den Ratschlag.

Kaiserschmarrn ist so eine Sache. Jeder, der sich schon mal daran versucht hat, weiß, was ich meine. Die Milch darf nicht zu kalt, aber auch nicht zu warm sein. Das Gleiche gilt für die Eier. Ein guter Kaiserschmarrn ist eine Wissenschaft für sich. In dieser Situation war ich heilfroh, dass er mir immer, wirklich immer gelingt. Rodriguez hatte zwar keine Rosinen, aber die sind auch nicht wirklich wichtig. Nur zum Schluss tauchte noch ein kleines Problem auf. Puderzucker gibt's zwar auch in Kolumbien, aber mit dem deutschen Wort konnte Pedro nichts anfangen. »Puderzucker ist ein ganz feines weißes Pulver«, erklärte ich.

»Davon haben wir reichlich«, grinste Escobar. Es schmeckte ihm auch ohne. Seine Tischmanieren würde ich als grenzwertig bezeichnen. Hektisch schlang er meinen Kaiserschmarrn in sich hinein und grunzte zufrieden.

»Weißt du, wenn du dein Haus gekauft hast und das nächste Mal kommst, dann meldest du dich bei mir. Rodriguez weiß, wie er mich erreichen kann.«

Ich nickte. Auch ihm gegenüber hatte ich Kokain mit keinem Wort erwähnt. Vielleicht ging's ja auch um meinen Kaiserschmarrn. Vielleicht sollte ich sein Leibkoch werden.

Zufrieden und erleichtert gingen Pedro und ich nach unten zum Wagen. Ich hatte es mir gerade hinten zwischen den Wasserkisten bequem gemacht und Pedro hatte den Schlüssel ins Zündschloss gesteckt, als von vorne ein dunkler Alfa auf uns zuschoss. Plötzlich peitschten mehrere Schüsse durch die Luft, Pedro sackte stöhnend am Lenkrad zusammen, und ich spürte einen stechenden Schmerz im Bein. Überall war Blut. Pedro stöhnte unentwegt. Ich stand völlig unter Schock, als plötzlich meine Tür aufgerissen wurde und eine Frau an mir zerrte, um mich aus dem Wagen zu ziehen. Sie bugsierte mich zu einem Taxi, das nur wenige Meter hinter unserem Wagen stand und offenbar ihr gehörte. Auf jeden Fall hatte sie den dazu passenden Schlüssel. Keine Ahnung, was mit Pedro geschehen war. Ich musste mich auf die Rückbank legen und sollte mir ein Tuch fest auf die stark blutende Wunde drücken. »Hospital! Hospital!«, schrie ich, aber sie gab mir nur ein Zeichen, dass ich still sein soll. Ungefähr eine halbe Stunde lang fuhren wir durch den Regen, bevor sie irgendwo stoppte und ich hinter ihr her in eine Wohnung hinkte.

In der Wohnung war ein Mann, den ich – wie die Frau –

noch nie zuvor gesehen hatte. Ich konnte mir absolut keinen Reim darauf machen. Warum war ich in dieser Wohnung? Nach Zufall sah das alles jedenfalls nicht aus. »Telefon, Telefon«, sagte ich. Ich wollte Pedro anrufen. Hatte er es nach Hause geschafft? Oder war er tot? Das alles ergab überhaupt keinen Sinn. Die Frau reichte mir ein Telefon, und ich wählte Pedros Nummer, doch niemand nahm ab. Ich versuchte es immer wieder vergeblich.

Eine halbe Stunde später kam ein weiterer Mann in die Wohnung, der Englisch sprach und sich als Arzt ausgab. Er gab mir zunächst ein Schmerzmittel, dann eine Spritze. Immer wieder sagte ich »No Penicillin! No Penicillin!« und hoffte, dass er mich verstand. Mit Penicillin hätte er mir wahrscheinlich den Rest gegeben, denn ich bin allergisch gegen dieses Standardantibiotikum. Auf der anderen Seite hatte ich panische Angst vor einem Wundbrand. Eine Kugel hatte mein Bein nur gestreift, aber Glassplitter von den getroffenen Wasserflaschen hatten sich wie kleine Geschosse in meinen Unterschenkel gebohrt. Auch mein Kopf blutete. Mehrere Glassplitter waren in meinen Haaren gelandet, und in meiner ersten Fassungslosigkeit hatte ich mir immer wieder durch die damals noch längere Mähne gestrichen. Gemerkt hatte ich davon nichts.

Trotzdem hatte ich unglaubliches Glück. Mit einer Pinzette entfernte der Doktor die Scherben, so gut es ging, und verband mir die Wunde. Ich wollte nur noch raus. Levin von der DEA konnte ich nicht anrufen, weil der Idiot mir seine Nummer nicht gegeben hatte. Pedro konnte ich nicht erreichen. Nach Alexandre Rodriguez und meinem neuen »Freund« Pablo hatte ich überhaupt keine Sehnsucht. Es ist ein beschissenes Gefühl, angeschossen in einer fremden Stadt in einer fremden Wohnung umgeben von Fremden zu sein und nicht zu wissen, wer da gerade auf uns geschossen hatte und aus welchem Grund. Es gab tausend Möglichkeiten. Ich konnte nicht einmal ausschließen, dass das Attentat Escobar galt. Immerhin wäre auch er in Begleitung eines zweiten Mannes aus dem Eingang gekommen. Und welche Rolle spielte die Taxifahrerin, wenn sie überhaupt eine Taxifahrerin war?

Sollte das Attentat Escobar gegolten haben, wäre es möglich, dass sie kontrollieren sollte, ob es ihn wirklich erwischt hatte. Wenn nicht, hätte ein schneller Schnitt durch die Kehle Versäumtes nachholen können. Das ist unter Profis durchaus nicht unüblich. Aus einem fahrenden Auto heraus zu schießen, ist nicht so leicht. Erst recht nicht in einer belebten südamerikanischen Straße, wo Fußgänger die Fahrbahn auch mal ohne Rücksicht auf die Straßenverkehrsordnung überqueren. Einmal das Lenkrad zur Seite gerissen, und schon schlägt die Kugel ein, wo sie gar nicht hingehört – im ungünstigsten Fall im Kopf eines Unbeteiligten. Anhalten, um in Ruhe weiterzuschießen, ist auch keine Option, wenn das Ziel ein Mann wie Escobar ist. Man konnte nie wissen, ob er nicht am Straßenrand ein paar Aufpasser platziert hatte. Dann kämen schnell auch Kugeln aus der anderen Richtung.

Zurückgeschossen wurde an diesem Tag allerdings nicht. Escobar saß ja oben bei Rodriguez im Büro und grunzte bestimmt noch zufrieden vor sich hin.

Eine andere mögliche Erklärung für die Schießerei war, dass Pedro einen Fehler gemacht hatte. Vielleicht hatte er mit Rodriguez über Drogen gesprochen, ohne dass ich ihn darum gebeten hatte. Oder seine Kontakte zum BKA waren längst bekannt.

Was auch immer hier gerade passiert war: Es war mutig von der Frau, mich in einer solchen Situation beherzt aus dem Auto zu ziehen. Aber warum mich? Warum nicht Pedro?

Oder war auch er aus dem Wagen gezogen worden? Auf die Beantwortung meiner vielen Fragen konnte ich aber nicht warten, denn für mich gab es jetzt nur eine Option: Ich musste schnellstens das Land verlassen.

Der Mann der Taxifahrerin gab mir eine saubere Hose. Ich bedankte mich und gab ihm etwa 100 Dollar aus meinem Geheimversteck im Bauchgürtel. Der Gedanke an den falschen Pass schoss mir durch den Kopf, als ich beim Herausnehmen meinen vertrauten deutschen Reisepass sah. Könnte es etwas mit dem Pass zu tun haben? Nein, schließlich hatte ich ihn niemandem gezeigt.

»Bogotá«, sagte ich und tat mit den Händen so, als würde ich ein Auto lenken. Ich wollte auf schnellstem Weg in die Hauptstadt, um von dort nach Europa zu fliegen. Medellín war mir zu heiß. Wenn Escobar hinter dem Anschlag steckte, würde er sicher Leute am Flughafen postiert haben, um mich dort abzufangen. In Bogotá hatte ein anderes Kartell das Sagen. Dort wäre ich zumindest ein bisschen sicherer, so meine Überlegung.

Für die Taxifahrerin schien es der selbstverständlichste Wunsch überhaupt, dass sie mich mit dem Wagen in die mehr als 400 Kilometer entfernte Hauptstadt bringen sollte. Die Fahrt dauerte fast acht Stunden. Ich lag die ganze Zeit über auf der Rücksitzbank und wartete mit Bangen darauf, was mich in Bogotá erwarten würde. Dabei fiel mir auf, dass sie nicht wie eine Kolumbianerin fuhr, denn sie hielt immer ausreichend Abstand.

Entgegen meinen schlimmsten Befürchtungen passierte am Flughafen gar nichts. Als wir am Schalter ankamen, war dort sogar schon ein bezahltes Ticket nach Madrid für mich hinterlegt worden. Ich nahm meinen Reisepass aus dem Gürtel und checkte ein. Die Frau hatte mich nicht einmal nach Geld gefragt. In wessen Auftrag auch immer sie mich da rausgeholt hatte, weiß ich bis heute nicht genau. Als Dank gab ich ihr die letzten 2500 Dollar, die ich noch hatte. Dann stieg ich ohne Gepäck in die Maschine.

Zurück in Deutschland, hoffte ich auf Antworten. Allzu groß war diese Hoffnung aber nicht.

Wenn ich mich auf einen solchen Auftrag einlasse, arbeite ich auf eigenes Risiko. Ich hatte das Gefühl, die BKA-Leute waren einfach nur froh, dass ich nicht im Sarg zurückgeflogen werden musste, aber ein Bundesverdienstkreuz konnten sie mir deswegen auch nicht an die Brust pappen. Weswegen auch? Weil Pablo Escobar mein Kaiserschmarrn geschmeckt hatte? Ich hatte einfach Pech gehabt. Falscher Ort, falsche Zeit. Ich machte es wie Hans Zach damals beim Eishockey. Aufstehen, durchschütteln, weitermachen. Immerhin blieb ich nicht auf den Spesen sitzen.

Escobars Flucht dauerte noch vier Jahre. Dann machte er einen Deal mit der Regierung, die ihm zusicherte, ihn nicht an die USA auszuliefern, wenn er sich freiwillig stellt. Mit seinen eigenen Leibwächtern zog er 1991 in das von ihm selbst gebaute Luxus-Gefängnis »La Catedral« in der Nähe seines Heimatortes Envigado. Niemand zweifelte daran, dass er von dort aus in Ruhe weiter seinen Geschäften nachging. Als er aber so weit ging, Drogenhändler ins »La Catedral« zu bestellen, um sie dort zu erschießen, sollte er in ein normales Gefängnis verlegt werden. Escobar floh, erschoss dabei zwei seiner Bewacher und wurde 16 Monate später, am 2. Dezember 1993, von einer Eliteeinheit aus amerikanischen und kolumbianischen Soldaten nach einer Razzia in Medellín erschossen. Unmittelbar zuvor hatte er mit seinem Sohn telefoniert. Das war ihm zum Verhängnis geworden, denn die Ermittler konnten den Anruf zurückverfolgen. Zu seiner Beerdigung kamen 20 000 Menschen.

Chefkiller Popeye hatte sich im Oktober 1992 der Polizei gestellt und wurde zu einer lebenslangen Haftstrafe verurteilt. Am 26. März 2014 wurde er entlassen und stellte einen Antrag auf Aufnahme in ein Zeugenschutzprogramm. Die vielen Morde würden ihm nicht den Schlaf rauben, sagte er einmal. »Ich habe eine tote Seele.«[3]

Im Gefängnis hatte Popeye einer Journalistin auch erzählt, warum der einst so mächtige Narco Carlos Lehder verhaftet werden konnte. Nachdem die damals durch und durch korrupte Regierung der Bahamas auf Druck der USA seine Besitztümer beschlagnahmt hatte, ging er zurück nach Medellín. Dort habe er sich bei einer von Escobar veranstalteten Party sein eigenes Grab geschaufelt. »Er trank und machte sich an eine der 15 Prostituierten heran, die für die Party verpflichtet worden waren. Irgendwann nahmen er und seine Begleiterin eine Line.« Als dann Rollo, einer von Escobars Gefolgsleuten, ebenfalls um eine Nase bat, soll das noch in Ordnung gewesen sein. Doch Rollo wollte immer mehr und konnte nicht genug bekommen. Selbst als Lehder sich schon mit dem Mädchen aufs Zimmer verzogen hatte, klopfte Rollo mehrmals an die Tür. Irgendwann wurde es Lehder dann wohl zu viel. Er ließ das Mädchen die Tür einen Spalt breit öffnen und den Rest des Koks hinauswerfen. In Lehders Augen muss Rollos Verhalten eine ungeheure Respektlosigkeit gewesen sein, die sich ihm gegenüber früher niemand erlaubt hätte.

»Morgens um halb neun weckten uns zwei Schüsse«, erzählte Popeye. Lehder hatte Rollo erschossen. »Er hat mir nicht den Respekt gezollt, den ich verdiene«, rechtfertigte er sich gegenüber Escobar. Der gab ihm Recht. Als die kolumbianische Regierung jedoch kurz darauf bei ihm den Kopf eines prominenten Narcos einforderte und damit drohte, an-

3 Spiegel: »Entlassen nach 21 Jahren Haft: Escobars Auftragskiller fürchtet um sein Leben« (27. 03. 2014)

dernfalls die Polizeiführung in Medellín auszutauschen, soll er der Polizei einen Lageplan mit Lehders Versteck gegeben haben. Seitdem sitzt Carlos Lehder in einem amerikanischen Gefängnis.

## Kapitel 4

# Anfänger

### Kokainhandel mit Oma R.

Wir trafen uns an diesem frühen Nachmittag zu dritt in einer kleinen Bar im Foyer des »Scandic Grand Hotel« an der Travemünder Allee mitten in Lübeck, wo sich heute das »Holiday Inn« befindet. Wir saßen an einem Tisch an der Stirnseite, rechts von uns die Bar, links eine große Glasfront, von der aus man den Haupteingang des Hotels gut im Blick hatte. Zwischen der Bar und unserem Tisch lag der verschlossene Notausgang. Außer uns saß nur ein Pärchen mittleren Alters weiter entfernt mit im Raum. Vom Barkeeper war nichts zu sehen. Überhaupt wirkte das gesamte Erdgeschoss des Hotels seltsam verlassen.

Jens saß mit dem Rücken zur Bar. Er trug ein offenes Hemd und etwas zu lange, im Luden-Stil der Neunziger geföhnte Haare. Die schwarze Lederjacke hatte er lässig über die Lehne des Sessels geworfen. Jens arbeitete bei der Kripo Lübeck als verdeckter Ermittler. Sein durchtrainierter und kräftiger Körper war noch ein Relikt aus seiner Zeit beim SEK. Ein echter Profi hätte ihn vielleicht als Polizisten erkannt, obwohl Jens seine Rolle wirklich erstklassig spielte. Mit dem Rücken zur Wand und zum Notausgang saß Richard R. Er war ein Hänfling, schmierig und ganz offenbar kein Profi, denn gerade eben hatte er Jens ein halbes Kilo Koks über den

Tisch zugeschoben. Ganz beifällig, fast abschätzig hatte Jens den Stoff in Empfang genommen. Das Pärchen am anderen Ende des Raums schien zu sehr mit sich selbst und verliebten kleinen Neckereien beschäftigt, um etwas davon mitzubekommen.

»Dann wollen wir mal schauen, was du uns da mitgebracht hast«, sagte Jens, öffnete das Paket und nahm sich mit den Fingern eine kleine Probe, die er sich ans Zahnfleisch rieb. So ein bisschen Großdeal-Folklore gehörte eben immer dazu. In Wirklichkeit war Jens natürlich völlig klar, dass das Kokain längst mit Lidocain, einem örtlich wirkenden Betäubungsmittel, gestreckt wurde, um genau dieses Taubheitsgefühl zu erzeugen, das angeblich nur gutes Pulver hinterlässt. Das war einer dieser typischen Taschenspielertricks. Bei wirklich großen Mengen verlässt sich jedoch kein Mensch in der Drogenszene auf diesen albernen Test. Auch die Polizei nicht. Für uns war es in diesem Moment nur wichtig zu wissen, dass tatsächlich Koks im Paket war und kein Mehl. Für Backzutaten hätten wir R. nicht drankriegen können.

»Okay«, war Jens' einziger Kommentar. Er nahm seine Jacke und kramte ein dickes Bündel aufgerollter Scheine aus der Innentasche. Ich beobachtete R. ganz genau und sah die Gier in seinen Augen aufflackern. Diese typische Gier, die große Mengen Bargeld fast zwangsläufig bei den meisten Menschen auslösen. Es ist eine Sache, einen Kontoauszug mit einem Saldo von 20 000 Mark plus in der Hand zu halten, aber eine ganz andere, das Geld zu fühlen. Das hat eine eigene, ganz spezielle Erotik.

Ich bekam eine kleine Krise. Was sollte der Mist mit der Geldrolle? Ich hatte es im Milieu noch nie erlebt, dass irgendjemand sein Geld aufrollte. Das war Leuten wie Pablo Escobar vorbehalten. Die zahlten damit allerdings auch nicht. Da landeten die Rollen ähnlich wie bei einem Landwirt die Heuballen auf dem Speicher. Bargeld wurde entweder mit einer Klammer zusammengehalten oder in einen Briefumschlag gesteckt. Das hatte ganz praktische Gründe: Wenn man eine bestimmte Summe abzählen musste, ließ sich das bei einem Bündel viel einfacher machen. Man konnte es durchblättern wie ein Buch. War das Geld schon vorher abgezählt – wie in diesem Fall –, kam es in einen Briefumschlag. So ließ es sich unauffällig übergeben. Eine Rolle dagegen hatte außerdem den Nachteil, dass sie einfach dick auftrug. Genauso wie Jens, dachte ich. Oder machte er sich nur einen Spaß daraus, vor R. den Groß-Narco zu spielen? Mit solchen Kleinigkeiten fliegt man schnell auf. Und mit R. hatten wir noch eine Menge vor. Über ihn wollten wir an seine Hintermänner kommen. Das halbe Kilo sollte nur der Anfang sein. Da waren solche albernen Nummern wie die mit der Geldrolle einfach überflüssig.

R. schien jedoch nicht einen einzigen Gedanken daran zu verschwenden. So cool und professionell er sich schon den ganzen Tag hatte geben wollen, so weit war er davon entfernt, genau das zu sein. Wie im Rausch riss er das Gummiband vom Geldbündel. Jens hatte ihm viele Hunderter daruntergeschoben, damit er ein bisschen länger mit dem Zählen beschäftigt war. Das konnte bei 20 000 Mark schon eine Weile dauern. R. störte sich nicht einmal an dem verliebten Pärchen.

Richard R. war ein kleiner Fisch, das hatte ich sofort gemerkt. Dafür hatte er sich einfach zu viele handwerkliche Patzer erlaubt. Allein die Tatsache, dass wir hier saßen und die Übergabe schon jetzt stattgefunden hatte, war ein unverzeihlicher Anfängerfehler. R. hatte praktisch alles falsch gemacht, unter anderem, dass er das Kokain im Hotel dabeihatte. Wenn ich hier etwas hätte verkaufen wollen, hätte ich höchstens ein koksähnliches Pulver mitgebracht. Das war eine weit verbreitete, alte Taktik. Man schiebt die eigentliche Übergabe immer wieder hinaus, um zu verhindern, dass im

Ernstfall die gegnerische Seite Zeit hat, sich in aller Ruhe auf einen Übergabeort vorzubereiten. Man fährt gemeinsam im Wagen ziellos durch die Gegend. Und wenn sich der Stoff als wertloses Pulver erweist, erkläre ich zu meiner Verteidigung, dass ich schließlich nicht wissen könne, ob mein Gegenüber plant, mit Blüten zu zahlen. Wenn dann jemand plötzlich den Deal abbricht, stinkt was.

»Ich bringe das mal zum Wagen«, sagte Jens und zeigte auf das Päckchen. »Muss hier ja nicht in aller Öffentlichkeit rumliegen.«

Richard R. nickte nur mit dem Kopf und ließ sich beim Zählen nicht stören. Jens klemmte sich seine schwarze Lederjacke unter den linken Arm, das Päckchen hielt er in der rechten Hand. Langsam schlenderte er durch die Bar Richtung Rezeption, bog nach rechts zum Haupteingang ab und blieb dann auf dem Parkplatz kurz stehen. Ich sah, wie er seine Jacke oben am Kragen fasste. Mir stockte der Atem. Tu's nicht, dachte ich nur. Doch den Gefallen tat er mir nicht. In dem Moment war klar, dass uns die Hintermänner durch die Lappen gehen würden. Das erschien damals nicht so dramatisch. Wenige Jahre später, als sich eine der spektakulärsten Entführungen in der bundesdeutschen Kriminalgeschichte zutrug, erschien dies in einem anderen Licht.

Begonnen hatte der Fall im »Roten Haus«, Skandinavienkai in Travemünde, Deutschlands größter Fährhafen an der Ostsee, Drehkreuz für den Norden und die baltischen Länder, Umschlagsplatz für mehrere hunderttausend Lkw jährlich. Jeder mit einem Fahrer, und einige von ihnen waren Gäste im »Roten Haus«. Genau so hatte ich das auch geplant, als ich Gaby den Laden 1987 vermittelt hatte. Gaby war eine alte Freundin aus dem Milieu in München. Ein tüchtiges, intelligentes und bildhübsches Mädchen, gesegnet mit einem Körper, der heterosexuell veranlagte Männer zwangsläufig um den Verstand bringt. Gaby hatte immer auf eigene Rechnung gearbeitet und damit ein kleines Vermögen gemacht. Jetzt wollte sie raus aus München und raus aus der Horizontalen, deswegen hatte sie mich angerufen und gefragt, ob hoch im Norden nicht vielleicht ein Nachtclub frei werden würde. Den gab es tatsächlich, im Lübecker Ortsteil Ivendorf. Der Hafen war nur wenige hundert Meter entfernt. Damals war die Travemünder Landstraße noch eine vielbefahrene und wichtige Verbindungsstraße, seit dem Ausbau des Hafens in den Jahren 2006 und 2007 ist sie eine Sackgasse. Von der Landstraße führte ein völlig unbefestigter Weg in den Wald hinein zu dem Club, in dem bis Ende der Siebzigerjahre ein hervorragendes Steakrestaurant untergebracht war.

Gaby war geschäftstüchtig genug, um das Potential sofort zu erkennen. »Das ist mein Laden«, sagte sie begeistert. Es gab einen großzügigen Barbereich mit zwei Whirlpools und fünf Motto-Zimmern, besonders liebevoll ausgestattet war das SM-Studio. Der eigentliche Clou aber war, dass es eine Konzession für eine Nachtbar gab. Außer dem »Roten Haus« gab es damals in ganz Deutschland nur ein weiteres Etablissement mit dem unschätzbaren Vorteil, dass man direkt von der Bar zum Kuscheln in eines der Zimmer gehen konnte. Normalerweise musste man eine Bar erst verlassen und durfte die »Liebesnester« nur durch einen separaten Eingang betreten. Bei der zuständigen Behörde hieß das »Ausschank mit Geschlechtsverkehr«.

Ich war zu der Zeit noch als stiller Teilhaber an mehreren Nachtclubs beteiligt. Außerdem arbeitete ich weiter eng mit der Polizei bei Drogen- und größeren Diebstahlsdelikten zusammen. Die Wirtschaftskriminalität kam erst später dazu. Um Infos und Tipps zu bekommen, musste ich einen Fuß in der Szene haben, denn in einen Puff kommen sie alle. Damit will ich nicht behaupten, dass alle Männer Puffgänger sind, aber Puffgänger kommen aus allen Schichten.

An einem so wichtigen internationalen Umschlagplatz wie dem Skandinavienkai fließen auch illegale Warenströme wie durch ein Nadelöhr an mir vorbei. Das hatte ich bei der Wahl des Standorts natürlich bedacht. Die Spediteure sitzen dann an der Bar, haben nur ihren Geschlechtstrieb im Sinn und verfallen in klassische Verhaltensmuster – sie gockeln. Ich habe noch keinen einzigen Mann erlebt, der sich bei der Balz vor einer Frau kleinredet, außer natürlich er hat eine Leder-Kapuze auf dem Kopf und sie eine Peitsche in der Hand. Beim Gockeln reden sich viele Männer um Kopf und Kragen. Hier gilt grundsätzlich der Leitsatz: Ist er hart, ist er weich. Wenn er wieder weich ist, ist er hart. Sprich: Solange die intellektuellen Fähigkeiten auf ein Überlebens-Minimum runtergefahren sind, weil das Blut so heftig pocht, ist er wie Butter in den Händen eines erfahrenen Mädchens. Anschließend kehrt die Kontrolle fast schlagartig zurück. Das ist dann der falsche Zeitpunkt für dezentes Aushorchen mit der Hand am Schaltknüppel. Es gibt Mädchen, die wirklich gut darin sind.

Die Großmeisterin auf diesem Sektor war übrigens eine Frau mit den Initialen H. B. Sie wurde von Mittelsmännern der Polizei immer bei besonders schwierigen Fällen als verdeckte Ermittlerin engagiert. Sie war blitzgescheit und natürlich bildhübsch. Was genau ihr Geheimnis war, werde ich wohl nie in Erfahrung bringen. Auf jeden Fall muss H. B. die männliche Software so präzise entschlüsselt haben, dass sie in der Lage war, die Hardware so virtuos zu bedienen wie keine andere, um dann die gespeicherten Informationen in acht von zehn Fällen mühelos runterzuladen und an ihre Verbindungsleute von der Kripo weiterzugeben.

Um ständig in einem Nachtclub zu sitzen, ohne mit den Mädchen aufs Zimmer zu gehen, brauchte ich eine glaubhafte Geschichte. Ich schlug Gaby also vor, ganz wie zu alten Zeiten abends öfter anwesend zu sein und ein bisschen nach dem Rechten zu sehen. Das würde sie bis auf meine Drinks nichts kosten. Auf diese Weise konnte ich meine Nächte am Tresen verbringen, die Lauscher aufsperren und ein Vertrauensverhältnis zu den Mädchen aufbauen. Für Gaby hatte es außerdem den Vorteil, dass sich wegen meiner Kontakte zur Polizei die Razzien im Rahmen hielten. Illegale Mädchen waren deswegen ein Tabu. Alle arbeiteten freiwillig und auf eigene Rechnung. Zwischen fünf und fünfzehn junge Mädchen waren es normalerweise. Manche blieben Jahre, einige Wochen, andere kamen nur in den Sommermonaten, weil sie sich dann tagsüber am Strand knusprig machen konnten, ohne ständig Geld in der Sonnenbank nachwerfen zu müssen.

Ich hatte die Mädchen gebeten, mich immer darüber zu informieren, wenn sie Wind bekamen von einem Drogengeschäft oder einem LKW-Diebstahl. Sehr häufig erfuhr ich so vom Handel mit Ikonen und anderen wertvollen Gegenständen aus dem Osten, die für mich allerdings wertlos waren. Wer hätte mich dafür bezahlen sollen, dass ich sie zurückbringe? Drogen hatten da einen ganz anderen Wert, dafür gab es mit der Kripo immer einen zuverlässigen und pünktlich zahlenden Abnehmer. Etwa 2000 Mark bekam ich für ein Kilogramm sichergestelltes Kokain. Drogen hatten die Russen jedoch nie im Gepäck.

Eine Meisterin ihres Fachs unter den Mädchen im »Roten Haus« war Heike. Sie gehörte von Anfang an zu Gabys kleiner Familie und nahm unter den Mädchen schon deswegen eine besondere Rolle ein, ähnlich wie der Kapitän eines Fußballteams. Heike war Mitte zwanzig und auch im Job ein Naturtalent. Alles wirkte ganz natürlich, hatte nichts von bezahlter

Dienstleistung. Gäste schätzen das. Alles Wichtige aus dem Kreis der Mädchen erfuhr ich von ihr.

Im Juli 1991 wurde Heike von einem der Sommermädchen Koks angeboten. Heike lehnte jedoch ab und sagte: »Ich nehme das Zeug nicht, aber geh mal zum Josef, der hat gute Connections.«

Ich fragte das Mädchen, wie viel sie mir besorgen könnte.

»Wenn du willst, auch 100 Gramm.«

Ich winkte ab. »So einen läppischen Kleinkram nehme ich nicht in die Hand. Zehn Kilo würden sich schon besser anhören.«

Sie machte große Augen. Da war sie wieder, die Gier. Zehn Kilo – das klang nach einer üppigen Provision. Schon am nächsten Tag war sie verschwunden. Offiziell hatte sie sich ein paar Tage Urlaub genommen. Als sie zurückkam, machte sie mir ein Angebot: »Zehn Kilo gehen nicht, maximal acht. Aber vorher müsste es einen Probekauf geben, mit 500 Gramm.«

»Und was soll der ganze Schmarren?«, grantelte ich. »Wieso machen wir dann nicht gleich acht Kilo?«

»Das hat einfach Sicherheitsgründe, wegen des Bargelds und so.« Dann gab sie mir die Festnetznummer eines gewissen Richard R., einem Typen aus einem belgischen Grenzkaff bei Aachen, sowie eine Probedosis von etwa zwei oder drei Gramm.

»Jungs, der Mann mit dem Koks ist da«, empfing mich Jens später im Lübecker Polizeipräsidium. Die langen Haare lagen wie immer ordentlich geölt auf seiner Schulter. »Reicht es für alle, oder müssen wir noch nachbestellen?«, scherzte er.

»Das hat ja für die Hinfahrt kaum gereicht«, entgegnete ich. »Lass uns noch ein paar Kilogramm holen.«

Ich reichte Jens das Briefchen mit dem Koks, das er sofort öffnete und fachmännisch überprüfte. »Ich tippe mal auf knapp 90 Prozent«, wagte er eine erste Prognose. Das wäre deutlich besser als das, was auf der Straße verkauft wird. Würde Jens richtigliegen, deutete das schon mal nicht auf einen Rip-Deal im Drogenmilieu hin. Das konnte man im Vorfeld eigentlich nie ausschließen. Dann kamen die Verkäufer beim nächsten Treffen nicht mit der Ware, sondern mit Baseballschlägern, Messern oder Schusswaffen. In so einem Fall blieb nur noch die Option, das Geld herauszurücken und den geordneten Rückzug anzutreten. Es sei denn, man ist darauf vorbereitet und hat ebenfalls überzeugende Argumente in der Tasche oder am Gürtel. Allerdings bringt mich keine der beiden Varianten geschäftlich weiter. Denn wenn ich für die Polizei Dealern auf der Spur bin, will ich mich nicht mit durchgedrehten Straßenräubern in deren Stammesgebieten prügeln müssen.

Aber wenn jemand so dreist ist, mir eine Probe mit Straßenkoks anzubieten, und dann noch auf ein Acht-Kilo-Geschäft hofft, muss er mindestens genauso deppert wie dreist sein. Auf dieser Vertriebsstufe des Drogenhandels ist man also einfach eine ergiebigere Menge des begehrten Rohstoffs gewohnt. Es muss sich für den Weiterverkauf noch strecken lassen.

Meine neue Aachen-Connection hatte tatsächlich gute Qualität im Angebot. 85 Prozent Reinheitsgehalt ergab die Laboranalyse. Das bedeutete zwar nicht zwangsläufig, dass beim Probekauf eine gleichwertige Ware wie später beim Deal auf dem Tisch lag, es zeigte aber zumindest, dass sie in der Lage waren, verhältnismäßig reines Kokain zu beziehen. Das kann nicht jeder. Es lohnte sich, dranzubleiben.

Ein paar Tage später saß ich mit Jens und seinem Kollegen Manfred im ICE nach Aachen. Wir hatten uns dort mit den Kollegen von der Aachener Kripo verabredet und wollten das weitere Vorgehen besprechen. Vor Ort erfuhren wir, dass auch die belgische Kripo noch dazustoßen würde. Da schien also ein größeres Ding zu laufen.

Tatsächlich war der Name Richard R. allen Beteiligten ein Begriff. Sie hatten ihn schon länger im Visier, waren aber nie richtig an ihn rangekommen. Alle Versuche, Beweise gegen ihn zu sammeln, waren ins Leere gelaufen. Fast schien es, als hätte er einen Informanten bei der Polizei. Dabei war R. alles andere als der Typ Krimineller, dem es gelingt, sich einen Kontaktmann bei der Polizei zu installieren oder zu bezahlen. Er war eigentlich eher jemand, der sich für andere Leute die Hände schmutzig machte.

»Richard R. arbeitet nicht allein«, sagte einer der beiden Belgier, was die Aachener bestätigten. »Es gibt noch andere Typen, die wir auf dem Schirm haben. Keiner von denen ist ein unbeschriebenes Blatt, aber wir können ihnen einfach nichts nachweisen.«

»Vielleicht haben wir jetzt die Chance, mal in dieses Wespennest zu stechen, wenn wir aus einer ganz anderen Ecke angreifen und jemand mit einem glaubwürdigen Background aus Travemünde auftaucht. Diese Art und Weise des Erstkontakts ist für die Dealer auf jeden Fall absolut unverdächtig.«

Ich nickte.

Dann hefteten sie die Fotos der Beteiligten an die Wand. Der erste war Richard R., ein Kleinkrimineller, der mit seiner Großmutter in Belgien lebte. Er war der Mann, den ich wegen des Kokains anrufen sollte.

Nummer zwei war Bernd K., der schon elf Jahre wegen Drogenhandels abgesessen und in der Justizvollzugsanstalt Rheinbach Thomas Drach kennen gelernt hatte – den späteren Kopf bei der Reemtsma-Entführung.

Thomas Drach, dessen Selbsteinschätzung wahrscheinlich schon damals in Richtung Jahrhundert-Verbrecher ging, war zu der Zeit, als ich mich mit den Kripoleuten aus Lübeck, Belgien und Aachen traf, bisher erst durch einen spektakulären Coup aufgefallen. Spektakulär blöd, möchte ich hinzufügen. Mit einem geklauten Auto war er 1982 durch die Glasfront einer Dürener Bank gefahren und mit geladener Schrotflinte am Schalter ausgestiegen. Er hatte wahrscheinlich nicht einmal genug Zeit, die Beute zu zählen, so schnell klickten die Handschellen.

Im Knast schmiedete er Pläne für eine bessere Zukunft, sammelte Zeitungsausschnitte über Superreiche und katalogisierte sie. Auf der Liste fanden sich Friedrich Karl Flick (der sich von meinem Vater so manchen Obstler hatte ausgeben lassen), BMW-Erbin Johanna Quandt, Tengelmann-Milliardär Erivan Haub, Aldi-Milliardär Karl Albrecht, Versandhauskönig Werner Otto, Mitglieder der C&A-Dynastie Brenninkmeyer, sowie die Familien Thurn und Taxis und Henkel. Auch auf der Liste: der Hamburger Wissenschaftler und Millionenerbe Jan Philipp Reemtsma.

Seinen Kumpel Bernd K. weihte Thomas Drach in seine Pläne ein. Er sollte dabei sein, wenn der Traum von dem Millionending umgesetzt wurde. Es sollte jedoch anders kommen.

Inzwischen waren sowohl K. als auch Drach wieder auf freiem Fuß, und die Polizei rätselte noch, wie sie ihren Lebensunterhalt finanzierten. Von der im Knast erstellten Liste konnten die Beamten noch nichts wissen. Die beiden reisten auffällig oft nach Bulgarien. Dafür sollten sich später die Ermittler interessieren, die auf der Suche nach der Beute aus der Entführung eines der Superreichen waren. Aber das konnten wir nicht wissen, als wir zu fünft im Aachener Polizeipräsidium zusammensaßen und das weitere Vorgehen planten.

»Lasst uns versuchen, das ganze Ding in Lübeck über die Bühne zu bringen«, sagte einer der beiden Aachener. »Da wittern sie nicht so schnell eine Falle, auch wenn Josef über die

Nachtclub-Verbindung ohnehin ziemlich glaubwürdig sein müsste.«

Da hatte er vollkommen Recht, so eine Tarnung baut man sich nicht mal eben in ein paar Tagen auf. Gewachsene Kontakte sind Gold wert. Und ich bin sicher, K. und seine Kollegen werden das Mädchen aus dem »Roten Haus« bei ihrem Besuch ziemlich gründlich über mich ausgefragt haben. Lübeck als Übergabeort kam mir natürlich entgegen. Hier kannte ich mich besser aus als in Aachen, außerdem würde ich mit mir vertrauten Kripoleuten zusammenarbeiten.

»Hallo«, meldete sich eine alte Frauenstimme in der Festnetzleitung.

»Ich bin Josef aus Travemünde. Ich würde gerne den Richard R. sprechen.«

»Der ist nicht da, aber Sie können auch mit mir reden. Ich bin seine Oma und über alles informiert.«

»Na gut, ich würde gerne vorbeikommen, damit wir uns persönlich kennen lernen.«

Die Kripoleute schauten sich ein wenig ungläubig an. Sie hatten mit allem gerechnet, aber nicht damit, dass Richard R.s Großmutter »über alles informiert« ist. Sollte die alte Frau etwa mit von der Partie sein? Eine andere logische Erklärung gab es kaum. Allein dieser Umstand gab der Sache eine ganz neue Brisanz.

Zwei Stunden später saß ich im Taxi. R.'s Wohnort liegt knapp zehn Kilometer südwestlich von Aachen. Die Bewohner dieser Gegend mit der Provinzhauptstadt Eupen sind fast alle deutschsprachig. Deutsch ist neben Flämisch und Französisch deswegen auch dritte Amtssprache in Belgien. Das Städtchen selbst war schaurig, alles schien tot und verlassen. Die Adresse, die Oma R. mir am Telefon gegeben hatte, gehörte zu einem winzig-kleinen, total heruntergekommenen

Hexenhäuschen am Ortsrand mit Plumpsklo auf dem Hof. Ich trug Lederjacke, offenes Hemd, Goldkette. So wie man sich eben jemanden aus dem Milieu vorstellt.

Trotzdem beschlich mich ein etwas mulmiges Gefühl, als ich auf den rostigen Klingelknopf drückte. Rückendeckung durch die Kripo hatte ich nicht. Jedenfalls wusste ich nichts davon. Die Aachener Kripo hätte mir hier im Ausland nicht helfen dürfen. Ob die Belgier mich heimlich observierten, wusste ich nicht. Gesagt hatten sie jedenfalls nichts. Das musste aber nichts heißen.

Ich schaltete alle Sinne in Bereitschaft und trat ein, als Oma R. mir öffnete. Sie war tatsächlich allein. Würde ich jetzt mit einer alten Frau in einem total heruntergekommenen Haus über Koksgeschäfte verhandeln müssen? So etwas hatte ich noch nie erlebt. Wie jemand aus dem Koks-Großhandel kam sie nicht rüber. Im Haus sah alles alt und sehr gebraucht aus. Es roch muffig, und ich freute mich auf den Augenblick, in dem ich die Tür wieder von der anderen Seite schließen konnte. »Erst einmal trinken wir einen kleinen Schnaps, dann werden wir ein bisschen lockerer«, sagte sie und holte eine Flasche ohne Etikett, aber mit einem Haufen zersplitterter Walnussschalen in einer klaren Flüssigkeit aus dem Schrank. »Den musst du unbedingt probieren.«

Ich muss zugeben, dass ich alkoholische Getränke in anderer Umgebung wesentlich entspannter genießen konnte. Ein bisschen Unbehagen spürte ich auch, weil ich nicht wissen konnte, was genau in der Flasche alles reingemischt war. Immerhin saß ich hier bei einer mutmaßlichen Großdealerin auf dem Küchenstuhl und wollte mir auch nicht vorstellen, unter welchen hygienischen Bedingungen Schalen und Schnaps ihren Weg in die Flasche gefunden hatten. Ich winkte also ab mit dem Hinweis, dass ich gleich noch Auto fahren müsse.

»Aber du bist doch mit dem Taxi gekommen.«

Sie hatte mich bei meiner Ankunft genau beobachtet. Alles andere hätte mich auch gewundert. Oma R. war ganz offensichtlich eine abgebrühte Frau. Mit der war nicht zu spaßen, dachte ich mir. Die verfolgt ihre Ziele mit letzter Entschlossenheit. »Einen kleinen Schluck musst du probieren. Der ist wirklich sehr gut«, beharrte sie.

Sie würde mich kaum beim ersten Treffen vergiften wollen, beruhigte ich mich und griff mutig zum Glas. Das Zeugs schmeckte furchtbar. »Ja, der ist wirklich gut«, log ich, während sich das Zeug langsam durch meine Speiseröhre Richtung Magen brannte und gewiss eine Spur der Verwüstung hinterließ. Ich schwor mir im selben Moment, nie wieder etwas zu trinken, was aus einer Flasche mit Walnussschalen kommt.

»Richard und Bernd kommen erst morgen wieder«, sagte sie und goss sich nach. Schützend hielt ich die Hand über mein Glas. Bernd? Ich wurde hellhörig. *Der* Bernd, von dem die Kripoleute gesprochen hatten? Der Knastkumpel von Thomas Drach? Hier liefen die Fäden also zusammen. Aber welche Rolle spielte Oma R., eine Frau, die sicher schon mehr als 70 Jahre auf dem Buckel hatte und am Rande der Gesellschaft lebte? Mit der größten Selbstverständlichkeit nannte sie mir den Preis für die 500 Gramm. Ich wiegelte ab: »Kommt nicht in Frage. Ich zahle keine 50 Mark für ein Gramm. 20 000 für ein halbes Kilo, mehr auf keinen Fall. Und wir machen es oben bei mir in Travemünde. Für so ein Tütchen Koks mache ich mir nicht die Hände schmutzig. Ich bin doch kein Straßendealer, der mit kleinen Plastikkugeln im Mund auf Kundschaft wartet.«

Sie guckte mich grimmig an und merkte, dass mit mir nicht zu verhandeln ist. »Gut«, zischte sie, ohne den Mund zu öffnen.

»Es ist nur ein Probekauf, auf den ihr bestanden habt. Wenn es nach mir gegangen wäre, hätten wir auch gleich zehn Kilo machen können. Können wir übrigens immer noch. Ich habe Geld und Abnehmer.«

»Auf keinen Fall, da macht Thomas nicht mit. Wir müssen uns absichern.«

Damit fiel bereits der dritte Name, den ich aus dem Polizeipräsidium kannte. Zumindest der Vorname stimmte, aber nachhaken konnte ich jetzt natürlich nicht. Wer in diesen Kreisen zu viele Fragen stellt, macht sich sofort verdächtig. Aber die Tatsache, dass Thomas etwas dagegen hatte, machte klar, wer hier das Sagen hatte.

Der Hinweis auf die kommenden Großgeschäfte ließ sie wieder etwas freundlicher werden. Sie bot mir sogar an, noch zum Essen zu bleiben. Ich schaute kurz auf die Flasche mit den Walnussschalen und tippte mit dem rechten Zeigefinger auf die Uhr. »Beim nächsten Mal vielleicht. Jetzt muss ich wirklich los.«

Eine Woche später rief Richard R. mich an. »Morgen sind wir in Lübeck.« Als Treffpunkt nannte ich ihm die Eisdiele des alten Roberto Tonegutti an Travemündes Flaniermeile, der Vorderreihe. Eine wirklich schöne Ecke direkt an der Travemündung. Viele Cafés und kleine Geschäfte auf der einen Seite, auf der anderen Seite der Fluss, eine kleine Marina und gegenüber die Halbinsel Priwall. Richtig große Pötte und kleine Boote ziehen vorbei. »Um elf Uhr warte ich da auf dich.«

Die Kripo und ich trafen unsere Vorbereitungen. Für den Fall, dass es rustikaler würde, was bei Koksgeschichten schon mal vorkommen kann, informierte Jens das SEK. Wir konnten nicht ausschließen, dass R. bei unserem Treffen ebenfalls eine Waffe dabeihatte. Außerdem hatte er am Telefon von »wir« gesprochen, er würde also nicht allein kommen.

Wir mussten uns auf alle Eventualitäten vorbereiten. Es

war ein beruhigendes Gefühl, das Spezialeinsatzkommando im Rücken zu wissen. Jens würde den Käufer an meiner Seite spielen. Das war seine Paraderolle. Er würde während des ersten Treffens in einem schwarzen Mercedes SL auf dem Parkplatz der Priwall-Fähre warten, 350 Meter entfernt von der Eisdiele. Im Café saß Jens' Kollege Manfred direkt am Nebentisch, verborgen hinter den »Lübecker Nachrichten«. Mein Tipp an alle Dealer: Beim ersten Treffen mit einem neuen Großkunden auf Zeitungen achten. Dahinter steckt oft ein kluger Kripomann.

»Du musst ein bisschen lauter reden«, sagte ich R. gleich zu Beginn unseres Gesprächs. »Verstehst du? Ich höre ein bisschen schlecht.« Funktioniert immer. Früher habe ich mein angeblich schlechtes Gehör auf ein Schussknall-Trauma geschoben. Seit ich die 60 überschritten habe, glaubt man mir meine Schwerhörigkeit auch ohne Erklärung.

»Und? Hast du's dabei?«, fragte ich.

R. blickte sich nervös um. Das war der passende Moment, um die Alpha-Rüden-Stellschrauben zu justieren: »Du, wenn du Angst hast, dann musst du Bananen verkaufen.«

»Nein, nein, alles okay. Aber sicher ist sicher.«

»Und, bist du sicher?«

»Jetzt ja.«

»Also, hast du's dabei?«

»Nein, nicht hier. Das ist draußen.« Ihm schlotterten die Knie. Ich fragte mich, wen schickt mir die alte Hexe aus Belgien, wenn R. schon bei 500 Gramm das große Flattern bekommt? Wie sollte es dann erst bei den geplanten Großlieferungen werden? Zeit, die Initiative zu ergreifen: »Ich gehe jetzt nach draußen zu meinem Kollegen und bespreche mit ihm, wo wir's am besten machen.« R. nickte. Anfängerfehler. Niemals die Kontrolle aus der Hand geben.

Gemächlich schlenderte ich Richtung Fähre und setzte

mich zu Jens ins Auto. Wir einigten uns auf das Foyer des »Scandic Grand Hotel«.

Schon auf dem Weg zu Jens hatte ich den kleinen Aachener Mini entdeckt, der an der Vorderreihe im Halteverbot parkte. Ich hatte sofort erkannt, dass es Bernd K. war, der in dem Auto saß. »Siehst du den Wagen da?«, fragte ich Jens. »Es kann nicht schaden, wenn wir beweisen können, dass der heute hier war. Was hältst du davon, eine Politesse zu rufen, die ihm ein Ticket schreibt?« Jens grinste. »Keine schlechte Idee.«

K. bekam seinen Strafzettel, allerdings nicht ohne sich auf eine Diskussion mit der Dame von der Behörde einzulassen. Ich denke noch heute darüber nach, was passiert wäre, wenn dieses kleine amtliche Papier nicht sträflicherweise ignoriert worden wäre. Wäre Jan Philipp Reemtsma sein 33-tägiges Martyrium erspart geblieben?

In Roberto Toneguttis Gelateria wartete R. geduldig auf meine Rückkehr. Ich hatte mir viel Zeit gelassen. Manfred hatte die »Lübecker Nachrichten« wahrscheinlich längst auswendig gelernt. Auch so ein bisschen Alpha-Männchen-Gehabe im kriminellen Milieu: Wer den anderen warten lassen kann, hat das Sagen. Im richtigen Leben bin ich der pünktlichste Mensch überhaupt. Ein Relikt aus der harten Schule meines Vaters. Wenn ich eine Minute nach dem verabredeten Zeitpunkt noch nicht da bin, ist was passiert.

»Wir machen's im ›Scandic Grand Hotel‹ an der Travemünder Allee.«

»Keine Ahnung, wo das ist«, antwortete R.

»Beschreiben kann ich dir das auch nicht. Wenn du keine Lust hast, lassen wir es eben bleiben. Das bedeutet nicht das Ende des Travemünder Nachtlebens. Und wenn du immer noch mit uns ins Geschäft kommen willst, dann rufst du dir zur Not ein Taxi und fährst dem hinterher oder kaufst dir einen Stadtplan.« Während ich ihn abkanzelte wie einen Gangster-Azubi im ersten Lehrjahr, wurde mir immer klarer, dass die Bande aus dem Aachener Raum uns nur den kleinsten Fisch aus dem Teich an den Tisch gesetzt hatte.

Richard R. war ein Handlanger, der 1998, zwei Jahre nach der Reemtsma-Entführung, in Eupen aufgefallen ist, weil er in einer Kneipe mit Freirunden um sich schmiss, die er mit 1000-Mark-Scheinen bezahlte. Er ließ auf Jan Philipp Reemtsma anstoßen, der die Sause hier mit seinem Geld finanziere. Der Abend endete im Gefängnis, bei der Hausdurchsuchung fand die Polizei 1500 Dollar sowie Heroin und eine Pistole. So ein arme Sau war das, die mir im Sommer 1991 gegenüber an einem Tisch einer Eisdiele in Travemünde saß und nach dem Weg fragte. Aber er könnte uns zu den etwas größeren Fischen führen – und vielleicht sogar helfen, das Leck in der belgischen Justiz zu finden. R. war die Sicherheitsmaßnahme, von der das Mädchen im »Roten Haus« erzählt hatte. Wenn er hier nicht hochgenommen würde, könne man ins Geschäft kommen. 500 Gramm bringen ein ganz anderes Strafmaß als acht Kilo. Und sie führen uns zu den Hintermännern.

»Okay, wir werden das schon irgendwie finden.«

»Lasst euch Zeit, esst in Ruhe noch was, und dann treffen wir uns um 14 Uhr an der Bar im Foyer. Und du bringst das Zeug mit. Passt aber darauf auf, dass euch niemand folgt.« Das konnte ich mit aller Ruhe sagen, schließlich wusste ich ja, dass das nicht passieren würde. Als R. diese Informationen von mir bekam, hatte sich das SEK längst auf den Weg gemacht – unauffällig, voll bewaffnet und völlig emotionslos. Alles nur zu unserem Schutz. Zumindest dachte ich das. Jens hatte per Funk Zeit und Ort der Übergabe durchgegeben.

Manfred war bei der Übergabe im »Scandic Grand Hotel« selbstverständlich nicht dabei. Das wäre wahrscheinlich sogar Richard R. aufgefallen. Seine Rolle hatte das so verliebt turtelnde Pärchen übernommen. Den Rest des Erdgeschosses hatte das SEK evakuiert. Der Barmann, der uns einen Drink an den Tisch gebracht hatte und dann nicht mehr zu sehen war, kam ebenfalls von der Kripo.

Draußen auf dem Parkplatz nahm Jens also seine Lederjacke und warf sie schwungvoll über die Schulter – das war das Zeichen, das mit den Kollegen für den Zugriff vereinbart worden war. Ich war wie paralysiert, während Richard R. weiter intensiv am neuen Reichtum schnupperte. Alles war bisher reibungslos verlaufen. Warum jetzt plötzlich und ohne jede Absprache dieser Sinneswandel bei Jens? Was war da in der Zwischenzeit passiert und abgesprochen worden? Ich erfahre viel, aber eben nicht alles. Ich war stinksauer auf ihn. Hätte Jens auf dem Parkplatz nicht plötzlich alle Planungen über den Haufen geschmissen, ich bin sicher, Jan Philipp Reemtsma wäre sein 33-tägiges Martyrium erspart geblieben, Thomas Drach würde noch heute mit geklauten Autos durch Sparkassen-Fassaden brettern und nicht irgendwo auf Ibiza die erpressten Millionen verprassen. Ich habe Jens und seine Kollegen später immer wieder daran erinnert: »Wenn beim Jens die Garderobe nicht so locker sitzen würde, wäre Jan Philipp Reemtsma nicht entführt worden.« Hätte. Wäre. Wenn.

R. bemerkte nichts davon. Es dauerte keine Sekunde, und die Tür des Notausgangs flog auf. Im selben Moment hatte R. einen Sack über dem Kopf und hob ab. Er lag fast quer in der Luft, als das Sonderkommando ihn schnappte und aus dem Sessel riss. Vermutlich hatten sie sein Gewicht überschätzt. Geldscheine flatterten umher, und ich sprang ebenfalls auf. Ich wusste, was ich zu tun hatte. In der Situation »Zugriff mit V-Mann« gibt es im Normalfall genau zwei Möglichkeiten. Wenn der V-Mann nicht verbrennen soll, dann muss es so aussehen, als sei ihm bei der Festnahme die Flucht gelungen. In dem Fall fragt die Kripo den Verdächtigen im Verhör immer wieder, wer der andere Mann gewesen sei. Die zweite Möglichkeit war, dass man enttarnt wurde.

Flucht kam hier beim besten Willen nicht in Frage, also war's das für mich. Ich war enttarnt worden. R. konnte zwar nicht sehen, was mit mir geschehen war, weil er einen Sack auf dem Kopf hatte, aber selbst er könnte sich ausrechnen, dass ich bei diesem Überfallkommando keine Chance gehabt hätte.

Ich konnte die Arme wieder runternehmen, R. lag noch gefesselt auf dem Boden, das eine oder andere Knie im Rücken, und wurde durchsucht. Negativ. Keine Waffe. Sie halfen ihm wieder hoch.

»Ich hatte keine Wahl«, erklärte Jens, als wir im Foyer standen und der gefühlte Rauch sich verzogen hatte. Ich fluchte und dachte mit etwas Wehmut an die guten alten Zeiten mit den Fahndern in München. Aber Jens hatte Recht. Mit etwas Glück hätten wir zwar auch seine Kumpels schnappen können, aber dann wären Jens und seine Kollegen in Erklärungsnot geraten. Sie dürfen kriminelle Vorgänge aufklären, sie dürfen sie aber nicht provozieren. In diesem Fall war die Sache nicht ganz eindeutig, denn Richard R. und seine Oma hatten die Vorgehensweise vorgegeben: erst 500 Gramm, dann die acht Kilo.

Das ist etwas anderes, als wenn ich zu einem Kleindealer gehe und ihn nach immer größeren Mengen frage. Ohne mich würde er nur ein Kleindealer bleiben, ich aber würde ihn anfüttern und zu einem größeren Fisch machen. Darauf ließ sich kein Richter in Deutschland ein. Ein gefundenes Fressen für jeden Strafverteidiger. Genau davor hatten Jens und seine Kollegen Angst. Und deswegen hatten sie auch nichts gegen Bernd K. in der Hand, der noch Stunden nach dem Zugriff in seinem Mini in der Nähe des Hotels saß und vergeblich auf die Rückkehr des Kollegen wartete. Geduld hatte er, Grips weniger.

Ich hatte am nächsten Tag Oma R. am Rohr. Sie war plötzlich ganz förmlich und fragte: »Hatten Sie gestern Besuch?«

»Nein.«

»Wissen Sie, was da oben los ist? Gab's vielleicht einen Autounfall?«

»Keine Ahnung. Ich weiß von nichts.« Lange würde sie mir die Rolle des Unschuldigen nicht mehr abnehmen. Tat sie auch nicht. Nach einer Woche folgten weniger freundliche Anrufe: »Wir kriegen dich, du Schwein!« Eine Männerstimme. Mein Telefon wurde zwar längst zu meiner Sicherheit abgehört, aber es ließ sich nicht ermitteln, wer der Anrufer war. Sicher war nur, dass Oma R. etwas getan hatte, was in den Jahren danach auch meine Arbeitsweise prägte: Sie hatte ein Kopfgeld auf mich ausgesetzt. Wie hoch es war, habe ich nie erfahren. Zu meiner großen Freude musste sie es nie auszahlen.

Das Lübecker Landgericht verdonnerte Richard R. zu fünf Jahren Haft. Das war eine saftige Strafe für ein halbes Kilo Kokain. Bei der Menge wäre er eigentlich billiger davongekommen, aber sein aussagekräftiges Vorstrafenregister ließ offenbar keine Besserung erwarten. Außerdem verlor er kein Wort über seine Hintermänner und beteuerte immer wieder, dass er allein mit dem Zug nach Lübeck gekommen sei. Warum die Kripo Bernds Strafzettel für falsches Parken nicht in die Akte aufgenommen hatte, ist mir bis heute ein Rätsel.

Ich konnte natürlich nicht wissen, dass Thomas Drach seinen alten Knastkumpan K. in ein paar Jahren für die vertrauensvolle Wäsche seiner vielen Millionen dringend benötigen würde.

Ich habe Richard R., seine Oma und Bernd K. ein halbes Jahr nach dem Prozess gegen R. noch einmal in einem anderen Fall vor Gericht in Aachen wiedergesehen. Dieses Mal war Richard R. als Zeuge aus der Haftanstalt in Lübeck dazugeholt worden. Ich musste ebenfalls in den Zeugenstand treten und wegen des ausgesetzten Kopfgelds zu meinem Schutz zusammen mit Jens und einem mit Maschinenpistole bewaffneten SEK-Mann in einem verschlossenen Zugabteil anreisen. K. und die alte Frau R. hatten die Finger nicht von den Drogen lassen können. Glaubten sie wirklich, die Kripo würde sie einfach in Ruhe lassen, nachdem Richard R. verhaftet worden war? Wer einmal auf dem Radar aufgetaucht ist, bleibt im Fokus der Fahnder. Seit meinem Besuch in Belgien und K.'s Ausflug nach Travemünde hätten die beiden doch eigentlich wissen müssen, dass ihre Aktivitäten nicht unentdeckt geblieben waren. Wahrscheinlich frisst der Walnussschnaps nicht nur Löcher in die Speiseröhre, sondern auch in den Denkapparat.

Besonders groß war die Wiedersehensfreude vor Gericht allerdings nicht. Ich wartete in einem Nebenraum des Verhandlungssaals auf meine Aussage. Als ich in den Gerichtssaal eintrat, traf mich sofort der Blick der bösartigen alten Frau. So hatte sie sich das vermutlich nicht vorgestellt. Zu perfekt schien ihre Tarnung als mittellose und bemitleidenswerte alte Frau, die noch putzen gehen musste, um sich ihren Lebensunterhalt zu verdienen.

»Kennen Sie die hier anwesende Angeklagte?«, fragte mich der Richter. Neben Oma R. und K. gab es noch zwei weitere Angeklagte.

Ich blickte sie nacheinander an. Die alte Hexe schien zu versuchen, sich das von ihr ausgelobte Kopfgeld mit ihrem Blick selbst zu verdienen. Bernd K. war leichenblass. Er konnte nicht wissen, was ich wusste. Zwar hatten sich unsere

Blicke an jenem Tag in Travemünde zweimal gekreuzt, aber damals war ich für ihn nur ein normaler Spaziergänger. Ich verstehe bis heute nicht, wie man so unvorsichtig sein kann, in einer fremden Stadt mit einem ortsfremden Kennzeichen zu einem Koks-Geschäft zu fahren – und darüber hinaus noch nur ein paar Meter entfernt im Halteverbot zu parken. Wenn man Koks im großen Stil verkaufen will und diesen Handel vielleicht noch ein paar Mal wiederholen möchte, dann ist ein Leihwagen eine durchaus sinnvolle Investition. Das dachte sich K. in diesem Moment vielleicht auch.

Ich zeigte auf Oma R. »Diese Dame kenne ich. Ich war bei ihr zu Hause.«

Die Angeklagten kamen mit moderaten Haftstrafen davon. Oma R. machte trotzdem Schlagzeilen als die Koks-Oma. Hätten wir nicht schon bei den 500 Gramm zuschlagen müssen, wäre es sicher ein Einfaches gewesen, im Aachener Dreiländereck ordentlich aufzuräumen. So aber konnte die Gegend Jahre später als zentraler Geldbunker der verschwundenen Reemtsma-Millionen fungieren. Jedenfalls geht die Polizei bis heute davon aus, dass in der Region Aachen Geld aus der Beute von 1999 bis 2001 gehortet wurde, bis sie von dort in die internationalen Waschanlagen nach Madrid und Brasilien ging.

Als Bernd K. im April 1996 im Knast die Nachricht von der Reemtsma-Entführung im Radio hörte, soll er in seiner Zelle aufgesprungen sein und laut gerufen haben: »Das war mein Freund Thomas. Hundertprozentig. Die Nummer haben wir nämlich schon mal durchgespielt. Schade, dass Thomas nach seiner Entlassung nicht auf mich gewartet hat.«

Aber K. sollte noch seine Chance bekommen, sich zu bewähren.

Das »Jahrhundert-Genie« Thomas Drach hatte 1998 den folgenschweren Fehler begangen, von einem Hotelzimmer in Buenos Aires aus einen anderen alten Knast-Kumpan zu Hause in Deutschland anzurufen. Es war bereits der zweite Anruf. Der erste kam von einem Handy. Da konnten die deutschen Zielfahnder nur den Großraum der argentinischen Hauptstadt als Aufenthaltsort von Drach bestimmen. Beim zweiten Telefonat hatten sie dann gleich auch noch die Zimmernummer. Er wollte zu einem Konzert seiner Lieblingsband, den Rolling Stones. Dem flüchtigen Entführer muss bei seinem Leben im uruguayischen Luxusbadeort Punta del Este der Reichtum zu Kopf gestiegen sein, dass er ernsthaft glaubte, seine Spezis in der Heimat würden nicht verstärkt im Radar der Zielfahnder stehen. Gerade vor dem Hintergrund, dass die Millionen immer noch verschwunden waren, wirkte Drachs Verhalten fahrlässig. Mit der Beute hatte er nicht unauffällig verreisen können, und die Fahnder wollten wissen, was mit dem Geld geschehen war.

Die Reinigung der Millionen war zumindest zum großen Teil Sache von Bernd K. und Drachs Bruder. Der ging den Fahndern schon kurz nach der Entführung ins Netz, weil er versucht hatte, registrierte Geldscheine in Umlauf zu bringen. Das Landgericht Köln verurteilte ihn im Dezember 1996 deswegen zu 18 Monaten Haft. Das war die Zeit, in der es Thomas Drach als Anthony Lawlor aus Großbritannien in Punta del Este krachen ließ. 30 000 Dollar kostete die strandnahe, schwerbewachte Villa monatlich, Mädchen, Autos und Motorräder exklusive.

Der erste gescheiterte Versuch hielt Drachs kleinen Bruder nicht davon ab, sich nach dem Absitzen seiner Haftstrafe ab 1998 weiter um das schmutzige Geld zu kümmern. Kurz bevor Thomas in Argentinien (noch vor dem Rolling-Stones-

Konzert) geschnappt wurde, kam er auf freien Fuß und pendelte hektisch zwischen Brasilien und Europa. 58 Flüge in drei Jahren registrierten die Ermittler. Hohe Reisekosten für einen eigentlich mittellosen Mann, der inzwischen eine Brasilianerin geheiratet und deren kleinen Sohn adoptiert hatte. Nach außen hin lebten sie ein bescheidenes Leben in Rio de Janeiro.

Im Jahr 2000, als Thomas Drach aus dem argentinischen Knast in ein Hamburger Gefängnis kam, zog es Bernd K. in die andere Richtung. Er ließ sich in dem kleinen Ort Santa Rita, etwa 200 Kilometer nordwestlich von Rio, nieder. Hier fand er sein kleinbürgerliches Glück, heiratete eine Brasilianerin, wurde Vater und machte eine Kneipe auf.

Beim kleinen Drach klickten 2002 in Madrid erneut die Handschellen. Er war gerade auf dem Weg nach Brasilien. 2004 wurde ihm der Prozess gemacht. Er hatte eingeräumt, knapp vier Millionen Euro gewaschen zu haben. Fünf Jahre bekam er dafür. Auf die Füße kam er nie wieder. Schon 2012 fuhr er erneut ein, nachdem er versucht hatte, zwei Kilo Kokain von Madrid nach Deutschland zu schmuggeln.

Bernd K. schnappten die Fahnder 2008 in seiner Kneipe. Er wirkte dabei nicht besonders überrascht. Engen Freunden soll er schon vorher anvertraut haben, dass sie ihn irgendwann holen werden. Das Aachener Gericht sah in ihm eine zentrale Figur bei der Geldwäsche der Reemtsma-Millionen und verurteilte ihn zu sechs Jahren Haft.

Die große Frage, wo damals das Leck in der Justiz war, wurde dagegen eher zufällig gelöst, als herauskam, dass Oma R. für ihren Lebensunterhalt lange Zeit Büros reinigen musste. Das tat sie nicht etwa beim gutsituierten Architekten um die Ecke, sondern bei der Staatsanwaltschaft in Eupen. Dort hatte sie sich jahrelang durch die Akten geschnüffelt und war den Fahndern deshalb immer einen Schritt voraus.

## Kapitel 5

# Höllenritt

### Die Liebe einer Mutter zum verlorenen Sohn

»Es gibt Plätze auf der Welt, die will niemand von innen sehen. Ein algerisches Gefängnis ist so ein Platz«, sagte Maurice, schaute mich an und hielt meinem fragenden Blick eine gefühlte Ewigkeit stand. Das sollte wohl heißen, dass er es ernst meinte und keine weitere Einschränkung im Sinne von »Aber ganz so schlimm ist es nicht« folgte. Genau darauf hatte ich aber gehofft. Für mich persönlich gehört grundsätzlich der gesamte Staat Algerien zu den Orten, die ich lieber meide. Nicht etwa aus mangelndem touristischen Interesse oder allgemeinen Ressentiments gegenüber der arabischen Welt – die hat durchaus ihre Reize – ziehe ich vor, Algerien nicht zu besuchen, sondern wegen der dort allgemeinhin rustikalen Umgangsformen, die für meinen Geschmack einen Tick zu extrem sind.

Statt Einschränkung gab es noch ein paar Details von Maurice. So habe ein algerisches Gefängnis neben den üblichen Nachteilen einer Unterbringung hinter hohen Mauern und vergitterten Fenstern noch eine Reihe von landestypischen Eigenarten, die es nicht nur für zivilisierte Mitteleuropäer wenig erstrebenswert machten, hier auch nur eine einzige Nacht zu verbringen. Zumindest zu dem Zeitpunkt, als ich mich damit beschäftigen musste, sei der Zusammenschluss von etwa 200 Menschen in einem Raum so groß wie ein halber Tennisplatz üblich gewesen. Schlafplatz sei der nackte Boden – wenn dort genug Platz war.

»Als Toilette gibt es irgendwo in der Ecke ein Loch. Ein einziges Loch für 200 arme Schweine. Einfach in den Beton geschlagen, aber so klein, dass niemand hindurchpasste. Keine Spülung, kein Papier.« Maurice erzählte das völlig emotionslos. »Abgewischt wird mit der linken, gegessen mit der rechten Hand.« Ich überschlug das kurz. Nutzte jeder der Inhaftierten dieses Loch im Schnitt fünfmal am Tag, hatte er für jeden Klogang knapp eineinhalb Minuten Zeit.

»Nicht vergessen darfst du die Sommerhitze. Die macht aus Gestank einen Furz, der direkt aus der Hölle kommt.« Maurice machte eine kleine Pause, schaute mir wieder in die Augen und zog dabei die linke Braue kurz hoch, was wohl so viel heißen sollte wie »Aber das Beste kommt zum Schluss«. Gestank, Hitze und Platzverhältnisse seien zwar schon übel, aber für Europäer wären sie nicht unbedingt das größte Problem. Die bunte Mischung aus Gewaltverbrechern, gewöhnlichen Verbrechern, Kleinstganoven, Oppositionellen und allgemein unerwünschten Personen verspreche einen ständigen Kampf ums nackte Überleben. Besonders schlimm sei es, wenn man weder Arabisch noch Französisch spreche. Kurzer Faktencheck: Traf alles zu 100 Prozent auf mich zu. Mahlzeit.

Mir drohten grob geschätzt 20 Jahre in dieser Hölle, sollte ich mich dazu bereiterklären, einer jungen Frau bei ihrer Herzensangelegenheit zu helfen. Genauer konnte das niemand sagen, denn die algerische Justiz war Ende des 20. Jahrhunderts so berechenbar und standhaft wie eine Wanderhure. Aber egal, ob es 10, 15 oder tatsächlich 20 Jahre werden würden – alles, was über einen Monat hinausging, kam nach Maurice' Schilderung einem Todesurteil gleich. Mit diesem Wissen hatte ich gute Gründe, mir sehr genau zu überlegen, ob ich mich wirklich auf diesen Auftrag einlassen sollte – auch wenn ich mich zum Zeitpunkt des Gesprächs mit Maurice längst grundsätzlich bereit erklärt hatte, seine Machbarkeit zu prüfen.

Enrica Piemonte kam aus einer der besseren Familien Roms. Altes und neues Geld vereint in einer Person, viel Stil und ein großes Problem. Enrica Piemonte war Mitte 30, schlank, äußert gepflegt und dezent geschminkt. Sie trug bei unserem Treffen einen hellen Hosenanzug mit weißer Bluse und hohe, aber nicht zu hohe Schuhe. Die dunkelbraunen, halblangen Haare fielen offen auf ihre Schultern. Diese Lady sprach fünf Sprachen fließend, ihre Umgangsformen waren tadellos, wirkten aber ganz natürlich. Ihr offenes Lachen und die freundlichen Augen machten sie auf Anhieb sympathisch. Mit solchen Menschen arbeite ich gerne zusammen. Wer bescheiden auftritt und sein Vermögen nicht vor sich her trägt, hat bei mir gleich gewonnen. Gute Umgangsformen sind mir wichtig. Ich mag keine Menschen, die mit dem Schnellzug durch die Kinderstube gefahren sind. Das hat mir vor allem mein Vater eingetrichtert. »Sei höflich zu jedem, aber wähle immer die passende Ansprache.«

Mit Enrica Piemonte saß ich einige Wochen vor meinem Gespräch mit Maurice zusammen auf der Terrasse eines befreundeten Internisten vor den Toren der Ewigen Stadt. Dottore Renzo Bellugi hatte uns miteinander bekanntgemacht. Bellugi war Mitte 50, hatte eine runde Figur, kurze graue Haare und einen Vollbart. Er war nicht nur ein hervorragender Arzt, sondern inzwischen auch so etwas wie ein Freund geworden. Ihn zeichnete nicht nur seine medizinische Qualifikation aus, er hatte auch exzellente Kontakte in Gesellschaft, Sport, Politik und in die Justiz. In meinem Job waren solche Kontakte lebenswichtig. Mein Credo lautete schon immer: Beziehungen schaden nur dem, der sie nicht hat.

Nachdem Enrica Piemonte dem Dottore von ihrem Problem erzählt und erklärt hatte, dass der Zustand für sie inzwischen unerträglich geworden sei, hatte er den Kontakt zu mir vermittelt. Es sollte eine Lösung her, möglichst schnell. Geld spielte dabei nur eine untergeordnete Rolle.

Es war Herbst, und der riesige Garten strahlte eine unglaubliche Ruhe aus. Doch das Innenleben von Enrica Piemonte glich einem brodelnden Fass. Ich spürte ihre Zerrissenheit in jedem ihrer Sätze. Seit fünf Jahren war sie auf der Suche nach einem Mann oder einer Organisation, die ihr helfen konnte. Bisher vergeblich. Sobald klar wurde, dass der Einsatzort Algerien sein würde, hätten alle nur abgewunken. Unmöglich. Viel zu gefährlich. Keine Chance.

Mir ging es da nicht viel anders. Hinzu kam, dass Enrica durch ihre lange Suche schon viel Staub aufgewirbelt hatte. Eigentlich gab es längst zu viele Mitwisser, von denen jeder einzelne eine Gefahr für die Mission war. Das war ein Job, der eine absolut minuziöse Planung und ein sehr spezielles Team erforderte. Und selbst dann waren die Chancen auf Erfolg eher im einstelligen Prozentbereich. Ich rief Mossi in Travemünde an und bat ihn, in die nächste Maschine zu steigen, um eine heikle Angelegenheit zu besprechen. Mossi wusste, dass ich ihn nicht für eine Lappalie nach Italien fliegen lassen würde. Er wusste auch, dass es Dinge gibt, über die am Telefon nicht gesprochen wird. Das könnte man als paranoid bezeichnen, aber ich bin lieber einmal zu vorsichtig, als – wie Maurice sich ausgedrückt hatte – »20 Jahre in einem algerischen Gefängnis in einer Schlange vor einem Pissloch zu stehen«.

Vorsicht war auch der Grund, warum ich mich 1996, also ein Jahr vor dem Treffen mit Enrica Piemonte, aus Deutschland verabschiedet hatte. Meine erste Ehe war nach ein paar Jahren gescheitert. Mit Antje sollte alles besser werden. Bis heute sind wir glücklich verheiratet.

Zuvor war einfach zu viel passiert, sowohl in Travemünde als auch in der Umgebung. Kriminalistisch betrachtet waren es erfolgreiche Jahre gewesen. Ich hatte in enger Zusammenarbeit mit verschiedenen Behörden dafür gesorgt, dass eine Menge Leute hinter Gitter saßen. Dankbarkeit durfte ich von diesen Leuten nicht erwarten, und nicht wenige von ihnen hatten geschworen, sich an mir zu rächen, sobald sie wieder draußen sind. Solche Drohungen kann man nicht einfach ignorieren. Es gibt Verbrecher, die ihre Zeit im Knast nutzen, um sich und ihre Taten zu hinterfragen. Denn im Knast zu sitzen – das sagt fast jeder, der mal drin war – ist eine beschissene Erfahrung, nicht nur in Algerien, sondern auch in Deutschland. Egal, ob es zwölf Tage oder zwölf Jahre sind. Das Leben unterliegt so vielen Einschränkungen, nichts ist mehr wie vorher. War man draußen vielleicht eine große Nummer, musste man sich diesen Status im Gefängnis erst wieder neu erarbeiten. Hatte man es draußen in der Regel mit unbescholtenen Menschen zu tun, die Opfer der eigenen kriminellen Energie wurden, saß man im Knast ausschließlich mit Menschen wie einem selbst zusammen. Dementsprechend hart sind die Umgangsformen. Wer nicht zum Verbrecher geboren ist, sondern aus welchen Motiven auch immer mal ein krummes Ding gedreht hatte, stellte hinter Gittern nicht selten fest, dass das Risiko nicht lohnt. Unverbesserliche wie die Reemtsma- und Oetker-Entführer Thomas Drach und Dieter Zlof hatten immerhin noch die Aussicht, nach vielen Jahren hinter Gittern die Ernte ihrer kriminellen Energie in Form von vielen Millionen genießen zu können. Aber in der Regel ist nach ein paar Jahren nichts mehr da. Nicht mal Frau, Freund oder Freundin.

Dummerweise kann man vorher schwer abschätzen, wer

wie tickt. Ich kannte inzwischen ein paar hinter Gittern tickende Zeitbomben und hatte inzwischen mehr Feinde als Freunde. Antje wollte unbedingt ein Baby, ich würde dann Familienvater sein und Verantwortung für zwei schutzlose Menschen haben. Ich musste weg. Ich verlängerte meinen deutschen Reisepass um zehn Jahre und meldete mich ordnungsgemäß in Travemünde ab. Das geht in Deutschland nicht, ohne ein Ziel anzugeben. Aber wenn das Ziel unerreichbar ist für das deutsche Einwohnermeldeamt, dann ist es egal, was man auf dem Formular angibt. Ich ging auf Nummer sicher und trug Caracas, Venezuela, ein. Wer mal richtig abtauchen muss, ist nirgendwo sicherer als in diesem lateinamerikanischen Land. Die liefern nichts und niemanden aus. Allerdings ist der Alltag dort nur sicher, wenn man sich in einem der Millionärs-Ghettos verschanzt. Eine Adresse konnte ich nicht nennen, weil ich auch noch kein Domizil hatte. Tatsächlich hatte ich mir längst einen 200 Jahre alten Bauernhof in Italien gekauft. Ein Rustico in den Marken, nahe Fano an der Adria. Davon sagte ich beim Einwohnermeldeamt aber nichts. Meine einzige Verbindung zu meinem alten Leben war meine Handynummer. Ich war also immer erreichbar.

Es war eine reine Vorsichtsmaßnahme, dass ich mich mit Enrica Piemonte beim Dottore getroffen hatte. Seine Villa hatte den unschätzbaren Vorteil, dass in ihr auch seine Praxisräume untergebracht waren. Wir konnten also unabhängig voneinander dorthin fahren und das Haus durch die Praxistür betreten. Mögliche Beobachter hätten davon ausgehen müssen, dass hier einfach zwei Menschen zum Arzt gingen. Im Haus betraten wir dann durch die Tür mit der Aufschrift »Privatamente« den für die Öffentlichkeit gesperrten Teil seiner Villa, wo wir uns völlig ungestört unterhalten konnten.

Mossi kam einen Tag nach meinem Anruf. Er hatte mich schon öfter in Italien besucht. Wir saßen auf meinem Lieblingsplatz in meinem Garten, einer Bank unter einer großen Akazie, und schauten auf die alten Olivenbäume, als würde da in wenigen Minuten etwas ganz Spektakuläres passieren. Er Bier, ich Wein. Dabei fiel höchstens mal eine Frucht vom Baum.

Neben seinen unbestrittenen fachlichen Qualitäten hat Mossi eine Eigenschaft, die ich ungeheuer schätze: Er kann auch mal schweigen. Wenn es nichts zu sagen gibt, redet er auch nicht, das macht ihn in meinen Augen so ungeheuer sympathisch, denn mir geht es nicht anders. Für Menschen, die es nicht schaffen, auch mal 30 Minuten die Klappe zu halten, hatte ich noch nie viel übrig. Wenn es nichts zu sagen gibt, dann erzählt ein Olivenhain im Zweifel die spannenderen Geschichten. Dabei wäre uns gerade diese Eigenschaft insofern beinahe zum Verhängnis geworden, denn sie hätte fast verhindert, dass wir uns kennen lernten.

Viele Jahre vor diesem Abend in meinem italienischen Refugium wohnte ich wie Mossi in Travemünde. Wir hatten mit der »Hofklause« nicht nur dieselbe Stammkneipe, sondern in dieser Stammkneipe auch denselben Stammplatz. Der Tresen war gebaut wie ein U mit einem sehr langen Unterstrich und zwei kurzen Oberstrichen. Der Platz links unten war aus unserer Sicht der attraktivste, weil direkt dahinter das Münztelefon angebracht war. Handys gab es 1989 noch nicht. Meine Kontaktleute wussten, dass sie mich abends oft in der »Hofklause« erreichen konnten, und deswegen musste ich nicht weit laufen, wenn es einen Anruf für mich gab. Mossi schätzte diesen Platz aus ähnlichen Gründen und zog – wenn auch nur innerlich – die Mundwinkel nach unten, wenn er mich auf »seinem« Platz sitzen sah. Er verzog sich dann wortlos an das rechte untere Ende des U-Tresens. War er zuerst da, war es umgekehrt.

Oft saßen wir so stundenlang zusammen in der »Hofklause«, ohne ein Wort miteinander zu reden. Ohne überhaupt zu reden. Er Bier, ich Wein. Ich wusste nichts über ihn, außer dass er offenbar lieber Bier trank als Wein. Genauso wenig wusste er von mir.

Mossi war ein auffälliger, sehr muskulöser Typ mit raspelkurzen, dunklen Haaren, und auf den ersten Blick war klar, dass er nicht der schwedische Kaufmann Ole Petersen ist, wie er selbst immer scherzhaft behauptet.

Mossis Vater war Perser, seine Mutter stammte aus Travemünde. Die Gene des Vaters sind klar dominant. Wenn Mossi allein am Tresen saß, konnte man auf den Gedanken kommen, er wäre kurz vorm Einnicken. Das war seine Masche, die er bis heute beibehalten hat. Er kann offenbar unbegrenzt lange bewegungslos irgendwo sitzen, so dass man ihn einfach irgendwann vergisst. Ein bisschen debil sieht das mitunter aus. Aber niemand sollte sich davon täuschen lassen, denn wenn es drauf ankommt, ist er hellwach, sowohl körperlich als auch geistig. Er scannt alles, was um ihn herum geschieht oder besprochen wird. Er beobachtet seine Umgebung und die Menschen, ist ständig damit beschäftigt, die Situation zu analysieren und im Zweifel sofort einzugreifen.

Auch ich legte bei meinen Besuchen in der »Hofklause« wenig Wert auf Gespräche mit anderen Gästen. Ich wollte einfach meine Ruhe haben. Niemand kam auf die Idee, Mossi einfach anzusprechen oder gar einen blöden Spruch zu machen. Nur dumme Menschen oder Betrunkene begeben sich freiwillig in diese Gefahr. Zwar ist er nicht besonders hoch gewachsen – in die Breite schon. Bei mir war das anders. Rein äußerlich wirkte ich eher wie der freundliche Sepp aus Oberbayern, den es an die Küste verschlagen hatte, weshalb ich mir im Laufe der Jahre ein paar Methoden angeeignet hatte, die mir helfen, brenzlige Situationen unversehrt zu überstehen. Womit ich mein Geld verdiente, konnte niemand wissen oder ahnen. Ein James Bond sieht schließlich anders aus.

Ich brauche meine Ruhe. Diese Stunden, in denen ich meinen Gedanken nachhängen kann, Ereignisse ordne. Der Kopf hat ein Bedürfnis nach diesem Gleichgewicht zum oft anstrengenden Job, in dem ich immer auf der Hut sein muss und unter ungeheurer Anspannung stehe. Ich muss Gefahren abwägen, Strategien entwickeln oder einfach nur warten. Oft verbringe ich Stunden damit, über Menschen nachzudenken, die mir beruflich begegnen. Ich versuche ihre Motivation zu verstehen, ihren Charakter zu analysieren. Sind sie ehrlich? Spielen sie mir etwas vor? Viel hängt davon ab, dass ich mit meiner Einschätzung richtig liege. Dabei verlasse ich mich fast immer auch auf mein Bauchgefühl, und das hat mich bislang gottlob selten im Stich gelassen.

Mossi hat sein respekteinflößendes Äußeres, ich hatte für den Notfall immer einen Zettel und einen Stift dabei. Kam mir ein anderer Gast zu nahe, holte ich beides raus und tat so, als würde ich mir Notizen machen. Das Signal war eindeutig und lautete: »Lass mich in Ruhe.« Es hat bisher immer funktioniert. Dabei mache ich mir nie Notizen, denn sie können verräterisch sein. Würden meine Aufzeichnungen den falschen Leuten in die Hände fallen, könnte das sehr unangenehme Folgen für mich und meine Auftraggeber haben.

Erst viele Monate nach unserem ersten Treffen am Tresen der »Hofklause« ergab es sich zufällig, dass Mossi und ich gleichzeitig Wein und Bier wegbringen mussten. Und diese sehr private Situation brachte uns zwangsläufig so nah zusammen, dass ich nicht anders konnte und zum ersten Mal das Wort an ihn richtete.

»Du bist auch ein ganz Ruhiger, oder?«

»Mmh.«

Das war's dann auch schon mit der Konversation für die

nächsten Wochen. Trotzdem war das Eis gebrochen. Wir waren neugierig aufeinander geworden. Immer öfter kamen wir ins Gespräch, und ich erfuhr, dass Mossi genau wie ich allen Grund dazu hatte, nicht offen in einer Kneipe über seinen Broterwerb zu reden.

Mossi war damals Mitglied der legendärsten Einheit der deutschen Bundeswehr, die auch als »Deutschlands härteste Geheimwaffe« bezeichnet wird. Die Soldaten der SEK M, der Spezialisierten Einsatzkräfte Marine, sind ausgebildet für Sonderkommandos zwischen Himmel und Meeresgrund. Sie können praktisch alles, haben gelernt, tagelang hinter den feindlichen Linien allein zu überleben, springen bei Bedarf selbst in finsterster Winternacht aus dem Helikopter in die dunkle Nordsee und sind in der Lage, 30 Kilometer in zwei Tagen zu schwimmen – und dabei 30 Kilogramm Ausrüstung hinter sich herzuschleppen. Sie stürzen sich kopfüber von Hochhäusern an einem Seil gesichert in die Tiefe und können selbstverständlich einen oder mehrere Gegner auch ganz ohne Waffen dauerhaft außer Gefecht setzen. Die Truppe ist das deutsche Pendant zu den Navy Seals der USA, die zuletzt Schlagzeilen gemacht haben, als sie im Mai 2011 Osama bin Laden in seinem Haus im pakistanischen Abbottabad aus dem Bett schossen und dabei selbst körperlich unversehrt geblieben sind.

Natürlich hatte ich auch schon von diesen Marinetauchern gehört, schließlich waren sie gleich um die Ecke in Eckernförde stationiert. Leibhaftig getroffen hatte ich allerdings noch keinen von ihnen. Das ist nicht verwunderlich, denn sie sollen professionell, präzise und möglichst unsichtbar agieren. Hart im Nehmen und hart im Geben. Ihre Ausrüstung ist so teuer wie ein Mittelklassewagen. Schon die Aufnahmeprüfungen für diese Truppe sind so hart, dass 90 Prozent der Bewerber gleich am ersten Tag wieder ihre Sachen packen können. Oder wie Mossi sich ausdrückt: »Am ersten Tag lohnt es sich gar nicht, die Tasche auszupacken.« Im weiteren Verlauf der Ausbildung, in der die jungen Soldaten permanent an ihre Grenzen geführt werden, müssen sie sich unter anderem in ein enges Torpedorohr zwängen, das dann verschlossen und geflutet wird. Erst wenn es vollständig unter Wasser steht, öffnen die Ausbilder die Luke. Im Ernstfall ist das wichtig, um durch ein solches Rohr unauffällig ein U-Boot zu verlassen.

Für die meisten Menschen gibt es eine Menge Gründe, sich bei diesem 1964 gegründeten Trupp nicht zu bewerben. Für Mossi hingegen war das SEK M sein Lebenselixier, das ihm eine regelmäßige Dosis Adrenalin bescherte. Sein Dienstausweis hatte die Nummer 495, die Soldaten werden laufend durchnummeriert. Pro Jahr werden etwa 20 harte Burschen ausgebildet.

Mossis Reaktion auf Enrica Piemontes Anfrage fiel so aus, wie ich es erwartet hatte: Er sagte erst einmal gar nichts. Nach längerem Schweigen meinte er dann: »Ich glaube, ich kenne da zwei Jungs, die uns helfen könnten.«

Auch das schätze ich an ihm. Er ist immer lösungsorientiert. Geht nicht gibt's nicht. Die Jungs, von denen er sprach, passten in der Tat perfekt ins Anforderungsprofil. Einer der beiden war Maurice, Algerier und ehemaliger Fremdenlegionär. Der andere sein französischer Freund und Kollege Patrick. Mossi hatte sie 1994 in Slowenien kennengelernt, zwei Jahre nach seinem Ausscheiden bei den Marinetauchern. Das war zu einer Zeit, als auf dem Balkan die mörderischen Kriege tobten. Wie viele andere ehemalige Fremdenlegionäre hatten sie sich nach dem Ende ihrer Dienstzeit als Söldner im ehemaligen Jugoslawien angedient. Einmal Soldat, immer Soldat. Das war ihr Job. Und ein gutbezahlter noch dazu. 700

bis 1000 Dollar Sold gab es pro Tag. Die exzellent ausgebildeten Fremdenlegionäre – auch bei ihnen schafft nur etwa jeder Zehnte die harte Aufnahmeprüfung – waren bei den Kriegsparteien auf dem Balkan begehrte Kämpfer. Unerschrocken, nicht zimperlich, und sie stellten keine Fragen.

In den Pausen zwischen den Einsätzen trafen sich die Söldner in der slowenischen Hauptstadt Ljubljana. »Urlaub machen« nannten sie das. Slowenien war zu der Zeit bereits eine friedliche Demokratie auf dem Weg in die Europäische Gemeinschaft. Der Unabhängigkeitskrieg hatte nur zehn Tage gedauert, dann waren die anrückenden Einheiten aus Rest-Jugoslawien zurückgedrängt worden.

Mossi hatte sich nach seiner Zeit beim SEK M zunächst als privater Sicherheitsmann bei gutbetuchten Slowenen selbstständig gemacht.

Er hatte keinen Zweifel daran, Maurice und Patrick für den Auftrag in Algerien gewinnen zu können. Für die beiden war es ein überschaubares Risiko. Als Einheimischer konnte sich Maurice völlig frei im Land bewegen. Patrick ging zur Not auch als Nordafrikaner durch. Auf jeden Fall war er Muttersprachler. Von Mossi und mir konnte man das nicht behaupten. Als Ausländer würden wir sofort auffallen. Ausländische Fachkräfte gab es zwar auch damals schon im Land, aber die arbeiteten zum Beispiel in der Ölindustrie und nicht in unserem Gewerbe. Wir mussten unsichtbar sein, sonst wäre der Plan sofort aufgeflogen.

Maurice und Patrick hatten wie erwartet keine Skrupel, als Mossi ihnen nach seiner Rückkehr aus Italien bei einem Treffen in Hamburg von unserem Vorhaben erzählte. Wir konnten mit der Detailplanung beginnen, um den größten Fehler im Leben von Enrica Piemonte zumindest teilweise zu korrigieren.

Schuld war die Liebe. Enrica zeigte mir Fotos aus der Zeit

ihres Studiums. Es gab kein Bild, auf dem sie nicht lachte. Waren andere Männer darauf, war unschwer zu erkennen, wie diese sie anhimmelten. Eine Frau wie Enrica Piemonte konnte jeden haben. Sie gab einem Mann einfach ein gutes Gefühl. Eine echte und begehrenswerte Frau. Sie erzählte mir, dass ihr Vater, ein angesehener Jurist, strikt gegen ihr Architektur-Studium gewesen war. Kunstgeschichte oder irgendein anderes »weibliches« Fach wären ihm deutlich lieber gewesen. Er hatte offenbar andere Ideen für die Zukunft seiner Tochter. Er wollte, dass sie in eine bedeutende Familie Roms einheiratete und ein Leben mit Kunst, Kultur und ein paar wohlbehüteten Kindern führte. Seine Tochter würde nie ernsthaft arbeiten müssen. Doch das hatte Enrica Piemonte immer schon anders gesehen. Sie war sich der gesellschaftlichen Stellung ihrer Familie sehr wohl bewusst, aber sie wollte trotzdem arbeiten. Sie wollte ihre Intelligenz anwenden dürfen, Eigenes schaffen und dann eines Tages den Mann heiraten, den sie liebte, und ihm Kinder schenken. »Eine Leben ohne Kinder«, sagte sie mir, »konnte ich mir noch nie vorstellen.«

Als junge Studentin hatte sie sich unsterblich in einen ebenso jungen und gutaussehenden Studenten der Ingenieurswissenschaften verliebt. Im Rausch der Gefühle und Hormone hatte sie ein paar Warnsignale übersehen und auch die gutgemeinten Ratschläge ihrer Familie in den Wind geschlagen. Die fand zwar auch, dass Pierre, der junge Auserwählte, ausgesprochen guterzogen, gebildet und als Mann eine beeindruckende Erscheinung war, es gab da allerdings einen Punkt, der bei aller Weltoffenheit und Liberalität von Familie Piemonte nicht übersehen werden konnte: Pierre war Algerier und Moslem, seine Familie wohnte in einem kleinen Ort zwei Autostunden südlich der algerischen Hafenstadt Oran.

Die Liebe siegte, wurde standesamtlich besiegelt, mit einem großen Fest gefeiert, und wenig später kam Vittorio zur Welt. Das Glück schien perfekt. Regelmäßig besuchte Enrica mit Pierre und dem kleinen Sohn den Familien-Clan in Algerien, der sie mit offenen Armen aufnahm.

Das Idyll sollte jedoch nur drei Jahre währen. Als Vittorio drei war, hatte Pierres Familie einen Entschluss gefasst, der so brutal wie unumstößlich war: Italien sei nicht der geeignete Ort, um sicherzustellen, dass Vittorio mit den richtigen – also den muslimischen – Werten zum Mann reift. Er würde nicht nach Italien zurückkehren dürfen. Die Mutter könne selbstverständlich bei ihrem Sohn bleiben, nur müsse sie dann nach Algerien ziehen, ihren Job aufgeben und der längst überfälligen Konvertierung zum Islam zustimmen.

Enrica flehte und bettelte vergeblich. Für Pierres Familie war es ohnehin unverständlich, dass eine Frau nicht zu ihrem Mann zieht, sondern er zu ihr. Mit Entsetzen musste sie feststellen, dass hinter ihrem Rücken längst alles generalstabsmäßig vorbereitet war. Pierre hatte seinen Job in Rom gekündigt, einen neuen Arbeitsplatz in Algerien gesucht und gefunden. Für die Reise zu seinen Eltern hatte er nur ein One-Way-Ticket gebucht.

Enrica Piemonte war klug genug zu erkennen, dass sie den Kampf verloren hatte. Sie würde allein nach Rom zurückfliegen und ihr Kind in den Fängen des Clans zurücklassen müssen. Was für ein Horrorszenario muss das für eine liebende Mutter sein, die sich eben noch im familiären Paradies sah und jetzt völlig unvorbereitet erfahren hatte, dass das alles mit einem Schlag für immer verloren sein würde? Wie auch immer sie sich entschied, nichts würde mehr sein wie vorher. Sie würde ihren Sohn und ihren Mann verlieren. Enrica war fassungslos. Wie konnte Pierre ihr das antun? Er wusste doch, dass Vittorio ihr mehr bedeutete als das eigene Leben. Ein Abgrund tat sich vor ihr auf. Konnte ein Mensch sich von heute auf morgen so radikal verändern? Wo war der liebevolle Mann geblieben, der die gemeinsamen Stunden im Kreis der kleinen Familie immer genauso genossen zu haben schien wie sie? Hatte sie etwas übersehen? Hatte es plötzliche Stimmungswechsel bei den Telefonaten mit dem Familien-Clan in Algerien gegeben, wenn sie das Zimmer betreten hatte?

Alles schien so unwirklich. Das konnte, das durfte nicht wahr sein. Aber die Entschlossenheit in der Stimme von Pierres Vater, die Kälte in Pierres Blick – all das ließ keinen Zweifel zu. Sie meinten es ernst, und sie würde keine Chance haben, irgendetwas daran zu ändern. Wenn sie Vittorio überhaupt wiedersehen wollte, musste sie sich fügen und die diktierten Bedingungen akzeptieren. Immerhin hatte Pierres Familie ihr ein großzügiges Besuchsrecht eingeräumt.

Vittorio war neun Jahre alt, als ich mich zum ersten Mal mit Enrica Piemonte in der Villa des Dottore getroffen hatte. Zweimal pro Jahr war sie nach Algerien geflogen, um ihren Sohn zu sehen und kostbare und innige Augenblicke mit ihm zu verbringen. Immer war die Angst mitgeflogen, dass Pierres Clan einfach ihren Reisepass einkassierte und sie nie wieder würde ausreisen können. Doch die wenigen Besuche waren ihr nicht genug, und deswegen hatte sie mich gefragt: »Können Sie meinen Sohn da rausholen? Sie sind meine letzte Hoffnung.«

Mossi und ich begannen mit der Planung. Dafür kam er wieder nach Italien. Noch hatten wir nicht zugesagt. Das wollten wir erst, wenn wir der Meinung waren, es gebe eine echte Chance, den Jungen da rauszuholen.

Wir konnten sicher sein, dass der Vater Vittorio nicht freiwillig gehen lassen würde. Und sicher war auch, dass er die algerische Justiz zu 100 Prozent auf seiner Seite wusste. Wer den Jungen gegen den Willen der Familie zurück nach Italien holte, machte sich eines schweren Verbrechens schuldig. Das ist in unserem Rechtsstaat nicht anders – mit der kleinen Ausnahme, dass die Gerichte vorher genau prüfen, wer das Sorgerecht bekommt. In einem solchen Prozess hat schon mal derjenige schlechte Karten, der ein Kind gegen den Willen des anderen Elternteils irgendwo im Ausland festsetzt. In Algerien spielte das überhaupt keine Rolle. Pierre war der Vater, er war Moslem, also war das Kind genau da, wo es hingehörte. Wer das anders sah und das gewaltsam ändern wollte, hatte damit automatisch sein Ticket für eine lange Unterbringung in einem der berüchtigten Knäste gebucht.

Bei unseren ersten Überlegungen klärten wir für uns die moralische Frage, ob wir Vater und Sohn gewaltsam trennen dürfen. Haben wir das Recht dazu? Ein italienisches Gericht hatte Enrica in der Zwischenzeit und in Abwesenheit von Vater und Sohn zwar das alleinige Sorgerecht in Italien zugesprochen, doch für mich persönlich war und ist die Rechtslage bei allen Aufträgen entscheidend, weil ich mich immer auch in einer Grauzone bewege. Wäre das nicht so, könnten meine Auftraggeber schließlich auch zur Polizei oder einer anderen Behörde gehen. In diesem Fall hätte Enrica Piemonte die Möglichkeit gehabt, ihren Exmann anzuzeigen. Doch der hatte ihr unmissverständlich klargemacht, dass sie in diesem Fall ihren Sohn nicht wiedersehen würde. Eine Anzeige hätte allerdings ohnehin nichts gebracht. Algerien war ein unabhängiger, souveräner Staat mit eigener Gesetzgebung, und die folgte eben anderen Grundsätzen.

Die moralische Frage hatte ich zuvor auch schon mit Dottore Bellugi erörtert. Er versicherte mir, dass er mich nicht darauf angesprochen hätte, wenn er nicht der Meinung sei, hier geschehe großes Unrecht: »Signore Resch, diese Mutter und dieses Kind gehören zusammen. Ich habe sie oft erlebt, manchmal auch mit dem Vater. Das Band zwischen Mutter und Sohn ist so stark und von so großer, echter Liebe geprägt – das lässt sich nicht so einfach mit dem Begriff der sprichwörtlichen italienischen Mama erklären. Der Vater dagegen ... wie soll ich es sagen? Er wirkte kalt. Ich habe nie verstanden, warum Enrica ihn geheiratet hat. Aber sie vergötterte ihn. Pierre ist ein strenger Vater. Es war ihm immer wichtig, einen Sohn zu haben. Das schmeichelte seinem Stolz. Wissen Sie, was ich meine? Stolz war sein Gefühl, nicht Liebe.«

Ich nickte nachdenklich. Was der Dottore erzählte, war nicht messbar, nicht wirklich fassbar, aber in meinem Job hatte ich gelernt, dass das Bauchgefühl oft wichtiger ist als nackte Logik. Liebe und Zuneigung kann man nicht messen. Deshalb bestand ich auf einem letzten Test, der sozusagen eine subjektive Überprüfung war. Enrica Piemonte sollte ihren Sohn anrufen, denn ich wollte selbst hören, wie sie miteinander umgehen. Der Kleine plapperte sofort wild drauflos. Sein Mitteilungsbedürfnis war gewaltig, die Freude in seiner Stimme unüberhörbar. Aufgeregt wechselte er ständig zwischen Arabisch, Französisch und Italienisch. Enrica Piemonte lächelte tapfer, aber trotzdem kullerten die Tränen über ihre Wangen. Immer wieder fragte Vittorio: »Mama, wann kommst du mich besuchen? Ich vermisse dich so.« Schließlich begann er hemmungslos zu schluchzen und erzählte, wie streng der Opa mit ihm sei und dass er immer beten müsse. Es tat mir in der Seele weh, den kleinen Kerl so leiden zu hören. Gab es vorher noch leise Zweifel an der Richtigkeit dieses Auftrags, so hatten sie sich spätestens mit diesem Telefonat in Luft aufgelöst.

Um mich selbst zu schützen, habe ich immer sehr streng darauf geachtet, nicht gegen geltendes Recht zu verstoßen oder – falls sich Gesetzesübertritte nicht vermeiden ließen – diese gewissermaßen mit den Behörden vorher abgestimmt zu haben. Bei Drogengeschäften ging das manchmal nicht anders. In diesem Fall aber prallten zwei verschiedene Rechtssysteme aufeinander. Rechtfertigt ein Verbrechen ein anderes? Welches Recht hatte Recht? Fest stand, dass der Vater den Sohn eigenmächtig und gegen den Willen der Mutter entführt hatte. Also entschieden Mossi und ich uns dafür, Enrica Piemonte zu helfen.

Damit begann der schwierige Teil der Operation. Wir versuchten, uns in die Situation des Vaters zu versetzen. Inzwischen waren seit der Entführung sechs Jahre vergangen. Würde er sich jetzt schon sicher fühlen? Aus Erfahrung wusste ich, dass irgendwann jeder seine Vorsichtsmaßnahmen runterfährt. Enrica Piemonte hatte sich in seinen Augen offenbar ihrem Schicksal gefügt und sich mit der Situation abgefunden. Es ist ein riesiger Aufwand, ein Kind rund um die Uhr zu beschützen, und aus der Sicht des Vaters war eine gewaltsame Entführung des Jungen nicht sehr wahrscheinlich. Vielleicht könnte man ihn auf dem Weg von der oder zur Schule abfangen, aber damit war noch nichts gewonnen. Damals gab es in Algerien überall im Land Straßensperren. Es war unmöglich, diese mit einem Neunjährigen ohne gültige Papiere zu passieren. Doch selbst wenn das gelingen sollte, müssten wir den Jungen immer noch außer Landes schaffen, was zweifellos der schwierigste Part werden würde.

Der erste Teil des Plans war alternativlos. Maurice und Patrick mussten Vittorio aus der Obhut des Clans befreien. Wie sie das anstellten, war ihnen überlassen. Aber wie konnten wir ihn anschließend über die Grenze schaffen? Es gab nur drei Möglichkeiten: Luft-, Wasser- oder Landweg. Algerien ist riesig, das flächenmäßig größte Land auf dem afrikanischen Kontinent. Ein Blick auf die Nachbarländer machte schnell klar, dass der Landweg keine Option war. Im Westen liegt das Königreich Marokko, das touristisch erschlossen und auch für Europäer gefahrlos bereist werden konnte. Im Südwesten grenzt Algerien an die von Marokko besetzte Westsahara, im Süden liegen Mauretanien, Mali und Niger. Im Osten grenzt das Land an Gaddafis Libyen und weiter nördlich an Tunesien. Doch aufgrund der riesigen Entfernungen und der Tatsache, dass auch erfahrene Fremdenlegionäre nicht mit einem Kind quer durch die Sahara flüchten konnten, wäre höchstens Marokko in Frage gekommen. Den Gedanken verwarfen wir schnell, weil die Grenze zwischen den beiden Maghrebländern zu schwer bewacht ist.

Der Luftweg war zu auffällig, deshalb kam ein Linienflug nicht in Frage. An den Passkontrollen wären wir nie vorbeigekommen. Eine gecharterte Maschine war auch keine Option, da es unmöglich war, mit einem Flugzeug unbemerkt in den algerischen Luftraum einzudringen, zu landen und ebenso unbemerkt wieder zu verschwinden. Dazu hätten wir mindestens ein schwer bewaffnetes Kampfjet-Geschwader benötigt.

Es blieb nur das Wasser, Mossis Element.

Inzwischen waren schon mehrere Monate seit meinem ersten Treffen mit Enrica Piemonte im Herbst 1997 vergangen. Ich hatte sie gleich damals zu absolutem Stillschweigen verpflichtet. Mit niemandem, wirklich absolut niemandem durfte sie über unseren Kontakt reden. Ich weiß, dass so etwas schwerfällt, aber bei einer so heiklen Mission kann ein falsches Wort alles zerstören. Hätte der Vater – vielleicht über einen alten gemeinsamen Bekannten – Wind von der Sache bekommen, wäre unser Plan zum Scheitern verurteilt gewesen. Möglicherweise hatte er sogar schon von den Anwerbeversuchen seiner Exfrau gehört, aber diesen Gedanken wollte ich lieber nicht weiterverfolgen.

Im Frühling 1998 trafen Mossi und ich uns mit Maurice und Patrick in Mailand. Theoretisch hätten wir uns auch in meinem Haus verabreden können, was für mich sicherlich komfortabler gewesen wäre. Es galt aber die eiserne Regel, weder Kunden noch Mitarbeiter in mein Privatdomizil einzuladen. Mossi war die einzige Ausnahme. Die beiden Jungs waren Enddreißiger mit entschlossenem Blick. Mit sich selbst waren sie im Reinen und hörten aufmerksam zu, was wir in der Zwischenzeit geplant hatten. Ich gab ihnen die Adresse der Familie und beschrieb in groben Zügen, was ich über das Haus und die Gewohnheiten wusste. Ihre Aufgabe schien sie nicht weiter zu beunruhigen. »Für uns kein Problem«, war ihr knapper Kommentar. »Nur solltet ihr wissen, worauf ihr euch einlasst«, sagte Maurice grinsend und begann seinen kleinen Vortrag über die algerischen Gefängnisse.

Wir bedankten uns für die ausführlichen Schilderungen und einigten uns darauf, dass der Sommer die beste Zeit für den Zugriff war. Im Herbst und Winter war selbst das Mittelmeer oft unberechenbar. Starken Seegang und Sturmböen konnten wir für unseren Plan nicht gebrauchen.

Maurice und Patrick flogen am nächsten Tag mit 20 000 Dollar Anzahlung zurück. Wohin genau sie flogen, wusste ich nicht. Weitere 100 000 Dollar würden sie bekommen, wenn sie uns den Jungen übergeben. Cash in Hundert-Dollar-Noten. Wie genau sie vorgehen würden, ließen sie offen. Geschäftsgeheimnis. Das interessierte mich zu dem Zeitpunkt auch gar nicht. Sie wussten, dass wir den Jungen unversehrt brauchten. Alles andere war ihre Sache. Wir verabredeten, dass sie uns spätestens fünf Tage vor dem Zugriff anriefen, um uns den Tag und die genaue Uhrzeit telefonisch durchzugeben. Kein Wort mehr. Man weiß nie, wer mithört.

Wir hatten ein Zeitfenster von einer Woche Ende Juli ausgemacht. Enrica Piemonte informierten wir erst kurz vor unserem Abflug, dass sie am 24. Juli in Alicante sein müsste. Zu unserem Team gehörten außerdem ein befreundeter Kapitän aus Norddeutschland, eine rassig-temperamentvolle und unerschrockene junge Dame, die Mossi aus seinem Bekanntenkreis rekrutiert hatte, und Dottore Renzo Bellugi. Es ist immer gut, bei solchen Missionen einen Arzt an Bord zu haben. Alle reisten getrennt voneinander an. Enrica Piemonte mit einer nicht unerheblichen Summe Bargeld.

Unsere Recherchen hatten ergeben, dass Alicante an der spanischen Costa Brava für unseren Plan perfekt war. Die Schifffahrtsstraße zwischen Oran und Alicante ist besonders im Sommer eine vielbefahrene Route. Sogar Fähren pendeln zwischen Juni und September regelmäßig zwischen beiden Städten. Es würde schwer werden, uns zwischen all den anderen Booten ausfindig zu machen. Auf dem Radar sind das nur kleine Punkte. Aus der Luft würde man uns nicht ausmachen können, denn die Rückfahrt würden wir im Schutz der Dunkelheit antreten. Eine Fähre braucht für die Strecke etwa zwölf Stunden. Wir würden schneller sein.

Schon lange vor dem Abflug hatte ich über Bekannte in Alicante zwei Boote gechartert. Eine knapp 23 Meter lange, dunkelblaue, amerikanische Hatteras-Yacht mit Sonnendecks auf zwei Etagen, zwei 750 PS starken Zwölf-Zylinder-Motoren und 7000 Liter Diesel im Tank. Das reichte locker für die Strecke. Das zweite Boot war ein hellblaues Abbate-Speedboot mit mehr als 1000 Pferdestärken. Eine echte Rakete, die es ohne Schwierigkeiten auf Geschwindigkeiten bis zu 130 Stundenkilometer bringt. Das ist auf dem Wasser schon ziemlich konkurrenzlos. Definitiv aber war sie schneller als die Boote der algerischen Küstenwache. Und vor allem darauf kam es uns an. 15 000 Dollar hatte der Spaß gekostet – ohne Treibstoff. Enrica Piemonte zahlte die Summe anstandslos.

Bevor es losging, statteten wir die Yacht noch mit einem kleinen Versteck in der Kombüse aus und besorgten ein paar hundert Liter Benzin, die wir in großen Kanistern auf den beiden Booten deponierten. Denn wenn man bei einem

Speedboot wie der Abbate Vollgas gibt, schluckt sie pro Kilometer mehr als zwei Liter Sprit. Da ist der Tank schnell leer.

Wir fuhren mittags los, um zur verabredeten Zeit vor Oran haltmachen zu können. Im Konvoi ging es quer über das Mittelmeer an die nordafrikanische Küste – wir saßen vorne auf der Yacht, Mossi fuhr hinter uns im Speedboot. Ich kann mir vorstellen, wie schwer es ihm gefallen ist, mit der Rennmaschine nicht ständig im Grenzbereich über die Wellen zu reiten, aber er musste an den Sprit denken. Für die Rückfahrt würde Mossi unter Umständen Reserven dringend benötigen.

20 Kilometer vor der Küste stoppten wir gegen 22 Uhr in internationalen Hoheitsgewässern die Maschinen. Es war bereits stockfinstere Nacht. Am Himmel funkelten die Sterne, das Mittelmeer war ruhig und plätscherte gefällig vor sich hin. Die äußeren Bedingungen waren ideal, trotzdem war die Stimmung an Bord gedrückt. Von Mossi kannte ich das. Aber auch die anderen verloren kein überflüssiges Wort. Es gab nichts mehr zu besprechen. Allen war bewusst, dass es ernst und gefährlich wird. Niemand wusste, wie es ausgeht. Aber Mossi und ich wussten, dass wir alles Menschenmögliche in Betracht gezogen hatten, damit unsere Mission ein Erfolg wird. Schweigend betankten wir die Abbate, dann gingen Mossi und ich aufs Oberdeck der Yacht, stellten eine Flasche Whisky auf den Tisch, schenkten uns jeder ein Glas ein, schauten uns an und tranken es in einem Zug leer. Ich hoffte inständig, dass es nicht der letzte Drink für eine lange Zeit sein würde.

Meinem Partner war nichts anzumerken, als wir beide von der Hatteras auf das Speedboot wechselten. Jeder Handgriff saß, Mossi wirkte entschlossen. Bei den Marinetauchern hatte er gelernt, die Gefahr auszublenden, wenn es losgeht. Dann hatte er nur noch sein Ziel vor Augen. Die Möglichkeit des Scheiterns existierte dann nicht mehr in seinem Kopf.

Er war total fokussiert. Alles würde von Maurice und Patrick abhängen. Hatten sie einen guten Job gemacht? Plötzlich tauchten wieder die Unsicherheiten ihrer Operation vor meinem geistigen Auge auf. Wir waren abhängig von ihrer Loyalität und ihrem Geschick. Es ist ein Ehrenkodex unter Fremdenlegionären, lieber zu sterben, als die Kameraden zu verraten. Aber wer weiß, ob Geld und Folter sie nicht doch hätten weich werden lassen können, vorausgesetzt natürlich, sie wären geschnappt worden. Fast alles kann man akribisch planen und berechnen. Ich kann fünfmal die gesamte Technik checken, ich kann in mich hineinhorchen, ob ich fit und gesund bin. Der Unsicherheitsfaktor Mensch bleibt jedoch immer, erst recht, wenn es um viel Geld geht. Diese unbekannte Größe lässt sich nicht ausschalten. Sie begleitet mich bei jedem Einsatz.

Ich dachte an meine kleine Familie. Mein Sohn Roman war inzwischen ein süßes Baby von fünf Monaten. Meine Frau wusste nur, dass ich dienstlich unterwegs war. Sie hatte keine Ahnung davon, worauf ich mich eingelassen hatte. Jetzt in diesem Moment würde sie Roman ins Bett bringen, ihn vielleicht stillen oder seine Windeln wechseln. Ich hatte mich unbändig über seine Geburt und meine neue Aufgabe als Vater gefreut. War ich ein verantwortungsloser Abenteurer, der das Glück eines kleinen Babys und seiner ahnungslosen Mutter aufs Spiel setzte und riskierte, dass sein Sohn ohne Vater aufwachsen musste? Hier ging es auch um einen kleinen Jungen. Trotzdem nagten die Selbstvorwürfe an mir. Daran änderte auch die Tatsache nichts, dass ich vor meiner Abreise einen Notar aufgesucht hatte, damit meine Frau und mein Sohn zumindest finanziell abgesichert waren. Bei früheren Aufträgen war das noch nicht nötig gewesen.

Ich blickte zu Mossi, der am Ruder zielsicher durch die Nacht navigierte. Seine Augen waren starr nach vorne gerichtet. Die Abbate fuhr mit gedrosselter Kraft Richtung Oran. Was würde passieren, wenn zufällig eine Küstenwache unseren Kurs kreuzte? Wir waren schon zu nah am Hafen, als dass sie uns unkontrolliert hätten weiterfahren lassen.

Die Silhouette Orans tauchte aus dem Dunkel der Nacht auf. Die Abbate klatschte gleichmäßig aufs Wasser, unbeirrbar Richtung Mole. Wir hatten einen Treffpunkt am äußersten Rand ausgemacht. Mein Herz schlug bis zum Anschlag. Voller Anspannung umklammerte ich die Plastiktüte mit den 100 000 Dollar. Über dem Geld etwas Obst und eine Flasche Wasser. Ein alter Trick, um den wahren Inhalt nicht auf den ersten Blick erkennen zu können.

Die Lichter kamen bedrohlich näher. Wir waren zwei Deutsche ohne Visum in den Hoheitsgewässern des algerischen Staates. Selbst wenn bei Maurice und Patrick alles in Ordnung sein sollte, hätten wir Schwierigkeiten gehabt, der Küstenwache zu erklären, was wir hier in der Nacht machten. Uns wäre nur die Vollgasflucht geblieben, und ich hätte auf Mossis Fähigkeiten vertrauen müssen, die Patrouille abzuschütteln, ohne uns eine Kugel einzufangen.

Der Hafen war zum Greifen nah, als ich das verabredete Zeichen sah. Eine Taschenlampe blinkte mehrmals kurz auf. Sie waren da. Im Schritttempo fuhr Mossi auf die Mole zu, machte das Boot fest, schnappte sich die Plastiktüte mit dem Geld und sprang raus. Maurice wartete oben, nahm die Tüte in Empfang, warf einen kurzen, prüfenden Blick darauf, nickte und verschwand. Ohne Tüte, aber mit dem Jungen kam er zurück. Das war der alles entscheidende Moment. Wenn sie aufgeflogen waren, würde jetzt gleich die algerische Kavallerie auf uns zustürmen. Erst jetzt, wenn der Junge in unserer Gewalt war, hätten sie etwas sehr Belastendes gegen uns in der Hand gehabt. Ohne den Jungen hätten wir uns irgendwie rausreden können. Betrunken, vom Weg abgekommen, orientierungslos – keine Ahnung. Illegale Einreise, aber eben keine Entführung eines algerischen Staatsbürgers.

So lange hätten sie stillgehalten. Aber als Mossi den seltsam apathisch wirkenden Vittorio schulterte, mit einem Satz ins Boot sprang, »Abfahrt« sagte und behutsam Gas gab, war ich mir sicher, dass der Plan aufgegangen war. Keine fünf Minuten hatte der Ausflug an Land gedauert. Das klingt rasend schnell, und das war es auch, aber fünf Minuten banges Warten in einem Boot, das illegal an einem Hafenkai in Algerien liegt, konnten wahnsinnig lang sein. Tausend Gedanken schossen mir durch den Kopf. Wer eine solche Situation noch nicht erlebt hat – und das dürften die meisten sein –, hat keine Vorstellung davon, wie viele Bilder unser Gehirn in so kurzer Zeit fabrizieren kann. Atemberaubend. Ich war völlig durchgeschwitzt. Und das lag nicht am nordafrikanischen Klima.

Noch waren wir zwar nicht in Sicherheit, doch für den weiteren Teil der Reise hatten wir ein paar entscheidende Sicherheitsvorkehrungen getroffen. Der gefährlichste Teil der Mission war überstanden, als Mossi zwei Kilometer vor der Küste den Gashebel ganz nach vorne drückte, die Abbate den Bug aus dem Wasser riss und wir der Hatteras mit ohrenbetäubendem Lärm entgegenflogen.

An Bord erwartete man uns bereits. Enrica Piemonte stand unten am Heck, starr wie eine Wachsfigur mit weit aufgerissenen Augen. Sie hatte einen Gesichtsausdruck, wie ich ihn noch nie bei einem lebendigen Menschen gesehen hatte. Als sie ihren Sohn endlich im Arm hielt, begann sie hysterisch zu weinen. In dem Moment war ich mir zu 100 Prozent sicher, die richtige Entscheidung getroffen zu haben.

Ich drängte zur Eile, der Junge musste sich sofort zusammen mit seiner Mutter in das kleine Versteck unten in der Kombüse begeben. Mossis Mädchen aus Deutschland wechselte mit seiner kleinen Tasche auf die Abbate. Mossi gab wieder Gas und verschwand in die Nacht. Auch für diese Übergabe hatten wir keine zwei Minuten gebraucht. Die Boote, so der Plan, mussten unverzüglich getrennte Wege gehen. Sollte die Abbate der Küstenwache aufgefallen sein und die Polizei die Verfolgung aufgenommen haben, würden sie ein ganz unauffälliges und gewöhnliches Urlauberpärchen an Bord vorfinden. Kein Kind, keine Entführung, keine Anklage. Einfache Rechnung.

Auch unser Kapitän auf der Hatteras setzte die Yacht unverzüglich in Bewegung und machte sich auf den Weg nach Alicante. Ich fläzte mich aufs Oberdeck, nahm die Flasche Whisky und schenkte ein. Vittorios algerische Familie hatte das Verschwinden des Jungen jetzt sicher schon bemerkt. Vielleicht war sein Vater aufgeregt zur Polizei gefahren, um eine Entführung zu melden. Es war fraglich, ob die ihm gleich geglaubt hätten und ihn nicht mit Hinweis auf präpubertäre Unvernunft noch ein paar Stunden vertrösten würden. Vielleicht hatte es auch ein Handgemenge gegeben, in dessen Verlauf Maurice und Patrick ein paar »Backpfeifen« verteilt hatten. Das alles wollte ich aber gar nicht wissen. Ich schenkte nach und fühlte mich immer sicherer. Selbst wenn sie schon jetzt nach uns fahnden würden, wo genau würden sie suchen? Vielleicht vermuteten sie uns irgendwo auf dem riesigen Mittelmeer, sehr wahrscheinlich aber auf einer anderen Route. Wenn sie wussten, dass der Junge auf dem Weg zu seiner Mutter war, würden sie das Meer in Richtung Italien absuchen. Auf diesem Weg hätten sie die größten Chancen, uns zu finden – in einem einsamen Boot auf hoher See. Wir aber versteckten uns mit der Hatteras im Radarschatten der großen Containerschiffe und Fähren, die wie wir auf dem Weg nach Alicante waren. Für unsere Verfolger war das ein aussichtsloses Unterfangen.

Als die Flasche Whisky leer war, fühlte ich mich noch immer so, als hätte ich keinen einzigen Schluck Alkohol getrunken. Das war schon ungewöhnlich. Nach einer Flasche Hochprozentigem fange auch ich an zu schwanken. Aber heute hatte das Adrenalin in meinem Körper den Alkohol komplett neutralisiert. Am nächsten Morgen wartete Mossi schon mit seinem Mädchen im Hafen von Alicante auf uns. Jetzt grinste auch er: »Mission *Aura* completed. Anhauen, umhauen, reinhauen, abhauen.« So haben sie das bei den Marinetauchern genannt. Doch so cool und entschlossen Mossi sich mit seinem Camouflage-Stirnband die ganze Zeit gegeben hatte, innerlich perlt ein solches Himmelfahrtskommando auch an einer Kampfmaschine wie ihm nicht einfach so ab. Als er dann, immer noch grinsend, hinzufügte »Das war 'ne ganz schön heiße Kiste« und dabei langsam mit dem Kopf nickte, wusste ich, wie sehr auch er unter Spannung gestanden hatte. Mossi bewegt den Kopf beim Reden nämlich sonst nie.

Erst als klar war, dass wir das Abenteuer alle unverletzt überstanden hatten, durfte die überglückliche Mutter mit ihrem Sohn das Versteck verlassen. Vittorio ging es schon deutlich besser. Er strahlte und wich seiner Mama nicht eine Sekunde von der Seite. Wir achteten trotzdem darauf, möglichst anonym für den Jungen zu bleiben, und trugen deshalb große Sonnenbrillen und Mützen. Wer wusste schon, was die Zukunft noch bringt.

Mutter und Sohn verließen die Yacht. Von jetzt an waren sie auf sich allein gestellt. Sie fuhren den ganzen Weg von Alicante nach Rom mit dem Auto.

Zwei Wochen später trafen wir uns wieder in der Villa des Dottore. Ich sah eine völlig verwandelte Frau, die mich fest in den Arm nahm und sich immer wieder bedankte und sagte, ich hätte ihr das Leben zurückgeschenkt, sie stünde tief in meiner Schuld. Zu dem Treffen war sie nicht allein gekommen. Im Wartezimmer saßen zwei durchtrainierte Herren im sportlichen Outfit. Sie redeten nicht, aber beobachteten ganz genau, wer die Praxis betrat. Es waren Vittorios Leibwächter. Enrica Piemonte war klug genug zu wissen, dass ihr Exmann entschlossen genug sein würde, ebenfalls Leute anzuheuern, die den Kleinen zurück nach Algerien holen. Und ein zweites Mal hätte ihn niemand wieder nach Italien bringen können. Die beiden Leibwächter waren in den nächsten Jahren fester Bestandteil des Familienlebens und ließen den Jungen keine Minute aus den Augen.

Mit Maurice und Patrick haben wir Monate später zusammen in Fano auf den Erfolg unserer Mission angestoßen. Es wurde ein sehr langer Abend mit sehr viel Alkohol. Dabei beobachtete ich sie ganz genau. Eine alte Angewohnheit von mir. Wer sich nach zwei Flaschen Wein nicht dazu hinreißen lässt, mit seinen Abenteuern zu prahlen oder – schlimmer noch – Geheimnisse auszuplaudern, der hat Charakter. Und das ist in meinem Geschäft überlebenswichtig. So oft Mossi und ich auch stichelten und uns ausmalten, wie sie den Jungen da rausgeholt hatten, ihre Lippen blieben verschlossen. Maurice und Patrick bestanden den kleinen Test mit Bravour. Mit diesen Jungs konnte man jederzeit wieder zusammenarbeiten.

Antje hat durch einen Zufall erst viel später erfahren, was wir in Algerien gemacht und riskiert hatten. Sie war außer sich vor Wut und schrie mich an: »Bist du wahnsinnig? Was glaubst du, wer *dich* da hätte rausholen sollen? Hast du auch nur eine Sekunde an deine Familie gedacht?« Sie zitterte vor Wut und Enttäuschung am ganzen Körper.

Ein bisschen fühlte ich mich wie ein kleiner Junge, der bei einem bösen Streich ertappt worden war. Natürlich hatte sie Recht. Allerdings habe ich sehr wohl an sie und Roman gedacht. Aber ich habe auch das Schicksal von Enrica Piemonte und dem kleinen Vittorio gesehen. Ihr Strahlen, ihr Glück, ihre Freudentränen – das war vielleicht der schönste Lohn, den ich in meinem ganzen Leben bekommen habe, und ein Moment, den ich nie vergessen werde. Aber ob ich mich dafür noch einmal in so große Gefahr begeben würde, das wage ich zu bezweifeln.

Antje allerdings sagte mir sehr viel später einmal: »Hättest du Roman entführt, ich hätte genau wie Enrica Piemonte Himmel und Hölle in Bewegung gesetzt, um ihn da wieder rausholen zu lassen. Nur leider hätte ich dich nicht engagieren können.«

## Kapitel 6

# Versprechen

### Siemens, Telekom und der Telefonkartenbetrug im Prager Nachtclub

»Du wirst bekommen, was du brauchst«, waren Vlačeks letzte Worte. Dabei klopfte er Mossi auf die Schulter und meinte den Tod. Sie waren im Lávka, einem damals schwer angesagten Nachtclub in Prag. Er lag mitten in der Altstadt unmittelbar neben dem Bedřich-Smetana-Museum direkt an der Moldau und bot von der Terrasse einen großartigen Blick auf die Stadt und die Karlsbrücke, eine der ältesten Steinbrücken Europas aus dem 14. Jahrhundert. Tagsüber war das Lávka nur ein schickes Restaurant, das sich auf den wohlhabenderen Teil der Bevölkerung ausgerichtet hatte. Es gab sehr gute tschechische Küche, aber auch internationale Gerichte und eine preislich nach oben hin fast offene Wein- und Champagnerkarte.

Nachts hatte das Lávka ein zweites Gesicht. Dann öffnete sich hinter dem Restaurant eine schwere, schwarze Tür, hinter der sich ein großer Nachtclub befand, der von vielen Touristen aus den USA, Deutschland und anderen europäischen Ländern bevölkert wurde. Der frühere Warschauer Pakt steuerte Neureiche, hübsche und sehr hübsche Mädchen sowie eine Hand voll Unterwelthelden bei. Für einige von ihnen gab es zusätzlich einen abgetrennten VIP-Raum. Das alles wirkte wie ein Film-Set, war aber die postkommunistische Realität.

Es gab sie eben wirklich, die kriminellen Köpfe, die in den Jahren nach dem Kalten Krieg ein Vermögen gemacht hatten. Und da schnell verdientes Geld einem kriminellen Urgesetz gehorchend in der Regel fast ebenso schnell wieder unter die Leute gebracht wurde, war das der Raum, an dem auch der ganz teure Champagner entkorkt wurde und hohe Einsätze beim Black Jack auf den Tisch kamen. Das geschah sehr zur Freude der zum Teil professionellen Mädchen sowie zum späteren Amüsement ihrer Gönner. Einer von ihnen war Vlaček. Er verabschiedete Mossi mit einem vielsagenden Blick.

Ich hatte Mossi einschleusen müssen, weil ich verbrannt war. Ich durfte mich bei Vlaček nicht mehr blicken lassen. In seinen Augen hatte ich einen schwerwiegenden Fehler begangen, weil ich etwas bestellt, zum Teil bezahlt, aber nicht abgeholt hatte. Wir waren einem gigantischen Betrug auf der Spur. Der Schaden wurde von seriösen Stellen später auf mehr als 100 Millionen Mark geschätzt. Konservativ.

Der Auftrag kam im Oktober 1997 von Günter Liebknecht, der damals Sicherheitschef der Chip-Produktion bei Siemens war. Ich kannte Liebknecht schon, als er noch Revierleiter einer Polizeistation in Lübeck war. Als begnadetsten Polizisten würde ich ihn nicht bezeichnen, aber irgendwie muss er die Leute bei Siemens wohl von seinen Qualitäten überzeugt haben – vielleicht, weil er ganz früher auch mal eine Einheit beim SEK geleitet hat. Um Liebknechts aktuelles Problem zu verstehen, muss man sich zurück in eine Zeit begeben, die heute fast schon in die gleiche Kategorie gehört wie Schellack-Platten und Röhrenradio. 1997 gab es keine Smartphones, und Handys waren noch etwas wie ein Status-Symbol. Nur jeder fünfte Deutsche hatte einen Internet-Anschluss und eine private E-Mail-Adresse. Telefoniert wurde unterwegs aus der Telefonzelle, die es noch an jeder Straßenecke gab und die inzwischen nicht mehr gelb und geschlossen, sondern magentafarben und offen war. Gezahlt wurde nicht mehr mit Münzen, sondern mit Telefonkarten. Und genau da begann das Problem.

Sobald es ein neues Zahlungsmittel gibt, wird versucht, es zu fälschen. Telefonzellen waren davon bislang nicht betroffen, weil es sich einfach nicht lohnte, Münzgeld zu fälschen, um dann umsonst zu telefonieren. Bestenfalls wurden die Münzbehälter aufgebrochen und gestohlen. Doch das war das Feld von Kleinkriminellen. Die neuen Telefonkarten boten ganz neue Möglichkeiten. Mitte der Achtziger hatte die Post in ausgewählten Gebieten damit begonnen, die alten Münzfernsprecher gegen moderne Kartentelefone auszutauschen. Für die Kunden hatte das den Vorteil, dass sie Ferngespräche führen konnten, ohne tagelang Kleingeld zu sammeln. Der Nachteil war, dass man immer eine aufgeladene Telefonkarte im Portemonnaie haben musste. Für die Telekom schien das neue System nur Vorteile zu haben. Geknackte Zellen könnten der Vergangenheit angehören. Und weil es eben leichter fällt, einen digital angezeigten Betrag schrumpfen zu sehen, als ständig Hartgeld in den Schlitz zu stopfen, würde das sicher auch zu längeren Telefonaten führen. Tatsächlich aber führte es zu einem der größten Betrugsskandale in der Geschichte der Telekom.

Die neuen Telefonkarten übertrafen alle Erwartungen. Denn plötzlich waren die Plastikkarten, die nach dem Abtelefonieren des gespeicherten Betrags eigentlich wertlos waren, sogar zu einem begehrten Sammlerobjekt geworden. Bis einschließlich 1989 gab es nur etwa 130 verschiedene Motive, die teilweise in geringer Auflage erschienen waren. Sammler entdeckten die Karten mit den aufgeklebten Chips für sich. Wie aus dem Nichts entstand plötzlich eine Fangemeinde, die sich nicht nur auf Messen austauschte, sondern auch in

Fachzeitschriften und Katalogen. Die Preise stiegen teilweise exorbitant. Dass es dafür noch einen anderen Grund gab als das Platzen einer klassischen Börsen-Blase, wussten die Wenigsten.

Denn für Kriminelle wurden die Kartentelefone zur Goldgrube. Elektronik-Tüftler – die man heute als Hacker bezeichnen würde – hatten es geschafft, den Chip gegen einen sogenannten Microcontroller auszutauschen. Dieser suggerierte der Telefonzelle, eine echte Telefonkarte zu sein. Die Materialkosten für diese Fälschung lagen bei etwa einer Mark.

Den Herstellern, in diesem Fall Siemens, gefiel das gar nicht, denn mittelfristig sollte die Chiptochter Infineon ausgegliedert und als eigenes Unternehmen an die Börse gebracht werden. Beim Börsengang sollte natürlich ein ordentlicher Profit aus dem Verkauf der Anteile erzielt werden. Und dieser Chip sollte nicht nur für deutsche Telefonkarten verkauft werden. Eine weltweite Vermarktung auch in anderen Segmenten wie zum Beispiel Geldkarten war das Ziel.

Als Günter Liebknecht sich bei mir meldete, hatten sich die kriminellen Probleme mit den Chipkarten in der Zwischenzeit potenziert. Inzwischen benutzten die Fälscher sogenannte Black Boxes. Die waren in der Lage, verbrauchte Karten wieder aufzuladen. Der Einstieg ins Geschäft war im Vergleich zu den Mikrocontrollern relativ teuer. Allein die Black Box kostete etwa 10 000 Mark. Ein Prüfgerät, das erkennt, ob die Karte aufladbar ist, schlug mit etwa 500 Mark zu Buche, und dann mussten noch weitere 6000 Mark für Software aufgebracht werden. Das Geschäft lohnte sich trotzdem. 2000 bis 3000 Mark täglich konnten mit dem Verkauf dieser aufgeladenen Karten verdient werden, Ermittler hielten sogar 5000 Mark für möglich. Absatzprobleme kannten die Fälscher nicht. Schleuserbanden sollen illegal eingereisten Ausländern ein Erste-Hilfe-Papier in die Hand gedrückt haben: Anlaufstellen für Asylbewerber, Adressenlisten für Unterkünfte – und Listen mit Namen von Telefonkartenhändlern. Für die Asylbewerber war es oft die einzige Möglichkeit, in die Heimat zu telefonieren. Weil sie in der Regel keinen Festnetzanschluss hatten, konnten sie auch nicht von den Billigtarifen profitieren. Mit den wieder aufgeladenen Karten wurden die Ferngespräche plötzlich erschwinglich – und diese Möglichkeit wurde intensiv genutzt.

Das war die Zeit, in der die Preise auf den Sammlermessen explodierten. Karten, die vorher für 30 Pfennig über den Tisch gingen, brachten plötzlich bis zu sieben Mark. Fälscherringe kauften sie im großen Stil auf. Die Motive auf den Karten interessierten sie nicht, sie brauchten lediglich die Chips, und zwar möglichst viele davon, weil sich nicht jeder Chip wieder aufladen ließ. Die Fälscher kauften die Karten kilo- und nicht stückweise. Die Sammler waren glücklich, aber den wahren Grund, warum ihr wertloses Plastik plötzlich Gold wert war, ahnte wahrscheinlich niemand.

Die Hersteller versuchten, ihre Chips gegen die Angriffe von außen zu verbarrikadieren, indem sie zum Beispiel einen Sicherheitscode integrierten, der verhinderte, dass eine leere Karte innerhalb der nächsten Wochen sofort wieder aufgeladen wurde. Die Fälscher erkannten das Problem und reagierten umgehend: Fortan blieb immer mindestens ein Restguthaben von einem Pfennig auf der Karte. So ging es immer hin und her. Kaum war eine neue Sicherheitssperre eingebaut, wurde sie umgangen.

»Auf dem Schwarzmarkt kursieren Siemens-Chips«, sagte Günter Liebknecht am Telefon. »Aber wir haben keine Ahnung, woher sie kommen.«

Wir verabredeten uns zum Mittagessen im Restaurant »Zum Spöckmeier« in der Münchner Rosenstraße. Mir passte das gut, denn ich war gerade für ein paar Tage aus Italien zum Tegernsee gefahren, um meine Mutter zu besuchen und zu schauen, ob auf der Schwaigeralm alles rundlief. Beim »Spöckmeier« ging es ähnlich rustikal zu wie bei meiner Mutter. Den Blick in die Speisekarte schenkte ich mir: Wenn ich aus Italien nach Deutschland kam, nahm ich immer Schweinebraten. So wie wir Bayern den machen, kann das in Italien kein Mensch. Und im Rest der Welt auch nicht.

Liebknecht kam schnell zur Sache. Ich sollte mich umhören. 200 000 Mark auf Erfolgsbasis. Kein Tagessatz, keine Spesen.

»Warum gehen Sie damit nicht zur Polizei?«, wollte ich wissen.

»Offiziell existiert dieses Problem gar nicht. Wir möchten darüber auch nichts in der Zeitung lesen. Wenn die Kripo offizielle Ermittlungen aufnimmt, lässt sich das aber nicht vermeiden.«

»Verstehe.«

Die hatten echt ein Problem.

Wo fängt man da an? Ich griff zum Telefon und rief etwa 20 Bar- und Diskothekenbesitzer zwischen Hamburg und Wien an. Die Frage war immer die gleiche: »Du, hör mal, wenn du irgendwie mitbekommst, dass bei dir im Laden Telefonkarten verkauft werden, sag doch mal dem Manni Bescheid.« Diese Leute sind ein wichtiger Bestandteil meines Netzwerkes. Das Nachtleben ist erstaunlich vielschichtig. Kellner, Mädchen, Barchefs und Inhaber nehmen den schweren Jungs die Beichte ab oder werden zufällig Zeuge, wenn Illegales gegen Bares den Besitzer wechselt. Vor ihnen verbirgt so schnell niemand etwas. Diese Leute haben ihren Laden im Blick und sind im Gegensatz zum Priester nicht zu absoluter Verschwiegenheit verpflichtet. Telefonkarten, das sagte mir mein Riecher, sind das perfekte Handelsgut für diesen Marktplatz. Die Mädchen kamen oft aus Osteuropa und wollten auch mal günstig mit der Mama daheim in Nowosibirsk oder Kiew telefonieren.

Es gab verschiedene Hinweise. Viele davon wertlos. Zur gleichen Zeit arbeitete ich für die Kripo Lübeck an einer Geschichte mit gestohlenen Autos, Baggern und Lastwagen im Bereich Bremen, Lübeck und Hannover. Dabei wurde mir V-Mann Fredi vorgestellt, ein windiger Hund, dem man nicht über den Weg trauen konnte. Eine richtige Ratte, wie Informanten gerne bezeichnet wurden. Irgendwann habe ich die Zusammenarbeit eingestellt, aber vorher erzählte er mir noch von einem Kollegen, der gefälschte Telefonkarten im Angebot hatte. Trotz meiner Skepsis erzählte ich einem Mann bei der Kripo von der Geschichte. Der war sofort hellauf begeistert und wollte den Typen unbedingt festnehmen: »Kauf die Karten, und wir schnappen ihn uns.«

Als mir Fredi am vereinbarten Treffpunkt sagte »Erst das Geld, dann die Karten«, war mir klar, dass die Sache nichts wird.

»Das muss ich erst mit meinem Boss besprechen.«

Ich ging zum versteckt wartenden Kripomann und kam mit dem Auftrag zurück, mich auf den Handel einzulassen. Ich legte die 1000 Mark aus und wartete darauf, dass Fredi mit den Karten zurückkam. Als er auch drei Stunden später nicht wieder auftauchte, brachen wir die Aktion ab. Später stellte sich heraus, dass Fredi einfach in die nächste Bar gegangen war und das Geld dort in Champagner und ein Mädchen investiert hatte.

Eine etwas vielversprechendere Spur führte nach München. Ich informierte meinen Freund Walter vom LKA. Walter ermittelte zwar nicht in der Sache, aber einen inoffiziellen Blick wollte er schon mal darauf werfen. Seine Leute lagen mit ihrer Kamera praktisch im Gebüsch, als ich meinen Mann am Bahnhof abholte und mit ihm in den »Augustiner Biergarten« ging – für mich der schönste in München und Umgebung. Unterwegs blickte der immer wieder hektisch umher, so dass ich ihm riet: »Du, schau net so. Du fällst doch bloß auf, wenn du zu viel schaust. Du tust doch nichts, oder?«

»Nein, nein, das ist schon gefährlich«, behauptete er. Wahrscheinlich wollte er damit nur den Preis hochtreiben. Der Mann wurde mir unsympathisch. Das änderte sich auch nicht, als er mir eine Telefonkarte unter einem Bierdeckel über den Tisch schob. Alberne Geheimniskrämerei. Der tat so, als würde er im »Dritten Mann« mitspielen.

»Ich muss die Karte jetzt erst testen«, sagte ich.

Aber er ruderte gleich zurück: »Ja, aber das geht nur bei bestimmten Telefonzellen. Dann nehme ich sie noch mal mit und lade sie auf.«

Thema erledigt.

Der entscheidende Anruf kam im März 1998. Manni, der Nachtclubbesitzer aus Leipzig, hatte Informationen für mich. Ich fuhr sofort hin. Nachtclubbesitzer gehören zu den Menschen, die nicht gern am Telefon plaudern, weil sie immer Angst haben, dass sie überwacht werden. Und da in fast jeder Bar ein paar krumme Dinger laufen, weil zum Beispiel ein Mädchen nicht richtig angemeldet ist, sind sie immer bemüht, den Behörden auch mal ein paar wertvolle Hinweise zu liefern. Dafür wird dann bei anderen Sachen mal ein Auge zugedrückt.

Manni war inzwischen fast ein Freund geworden. Er bewegte sich schon seit Jahrzehnten souverän durchs Rotlichtmilieu, ohne je einen ernstzunehmenden Kratzer abbekommen zu haben. Ein Kollege aus Düsseldorf hatte ihn angerufen und ihm erzählt, dass er was für ihn habe. Eines seiner Mädchen hatte ihm von günstigen Telefonkarten erzählt. Geistesgegenwärtig war er sofort darauf eingestiegen: »Ich brauche auch welche.« So kam der Kontakt zustande.

Die Fälscher waren nach Düsseldorf gekommen, und er hatte ihnen Mannis Laden genannt. Dort trafen wir uns.

Ich machte mich allein auf den Weg dorthin, während die Fälscher mit dem Taxi kamen. Das mussten Profis sein, denn nur Amateure geben sich die Blöße, ihre Identität per Autokennzeichen preiszugeben. Auch Nachnamen und private Telefonnummern werden bei solchen Treffen nie genannt oder ausgetauscht. Zwar gab es bereits die ersten Handys, aber der Kontakt wurde indirekt über die Nachtclubs gehalten. Eine Festnetznummer verriet nicht nur die Stadt, sondern oft auch den Stadtteil. Wer zu viel wissen will, hat meist schlechte Absichten. Heute ist das alles mit Einfach-Handys und Prepaid-Karten sehr viel einfacher.

Die Fälscher waren zu zweit, trugen Anzüge und Krawatte und waren etwa 40 Jahre alt. Alles an ihnen wirkte schick und teuer, ohne dass sie auffällige Accessoires wie eine dicke Rolex trugen. Also hatte ich es hier schon mal nicht mit Luden oder Kleinkriminellen zu tun. Die beiden Männer waren so zurückhaltend angezogen, dass sie wirklich auch als Geschäftsleute durchgingen, die nicht mit gefälschten Telefonkarten handelten. Das bedeutete, dass ich hier vielleicht endlich auf der richtigen Spur war. Sie sprachen sehr gutes Deutsch, kamen aber aus dem Ostblock: »Guten Tag. Ich bin Vlaček.« Manni stellte mich als seinen Geschäftspartner vor. *Geschäftspartner* war in dieser Szene die übliche Bezeichnung. Wer auch immer ich war, ich hatte Geld und konnte Geschäfte machen. Deswegen war ich hier. Ich wollte diese Telefonkarten.

Wir kamen ziemlich schnell zur Sache. Vlaček öffnete seine Aktentasche aus weichem Leder und zeigte mir etwa 30 Karten. Ich nahm eine Karte in die Hand und schaute sie mir genau an. Sie war perfekt, ohne jegliche Anzeichen von Manipulation. Die Karte sah aus wie frisch aus dem Kiosk.

»Was sollen die kosten?«

»Für 18 Mark das Stück kannst du sie haben.«

»Ich brauche aber mehr, viel mehr«, antwortete ich, kaufte ihnen ein paar Karten ab und verabredete mit ihnen ein zweites Treffen auf dem Flughafen in München. Dort sollte Vlaček mir dann zeigen, dass er nicht nur eine Handvoll Karten auf Lager hatte, die sonst nämlich auch aus einem Kiosk-Einbruch stammen könnten.

Liebknecht war begeistert.

»Was glauben Sie? Könnte das eine heiße Spur sein?«

»Ich bin mir fast sicher und habe da ein sehr gutes Gefühl. Das war kein Wichtigtuer. Der wusste, wovon er redet und was er hat.«

»Beim nächsten Treffen will ich unbedingt dabei sein.«

Da kam wohl wieder der alte SEK-Mann in ihm durch.

Anfang Mai 1998 war es so weit. Mit Vlaček hatte ich mich um zwölf Uhr im Hilton am Flughafen verabredet. Um neun Uhr sah ich Liebknechts Nummer auf meinem Handy-Display. »Ich kann nicht dabei sein. Ich bin krank.« Wie bitte? Krank? Vor so einem Treffen wird man nicht einfach krank. Was sollte das für eine Krankheit sein? Ich hätte mich auch mit Fieber hingeschleppt. Der drückte sich doch nicht etwa? Aber warum? Mir fiel beim besten Willen kein plausibler Grund ein. Wenn irgendwo größere Mengen Mikrochips »vom Band fielen«, dann musste er als Sicherheitschef für diesen Bereich doch alles in Bewegung setzen, um den Grund dafür zu erfahren. Und vor allem musste er sicherstellen, dass das in Zukunft nicht mehr passieren konnte. Dafür wurde er schließlich bezahlt. Ich konnte mir auch nicht vorstellen, dass Liebknecht sich vor meiner Honorarzahlung drücken wollte. 200 000 Mark waren nichts im Vergleich zu dem Schaden, der mit den gestohlenen Chips schon jetzt angerichtet worden war. In Relation dazu war das üppige Honorar mehr als gerechtfertigt und ohne Frage auch üblich in der Branche. Das alles wusste er, und trotzdem war er »krank«.

»Haben Sie sich bei Ihrem Hausarzt einen gelben Schein besorgt, oder wie soll ich das verstehen? Das kann doch nicht Ihr Ernst sein!«

»Es geht wirklich nicht.«

Dann legte er auf.

Ich überlegte, was zu tun sei. Fakt war, dass ich einen vielversprechenden Zugang zu einer Fälscherbande hatte, die möglicherweise für Schäden in Millionenhöhe verantwortlich war. Mein Rechtsempfinden und mein Geschäftssinn signalisierten mir, dranzubleiben. Die 200 000 Mark wollte ich nicht so einfach abschreiben. Es stand nirgendwo geschrieben, dass Liebknecht dabei sein musste, wenn ich die Karten in Empfang nahm. Also steckte ich mir 15 000 Mark in die Tasche und beschloss, allein zum Flughafen zu fahren.

Dieses Mal hatte Vlaček einen asiatisch aussehenden Mann dabei. Der öffnete eine Tasche, in der ungefähr 600 Karten aus der Reihe »Junge Kunst auf Telefonkarten« lagen und – ich war wie elektrisiert – völlig unbedruckte Karten. Karten ohne Aufdruck durfte es offiziell gar nicht geben, denn bei der streng überwachten Produktion mussten die Kartenrohlinge zwingend in einem Arbeitsgang bedruckt und mit Geld aufgeladen werden. Sollten sich diese Karten als funktionstüchtig entpuppen, war das der sichere Beweis für eine Fälschung.

»Du siehst, Karten haben wir genug. In welcher Größenordnung willst du investieren? Wenn du willst, kannst du mehr als eine Million haben.«

Ich legte mein Geld auf den Tisch: »In diesem Umschlag sind 15 000 Mark. Ich brauche jetzt noch einmal acht Karten. Wenn die auch okay sind, nehme ich 100 000. Die 15 000 Mark können wir dann mit der Lieferung verrechnen.«

»Abgemacht, greif zu«, sagte Vlaček.

Ich suchte mir wahllos acht Karten aus der Tasche, viermal bedruckt, ebenso oft blanko. Diese Vorgehensweise kannte ich von großen Koksdeals. Erst einmal hat der Käufer die Gelegenheit, den Stoff zu testen. Dazu wurde eine entsprechende Menge zur Verfügung gestellt. Ich hatte bei den acht Karten in der Tasche genauso die Wahl wie der Kokstester. Dem sagt auch niemand: »Du musst hier was vom Rand probieren, in der Mitte ist nämlich nur Puderzucker.« Ich konnte mich davon überzeugen, dass Vlaček reichlich gefälschte Karten hatte, und er wusste – oder glaubte zu wissen –, dass er es nicht mit einem V-Mann oder Polizisten zu tun hatte. Denn die Anzahlung war schon ein deutlicher Vertrauensbeweis von meiner Seite. Ein Polizist hätte ihm nie so viel Geld einfach so überlassen. Gleichzeitig hatte er die Sicherheit, dass ich es ernst meinte. Bei Kartenabnahmen in dieser Größenordnung war klar, dass die nicht nur an meine engere Verwandtschaft gingen. Ärgerlich war nur, dass ich die 15 000 Mark aus eigener Tasche vorschießen musste, weil Liebknecht plötzlich krank geworden war.

Erwartungsgemäß waren die Karten nach meiner ersten Überprüfung einwandfrei und wiesen alle ein Guthaben von 50 Mark aus. Jetzt kam es nur noch darauf an, dass sie tatsächlich gefälscht waren. Aber das musste Siemens selbst überprüfen. Und dafür brauchte ich Liebknecht. Er konnte zwar nicht ewig krank sein, dafür aber sehr lange. Länger als einen Monat stellte er sich taub. Immer wieder versuchte ich, ihn zu erreichen. Glaubte er wirklich, die Sache könne er jetzt einfach aussitzen? Schließlich setzte ich ihm schriftlich eine Frist. Mitte Juni meldete er sich.

»Sieht so aus, dass ich die Karten habe.«

»Sie haben funktionstüchtige Telefonkarten mit geklauten Chips?«

»Ja.«

Wir trafen uns am 25. Juni 1998 in Gut Kaltenbrunn am Tegernsee, einem der schönsten Plätze am See. Liebknecht wirkte zerknirscht und war auch nicht in der Laune zu plaudern. »Ob die Chips gefälscht oder geklaut sind, weiß ich nicht. Das müssen Ihre Techniker klären. Auf jeden Fall funktionieren sie«, sagte ich und legte ihm eine der unbedruckten Karten auf den Tisch. Der Prüfung sah ich gelassen entgegen. Ich war mir ganz sicher, dass Vlaček kein Spinner, sondern ein Großkrimineller war.

Jetzt blieb nur noch die Frage, wie sie hergestellt worden waren. Theoretisch gab es die Möglichkeit, dass der Chip von einer ganz normalen Karte abgelöst und dann auf einen nackten Rohling aufgeklebt worden wäre.

Meine Heimat zeigte sich von ihrer schönsten Seite. Der See glitzerte friedlich im Frühsommerlicht. Mir gegenüber saß der Sicherheitschef für die Chipproduktion bei Siemens. Wahrscheinlich hatte er gerade den unbestreitbaren Beweis dafür erhalten, dass er seinen Laden nicht im Griff hatte. So ein richtiger Sympathieträger war Liebknecht noch nie gewesen, aber jetzt tat er mir fast ein bisschen leid.

Eine Woche hatte Liebknecht Zeit, die Karte untersuchen zu lassen, auch das war Teil unserer Vereinbarung. Während ich auf das Ergebnis wartete, entstanden im Hause Siemens Papiere mit dem Stempel »VERTRAULICH« und »CONFIDENTIAL«, die mir zugespielt wurden und mit denen ich ganze Kapitel füllen könnte. Die Prüfung ergab: Der Chip war eindeutig ein M1332 Eurochip von Siemens. Dem Modul, vergleichbar mit einem Rahmen, in dem der Chip befestigt ist, bescheinigte der Experte: »Professionelle Herstellung; höchstwahrscheinlich auf Original-Equipment von SOLIAC! Material und Maße sind identisch.« Bei der Karte notierte er: »Semi-professionell: Papierkarte, 3-lagig, davon 2 Lagen mit Vorstanzung für die Modul-Aufnahme. Material wird u. a. in der Verpackungsindustrie (=> Milchtüten) verwendet. Die Kaschierung erfolgt ähnlich der TETRAPACK [sic!]-Technologie. Kann Kaufteil sein.«

Weniger gut beurteilte er die Arbeitsweise der Fälscher beim Aufkleben des Chips: »Implanting wurde in der ›Garage‹ durchgeführt; Kleber ungenau dosiert. Chemische Anlösung des Globe Tops durch den Kleber (=> Rotfärbung in der Karte). Als Equipment werden ein Handknacker, eine manuelle Dosier-Pipette und ein Andruckstempel benötigt; im Handbetrieb ist ein Takt von 5–10 sec. denkbar.«

Siemens zahlte mein Honorar am 23. Juli 1998 per Scheck an meinen Anwalt in Rottach-Egern.

Das Ergebnis dieser Untersuchung barg Sprengstoff. Liebknecht hatte einen triftigen Grund, zusammen mit mir danach zu forschen, woher Chips und Codes kamen – eigentlich. Denn was in den folgenden Monaten und Jahren passierte, füllt bei mir zwei dicke Aktenordner. Mit der Deutschen Telekom, Siemens und Infineon standen drei DAX-30-Unternehmen im Ring, außerdem die Staatsanwaltschaft München I, Vlaček und seine Bande sowie ich, der am Anfang noch ganz naiv geglaubt hatte, hier ginge es tatsächlich darum, dem organisierten Verbrechen die Stirn zu bieten.

Als ich einen ersten Einblick in die unterschiedlichen Interessenlagen bekam, agierten Siemens und Infineon noch unter einem Konzerndach, und der Münchner Staatsanwalt Andreas Harz stocherte zu dem Zeitpunkt noch völlig im Nebel. Er wusste nur, dass es ein Problem mit gefälschten Karten gab.

Günter Liebknecht redete das Problem bei unserem nächsten Treffen klein. Auf der einen Seite hatte Siemens zwar erkannt, dass die gefälschte Karte mit dem Eurochip I aus gut strukturierten kriminellen Kreisen stammte, auf der anderen

Seite durfte das Unternehmen hoffen, dass mit dem neuen Eurochip II, der im August 1998 auf den Markt kam, das Problem vom Tisch sei.

Eigentlich hätte ich zufrieden sein können, denn ich hatte meinen Job gemacht und dafür meinen Scheck bekommen. Für mich blieb die Frage, wie Vlaček an die Karten gekommen war. Ich würde einen schlechten Job machen, wenn ich auf halber Strecke stoppte. Hier war schließlich noch viel mehr zu holen. Theoretisch hätte ich mich jetzt einfach mit dem Sicherheitschef der Telekom in Verbindung setzen können, aber ich bin loyal. Deswegen drängte ich darauf, eine neue Vereinbarung mit Liebknecht zu schließen.

Daraufhin machte er mir ein lächerliches Angebot, und dessen war er sich wohl auch bewusst. Im gruseligsten Juristendeutsch bot er mir 50 000 Mark für den Fall, dass ich »den Namen mindestens einer Person [ermittele], die mittelbar oder unmittelbar, durch aktives Handeln oder Unterlassen, an der Herstellung und/oder Vertreibung von Telefonkarten-Falsifikaten für das Betriebsnetz der Deutschen Telekom AG beteiligt ist und zu dem vom Informationsnehmer [*Anm.: Günter Liebknecht*] vertretenen Unternehmen gehört«.

50 000 Mark waren für diesen Auftrag ein Witz. Liebknecht wusste genau, dass ich mich bei den Recherchen in Lebensgefahr begeben würde. Hier ging es um so viel Geld, dass ein Mann wie Vlaček nicht lange zögern würde, mir einen Killer auf den Hals zu hetzen. Über meinen Anwalt Hubert Platt hakte ich deswegen direkt in der Konzernzentrale nach.

Die Türen blieben verschlossen, und schnell wurde mir klar, dass hier massiv gemauert wurde, offenbar auf Anordnung von ganz oben.

Parallel zu meinen vergeblichen Versuchen, bei der Konzernleitung ein offenes Ohr zu finden, beschloss ich – wie schon bei der Übergabe am Flughafen –, auf eigene Faust weiterzuermitteln. Immerhin wusste ich, bei wem ich ansetzen musste. Das Problem war nur – wie eingangs beschrieben –, dass ich mich zu lange nicht bei Vlaček gemeldet hatte. Ich konnte mich bei ihm nicht mehr blicken lassen. Im besten Fall glaubte er, man hätte mich wegen eines anderen Delikts eingebuchtet, so dass ich meine ausstehenden Karten nicht hatte abholen können. Wenn ich Pech hatte, hielt er mich für einen Spitzel oder V-Mann. Einen von der beschränkten Sorte. Er konnte schließlich nicht wissen, wie sicher er sich fühlen konnte. Denn solange die Staatsanwaltschaft nicht Wind von der Geschichte bekommen hatte, würde kein Polizist der Welt wegen der Karten nach ihm fahnden, und niemand bei Siemens würde Anzeige erstatten. Das wusste Vlaček aber nicht. Wenn ich aber wieder aufgetaucht wäre, hätte er entgegen seiner Gewohnheit viele Fragen gestellt. Das konnte ich nicht riskieren. Deshalb hatte Mossi an dieser Stelle übernommen.

Um ins Geschäft zu kommen, hatte Mossi fast von vorne beginnen müssen. Über Manni in Leipzig nahm er Kontakt auf. Damit möglichst keine Verbindung zu mir entstehen konnte, traf er sich mit Vlaček nicht wie ich in München, sondern machte Hamburg zum Treffpunkt. Kontakt hielten sie über den Münzfernsprecher der »Hofklause«. Immer freitags und samstags am frühen Abend konnte man Mossi dort gut erreichen. War er nicht da, ließ er es über die Wirtsleute Walter und Marion ausrichten. Diese Vorgehensweise sollte sich noch als schwerer Fehler herausstellen.

Es gelang Mossi schnell, sich ins Vertrauen dieser Leute zu mogeln. Er verkaufte sich als einen Mann, der allerbeste Kontakte zu türkischen Großhändlern hat: »Mit meinen Karten telefoniert die halbe Türkei.« Es gibt Milieus, in denen so ein Satz nicht etwa peinlich ist, sondern Eindruck schindet. Mossi war in Vlačeks Augen eine große Nummer. Das Spiel konnte erneut beginnen. Runde zwei.

Im November 1998, also zu der Zeit, als im Siemens-Vorstand geschwiegen wurde, hatte Mossi von Vlaček Karten mit dem neuen Eurochip II bekommen. Da waren die neuen Chips gerade mal seit vier Monaten auf dem Markt. Was war da bloß los? Wir schrieben noch einmal an die Siemens-Leute, die aber wie erwartet nicht reagierten, und setzten uns dann mit der Deutschen Telekom in Verbindung. Es wollte mir nicht in den Kopf, dass niemand Interesse daran hatte, diese kriminellen Machenschaften zu stoppen. Ich bat meinen Anwalt allerdings, meine Identität noch nicht preiszugeben.

Die Telekom schickte mit Klaus Trzeschan, dem Abteilungsleiter für Konzernsicherheit, einen ihrer routiniertesten Schnüffler. Trzeschan trug eine dioptrinstarke Brille, einen blonden Flaum, Polohemd und Jeans und war eigentlich ein völlig unauffälliger Typ. Seit Jahrzehnten arbeitete er für den Konzern und schaffte es offiziell bis zum Fernmeldeoberamtsrat. Er rühmte sich seiner Kontakte zur Konzernspitze, und seine Methoden waren mitunter rabiat.

Trzeschan und ich trafen uns auf der Autobahnraststätte Holzkirchen an der A8 zwischen München und Rosenheim. Ich war mit meinem Anwalt gekommen, Trzeschan hatte seinen Münchner Statthalter, den bayerischen Sicherheitschef Ludwig Wagner, dabei. Meine wahre Identität kannte Trzeschan offenbar noch nicht, was ihn wohl von Berufs wegen ärgerte. Das veranlasste ihn dazu, kurz nach dem Treffen meinen Anwalt aufzusuchen, ihm einen Fotoabschuss von der Raststätte auf den Tisch zu knallen und ganz direkt zu fragen: »Ist dieser Mann Josef Resch?«

Als er dann wusste, mit wem er es zu tun hatte, schien einer Zusammenarbeit aus seiner Sicht offenbar nichts mehr im Wege zu stehen. Trzeschan arrangierte einen neuen Termin zwischen Ludwig Wagner und mir. Dieses Mal ohne Fotografen. Zwei Tage, am 4. und am 5. August 1999, saßen wir jeweils vier Stunden in Rottach-Egern zusammen. Ich zeigte ihm eine kleine Auswahl der gefälschten Karten, die er auch elektronisch auslesen durfte. Er ging im Gespräch davon aus, dass die neuen Halbleiter fälschungssicher seien. Doch was, wenn er sich irrte? Wir waren bereit, weiter nachzuforschen – doch das hatte seinen Preis.

Aber sie spielten ein doppeltes Spiel mit mir. Spätestens nach unserem ersten Treffen auf der Autobahnraststätte hatten die Telekom-Leute sich vertrauensvoll an Staatsanwalt Andreas Harz gewandt, der mit Ludwig Wagner nach eigener Aussage »seit einigen Jahren in den vielen anhängigen Verfahren zum Nachteil der Deutschen Telekom AG so etwas wie eine institutionalisierte Zusammenarbeit« betrieb – was auch immer das heißen mag. Wagner erzählte ihm, dass ein ihm namentlich nicht bekannter Informant von der Existenz dieser Karten berichtet habe. Daraufhin hatte die Telekom offiziell bei Siemens nachgefragt, ob an der Behauptung was dran sei. Die Siemens-Leute wollten das nicht bestätigen.

Die Telekom-Taktik war nicht schlecht. Sie hatten offenbar wenig Interesse, mir ein hohes Honorar zu zahlen, wollten aber auch nicht einsehen, dass Vlaček sein Spiel unbehelligt weitertrieb.

Staatsanwalt Harz ging die Sache clever an. Er ahnte, dass Siemens eine Anfrage von seiner Seite genauso bockig beantworten würde wie von Seiten der Telekom. Seinen Plan formulierte Harz wie folgt: »Es galt daher, zunächst die Informationen zur Frage der möglichen Diebstähle so weit zu vertiefen, dass Siemens auf eine mögliche Nachfrage hin nicht in der Lage gewesen wäre, die Anfrage einfach abzuwimmeln.«

Er brauchte Beweise, und ich war der Einzige, der welche hatte. Ich bekam eine Vorladung, und wenn ein deutscher Staatsanwalt anruft, darf man ohne Diplomatenstatus nicht einfach auflegen. Genau einen Monat nach meinem Treffen mit Ludwig Wagner saß ich zusammen mit meinem Anwalt bei Staatsanwalt Andreas Harz. Es wurde ein schwieriges Gespräch, oder, um es in Harz' Worten auszudrücken: »Die Vernehmung selbst verlief ausgesprochen konfliktbelastet.«

Ich machte ihm von Anfang an klar, dass ich wenig Lust hatte, hier als Zeuge zu Justizpreisen auszusagen und damit meins, das Leben meiner Familie und das meiner Mitarbeiter aufs Spiel zu setzen. Es begann ein juristisches Gerangel, in dessen Mittelpunkt die Frage stand, ob ich zu einer Aussage gezwungen werden konnte oder nicht. Ausgang: offen. Spätestens aber als er meine Integrität in Frage stellte, platzte mir der Kragen. Ich gab ihm eine Liste von Polizeibeamten, bei denen er sich über mich erkundigen könne. Zeugenvernehmung vorerst beendet.

Harz telefonierte dann tatsächlich und erfuhr, dass mir »ein teils zwar etwas schwieriges Kooperationsverhalten«, aber eben auch »eine hohe Vertrauenswürdigkeit« bescheinigt wurden. Na gut, manchmal bin ich eben ein bisschen cholerisch, aber das ist im Laufe der Jahre schon besser geworden. Trotzdem hielt Staatsanwalt Harz sich in den nächsten Wochen erstaunlicherweise sehr bedeckt. Der Schriftwechsel mit den Telekom-Leuten wurde dagegen intensiver. Und sie hielten Harz auf dem Laufenden. Vielleicht hatten sie festgestellt, dass sie mit Druck bei mir nicht viel erreichen konnten. Das Problem hatten sie trotzdem, und sie mussten es lösen.

Mir schien das ein guter Augenblick zu sein, um das Heft des Handelns wieder in die eigenen Hände zu nehmen. Ich informierte Wagner, dass es einen neuen Kontakt zu den Fälschern gab. Sie wussten ja noch nicht, dass ich Mossi längst eingeschleust hatte. Wir verabredeten uns bei meinem Anwalt in Rottach-Egern am Tegernsee. Harz war nicht dabei, dafür tauchte Telekom-Soldat Klaus Trzeschan wieder auf. Mossi wartete draußen im Auto.

Doch dann passierte in dieser Runde am Tegernsee etwas, was selbst Mossi kurz aus der Fassung brachte. »Bringen Sie uns 10 000 Karten. Davon sollen aber 1000 Karten dieselbe Identifikationsnummer haben«, lautete der Auftrag. »Wenn Ihnen das gelingt, bekommen Sie Ihr Honorar. Aber wir werden keinen schriftlichen Vertrag machen.«

»Wollen die mich umbringen?«, fragte Mossi, als ich ihm im Auto von dem Vorschlag erzählte. »Was soll der Schwachsinn? Wer braucht 1000 Karten mit derselben Identifikationsnummer? Eine Telefonkarte hat nur einen Sinn: Man will damit billig telefonieren. Wenn ich Falschgeld bestelle, bestehe ich doch auch nicht darauf, dass alle Scheine die gleiche Nummer haben. Das macht doch überhaupt keinen Sinn.« Mossi hatte Recht.

Es sprach für Mossis Unerschrockenheit, dass er mit diesem Auftrag am 29. Januar 2000 trotzdem über Brüssel nach Prag flog.

Gut drei Wochen später – Mossi war am Nachmittag nach dem eingangs erwähnten denkwürdigen Abend im Lávka zurückgeflogen – fuhr er am Samstagvormittag mit seinem fünf Jahre alten, beigefarbenen Mercedes 300 durch Travemünde. In dem Ostseebad war es lausig kalt an diesem 19. Februar 2000. Nur vier Grad zeigte das Thermometer an. Die ganze Woche schon war es dunkel und regnerisch gewesen. Travemünde ist mit seinen etwas mehr als 13 000 Einwohnern nicht besonders groß. Im Ortskern findet man viele enge Einbahnstraßen und 30er-Zonen. Dieser menschenleere Tag im Februar war keine gute Zeit, um hier Personen zu beobachten, besonders dann nicht, wenn die zu beobachtenden Menschen von Natur aus aufmerksam waren. Mossi glaubte im ersten Moment an eine Erscheinung, als er etwa hundert Meter von sich entfernt in einem Hauseingang an der Kurgartenstraße einen Mann entdeckte, der in Travemünde absolut nichts verloren hatte. War das etwa Vlaček? Bevor er diesen absurden Verdacht überprüfen konnte, war der Mann bereits im Haus verschwunden. Und hatte Mossi den nagelneuen schwarzen Siebener am Straßenrand nicht vorhin schon woanders gesehen?

Abends wollte Mossi mit seiner Verlobten Janina auf die Piste. Aber wie das so ist, er hatte schon um 20 Uhr keine Lust mehr, zu Hause auf dem Sofa zu sitzen. Janina war noch nicht fertig, oder besser: Sie hatte noch nicht einmal damit angefangen, fertig zu sein. Außerdem war es ihr viel zu früh, das Haus zu verlassen. Für Mossi kein Problem, auch wenn er nicht der Typ war, der die Wartezeit auf der Bettkante verbrachte, um sich von Garderobenproblemen grundsätzlicher Art belästigen zu lassen. In manchen Dingen ist Mossi ein eher klassisch strukturierter Mann. »Ich warte dann in der ›Hofklause‹ auf deinen Anruf.«

Er setzte sich in seinen Mercedes und machte sich auf den Weg ins Zentrum, als er erneut den schwarzen BMW sah, der direkt hinter ihm fuhr. Als Mossi seinen Wagen auf das Parkdeck zwischen Deutscher Bank an der Vorderreihe und Kaufhaus Matzen an der Kurgartenstraße lenkte, fuhr der BMW weiter Richtung Wasser.

Zwei Stunden wartete Mossi in der »Hofklause«, bis Janina per Handy signalisierte, sie sei startklar. Zu diesem Zeitpunkt hatte er zwei kleine Biere intus. Wären es mehr geworden, hätte er wie immer ein Taxi mit einem zweiten Fahrer bestellt, der seinen Mercedes nach Hause fahren würde. Eine glückliche Fügung des Schicksals, wie sich nur wenige Minuten später herausstellen sollte.

Mossi zahlte und ging auf die Straße. Der BMW war verschwunden, weit und breit war kein Mensch zu sehen. Auch oben auf dem kleinen Hochparterre des Autodecks mit seinen 16 Plätzen konnte er nichts Verdächtiges entdecken. Nur drei andere Autos standen noch dort. Weil das Schloss auf der Fahrerseite kaputt war, bediente Mossi die Zentralverriegelung über das Schloss der Beifahrerseite. Dann ging er um den Wagen herum zur Fahrertür. Als er die öffnete, bemerkte er einen ungewohnten Widerstand und wurde stutzig. Vielleicht hätte er nicht drüber nachgedacht, wenn da nicht schon den ganzen Tag dieses komische Gefühl gewesen wäre. Dieser Mann, der von weitem aussah wie Vlaček, und der dunkle BMW. Vorsichtig tastete er mit der linken Hand durch den schmalen Spalt der etwas geöffneten Fahrertür in den Wagen und fühlte einen am Türgriff befestigten Draht, der da nichts verloren hatte. Er wollte der Sache auf den Grund gehen und drückte die Tür mit seiner Schulter ein kleines bisschen weiter auf. Plötzlich hörte er ein vertrautes Schnapp-Geräusch. Mit einem Satz sprang Mossi hinter die kleine Mauer, die die Parkplätze begrenzte, presste sich flach auf den Boden und begann zu zählen. 21, 22, 23, 24 … doch es passierte nichts.

Mossi hatte in seinem Leben schon viele Handgranaten gezündet. Er wusste ziemlich genau, wie lange es vom Splintziehen bis zur Detonation dauert. Die Zeit war eigentlich abgelaufen. Fast kam er sich in seiner Schutzposition hinter der kleinen Mauer ein bisschen albern vor. Was würde passieren, wenn jetzt ein anderer Autofahrer kam, der seinen Wagen abholen wollte und ihn da liegen sah? Wahrscheinlich würde er ihn für ein frühes Opfer der Nacht halten. Sturzbetrunken. Um 22 Uhr.

In dem Moment, in dem Mossi seinen Kopf auf die andere Seite drehte und aufstehen wollte, um sich den Dreck von den Klamotten zu klopfen, knallte es. Der extrem kurze, trockendumpfe Knall einer Granatenexplosion. Es regnete Papier, Blech- und Kleinteile auf den Asphalt. Eine russische Spreng-Splitter-Handgranate vom Typ F 1 hat offenbar eine andere

Vorlaufzeit als die Modelle, mit denen Mossi beim SEK M gearbeitet hatte. Seine Ohren protestierten mit einem heftigen Rauschen gegen den ungeschützten Knall. Langsam rappelte er sich auf, atmete tief durch und grinste. Eine Woche vor seinem 36. Geburtstag war er dem Tod noch mal von der Schippe gesprungen.

»Adrenalin ist meine Droge«, sagte er Tage später zu mir, »aber das war knapp vorbei an einer Überdosis. Nicht einmal vier Wochen haben die nach meiner Bestellung in Prag gebraucht, um mir in Travemünde ein Heizkissen unter den Sitz zu legen.«

Die Anwohner hatten von dem Knall fast nichts mitbekommen. Hier und da wurde ein Fenster geöffnet, aber es war nicht so wie im Film, wo praktisch Sekunden nach einer Explosion die Szenerie in Blaulicht ertrinkt. Mossi stand mutterseelenallein auf dem Parkdeck und begutachtete den Schaden. In seinem Benz klaffte ein riesiges Loch. Wäre der Anschlag nach Plan verlaufen, würde auf die Lübecker Kripo jetzt eine ziemliche Schweinerei warten und der Gerichtsmediziner hätte ein 500-Teile-Puzzle auf dem Tisch.

Benommen torkelte Mossi das Parkdeck runter auf die Kurgartenstraße, wo er auf den Juwelier traf, der in der Nachbarschaft sein Geschäft hatte. Dort war schon so oft eingebrochen worden, dass er nach dem Rechten sehen wollte, als er den Knall gehört hatte. »Alles in Ordnung bei Ihnen?«, fragte ihn der Juwelier. Mossi rieb sich die Ohren. Der Knall hatte ihn fast taub gemacht. Er schüttelte den Kopf. »Nein, mein Auto ist gerade in die Luft geflogen.«

Der Juwelier alarmierte sofort die Polizei, die zunächst nur mit einem Streifenwagen anrückte. Die Angabe, dass zwischen Vorderreihe und Kurgartenstraße ein Bombenanschlag auf einen Privatwagen verübt wurde, hatten sie vermutlich erst einmal als sehr unglaubwürdig verbucht. Sie fühlten sich wahrscheinlich bestätigt, als sie eintrafen und zunächst nur den äußerlich unversehrten Mossi neben lauter unbeschädigten Autos sahen. »Da oben steht er. Ihr müsst aufs Parkdeck gehen.«

»Ach du Scheiße«, sagte der Streifenbeamte, als er oben in den Krater blickte. »Hier hat's ja richtig gekracht.«

Und dann bekam alles eine Dynamik, die so gar nicht zu einem Februarsamstag in Travemünde passte. Krankenwagen, weitere Streifenwagen, und als die Polizei einen Feuerlöscher unter einem der anderen parkenden Autos entdeckte, musste auch noch das Munitionsräumkommando aus Kiel anrücken, da es womöglich eine zweite Bombe gab. Die beiden Straßen wurden weiträumig gesperrt und evakuiert. In Unterhosen und Pyjamas standen die Anwohner auf der Straße, bis ein herbeigerufener Bus der Lübecker Verkehrsbetriebe sie einsammelte und auf einem kalten, aber weit genug entfernten Stellplatz zwischenparkte.

Tatsächlich handelte es sich lediglich um Mossis unter dem Fahrersitz befestigten Feuerlöscher, der bei der Explosion durch das Loch im Wagenboden herausgeschleudert worden war. Doch bevor das Munitionsräumkommando Entwarnung geben konnte, vergingen Stunden.

Mossi bekam ein Einzelzimmer im Krankenhaus, zwei Streifenpolizisten saßen zu seiner Sicherheit mit in seinem Zimmer. Das Krankenhaus lag damals noch auf der anderen Seite der Trave, auf dem Priwall. Der Rettungswagen hatte mit der Fähre übersetzen müssen. Mossi rief seinen Bruder an, der sofort zu Janina fahren sollte, um sie aus der Wohnung zu holen. Er hatte Angst, dass ihr etwas passieren könnte. Kurz darauf kam auch Mossis Schwester ins Krankenhaus, die damals nicht weit entfernt von der »Hofklause« an der Kurgartenstraße wohnte. Mossi selbst stand immer noch etwas unter Schock.

Janina fiel ihm sofort in die Arme, weinte. »Ist dir wirklich nichts passiert?«

»Nein, alles gut, aber wir werden einen neuen Wagen brauchen.«

Die Beamten schrieben jedes Wort mit, sagten aber nichts. Mossi wurde das Gefühl nicht los, dass sie ihn mehr bewachen als beschützen sollten. Als schließlich zwei Kripobeamte eintrafen, machten diese keinen Hehl aus ihrer Vermutung, dass die Bombe eine Rechnung aus dem Rotlichtmilieu war. Ihrer Meinung nach musste Mossi ein Dealer oder ein Zuhälter sein, weshalb sie ihn sofort zum Verhör mit auf das Polizeirevier nehmen wollten. Sein Gesundheitszustand lasse das zu. Dass Mossi außer seiner Unterhose nichts zum Anziehen hatte, war ihnen egal.

Wir waren zwar wirklich gut mit der Lübecker Kripo verdrahtet, aber mit diesen beiden Nachwuchsermittlern hatten wir noch nie das Vergnügen gehabt. Sie schienen mit der Situation völlig überfordert. Als Mossis Schwester vorschlug, schnell mit der Fähre zurück nach Travemünde zu fahren und ein paar Klamotten aus seinem Schrank zu holen, waren sie zunächst einverstanden. Mossis Bruder intervenierte jedoch mit einem berechtigten Einwand: »Spinnt ihr? Was ist denn, wenn da in der Zwischenzeit auch eine Bombe deponiert wurde?«

»Stimmt, das haben wir gar nicht bedacht. Wir schicken einen Wagen vorbei.«

Die Streife, die von den Vorkehrungen, die im Falle einer möglicherweise notwendigen Bombenentschärfung zu treffen waren, offensichtlich keine Ahnung hatte, fuhr lediglich am Haus vorbei, meldete über Funk, dass »kein Licht im Haus« sei, und drehte dann wieder ab. Hatten die ernsthaft erwartet, da würde sich ein tschechischer Bombenleger ins hellerleuchtete Wohnzimmerfenster stellen? Diese Vorgehensweise machte uns sprachlos, und wir beschlossen, dass Mossi Travemünde so schnell wie möglich verlassen musste. Die Vernehmung musste er zunächst allerdings noch hinter sich bringen. Die Beamten gingen nach wie vor von einer Abrechnung im Milieu aus. Bestätigt hat mir das später eine Freundin von der Lübecker Kripo. Als in der Anschlagsnacht über den Polizeifunk Nachfragen kamen, was da eigentlich los sei, hieß es: »Da haben die versucht, einen Luden in die Luft zu jagen.«

»Ich gebe Ihnen jetzt mal die Telefonnummer von Staatsanwalt Andreas Harz in München«, sagte Mossi den Beamten auf dem Revier. »Wenn Sie den anrufen, wird er Ihnen sagen, dass das alles hier eine Nummer zu groß für Sie ist.«

Mossi war sichtlich genervt von den Beamten und der ganzen Situation. Die Männer sahen sich fragend an und waren offenbar irritiert von seinem selbstbewussten Auftreten. Luden krähten doch normalerweise nach einem Anwalt, nicht nach dem Staatsanwalt – und erst recht nicht nach einem Staatsanwalt aus München.

»Sucht doch mal nach einem dunklen Siebener BMW«, schlug Mossi vor. »Der ist mir schon den ganzen Tag über in der Stadt aufgefallen.«

Mossis Tipp sorgte bei einem völlig unbeteiligten und ahnungslosen Pärchen noch in derselben Nacht für das abrupte Ende eines erotischen Techtelmechtels. Die beiden hatten sich in der Nähe des alten leer stehenden Casinos im Auto des jungen Mannes vergnügt – dummerweise ein dunkler BMW der Siebener-Reihe.

Mossis Vernehmung im Travemünder Polizeirevier begann um 1:40 Uhr und dauerte eineinhalb Stunden. Er erzählte von Vlaček und dass er in einer sehr komplizierten Sache für einen großen deutschen Konzern ermittelte. Einzelheiten nannte er keine. Zum Abschied gab's die Empfehlung, die Nacht vielleicht besser nicht zu Hause zu verbringen, es sei denn, er habe eine Knarre unterm Kopfkissen. »Habe ich nicht. Geben Sie mir eine?«

Mossi verbrachte diese Nacht in der Wohnung seiner Schwester. Gleich am nächsten Tag stieg er mit Janina ins Flugzeug und tauchte erst einmal bei mir unter. Den Beamten hinterließ er nur seine Telefonnummer.

Eine der ersten Anruferinnen war Staatsanwältin Katharina Blumenthal aus Lübeck. »Herr Afschar, Sie müssen sofort kommen, wir müssen Sie dringend zu den Vorfällen vernehmen. Da gibt es wohl größeren Klärungsbedarf.«

»Den gibt es in der Tat. Ich kann Ihnen aber versprechen, dass ich das nicht mit Ihnen klären werde. Ihre Beförderung werden Sie sich schon anders verdienen müssen. Nicht auf meinem Rücken.«

»Können Sie übermorgen hier sein?«

»Ganz bestimmt nicht. Der Rauch ist noch nicht verflogen.«

Die Gefahr war in der Tat noch lange nicht gebannt. Zwei Tage nach dem Anschlag klingelte um 20:03 Uhr das Telefon in der »Hofklause«. Die Wirtin nahm ab. Ein Mann mit ausländischem Akzent meldete sich.

»Ist Moschi da?«

Marion dachte zuerst, sie sei gemeint, weil alle sie nur Muschi nannten. Doch schnell wurde ihr klar, dass es um Mossi ging. »Richten Sie Moschi, dem Telekom-Verräter, aus, dass er beim nächsten Mal nicht einfach so davonkommt.« Der Anruf kam von einem Münzfernsprecher im Hamburger Stadtteil Pöseldorf. Das hatte die Kripo mit einer Fangschaltung herausbekommen. Der Killer war also noch in der Nähe.

»Am besten ist es, wenn du ab jetzt gar nichts mehr sagst«,

riet ich Mossi, als wir die Lage in meinem Haus in Italien ausführlich besprachen. »Ihr bleibt jetzt zwei bis drei Wochen hier, und wenn in dieser Zeit in Prag niemand über die Klinge springt, wissen die, dass du nicht geplaudert hast.« Mossi sah das genauso.

Zurück in Travemünde, machte er Staatsanwältin Blumenthal am Telefon klar, dass ein Treffen nur und ausschließlich bei seinem Anwalt stattfinden könne. Nach anfänglichem Zögern willigte sie ein. Sie kreuzte mit zwei Kripobeamten auf, die wir gut kannten. »Dann erzählen Sie mal, was Sie wissen«, schlug Blumenthal vor.

»Ich dachte, das hätten wir schon im Vorfeld geklärt. Ganz so einfach ist die Sache nämlich nicht«, sagte Mossi und erklärte der ehrgeizigen Staatsanwältin, welche Gefahren eine umfassende Aussage mit sich bringen könnte. Den Beleg ihrer Entschlossenheit hatten Vlačeks Leute in Kaufhaus Matzens Parkdeck gebombt.

»Ich kann Sie auch in Beugehaft nehmen, wenn Sie die Zusammenarbeit verweigern.«

»Das liest sich in der Zeitung aber gar nicht gut.«

»Was schlagen Sie denn vor, wie wir aus der Sache rauskommen?«

»Mit einem Zeugenschutzprogramm?«, antwortete Mossi.

Katharina Blumenthal atmete erleichtert auf. »Das ist überhaupt kein Problem. Dann erzählen Sie mal.« Mossi war sich nicht sicher, ob das eine bewusst gelegte, sehr plumpe Falle war oder ob die junge Staatsanwältin wirklich so unbedarft war. Auf jeden Fall drängte sich nicht der Eindruck auf, der intellektuelle Leuchtturm der Lübecker Staatsanwaltschaft sitze mit am Tisch.

»Normalerweise regelt man erst einmal die Details des Zeugenschutzprogramms.«

»Ach so, kein Problem. Sie erzählen mir einfach alles,

dann bewerte ich Ihre Informationen und leite daraus ab, wie gefährdet Sie tatsächlich sind.« Betretenes Schweigen in der Runde. Frau Blumenthal lächelte tapfer weiter. Mossis Mimik wechselte vom Entspannt-Modus in den entschlossenen: »Und wer kommt ins Zeugenschutzprogramm?«

»Na, Sie natürlich.«

»Wissen Sie, meine Mutter lebt in Travemünde, sie sitzt im Rollstuhl. Mein Bruder wohnt hier und auch meine Schwester. Ich gehe dann also als Müllkutscher Müller nach Leipzig und lese eines Tages in der Zeitung, dass eine alte Dame mit ihrem Rollstuhl in die Trave gefahren ist. Tun Sie sich und uns doch einen Gefallen und jagen Sie Falschparker.«

Mossi stand auf und ging. Am nächsten Tag rief ein Kripomann an. Vielleicht dachte er, Mossi sei ohne seinen Anwalt gesprächiger. Also lockte er ihn unter einem Vorwand ins Polizeirevier: »Sie müssten noch mal ins Präsidium kommen, um Ihre Sachen aus dem Wagen abzuholen.«

Mossi dachte an seine teure Lederjacke, die er an dem Abend getragen hatte. Die sollte keineswegs in der Asservatenkammer verstauben. Der Kripobeamte drückte ihm nach einer freundlichen Begrüßung eine Plastiktüte mit Papierfetzen und zersplitterten Kassetten in die Hand.

»Haben Sie keinen Mülleimer? Was soll ich mit dem Scheiß? Wo ist meine Lederjacke?«, fragte Mossi gereizt.

»Die wird noch kurz in der Spurensicherung gebraucht.« Nach einer kurzen Pause fuhr der Kripobeamte fort: »Aber wo Sie schon einmal da sind, eine Frage hätte ich da noch.«

»Ich bin hier, um meine Sachen zu holen, nicht um Fragen zu beantworten. Schönen Tag noch.«

Draußen griff Mossi zum Handy und rief mich an.

»Du, Sepp, ich war gerade bei so einem Superhelden von der Kripo, die mir wie einem kleinen Kind eine Falle stellen wollten.«

Ich lachte herzlich, denn mir war klar, dass er nur angerufen hatte, weil er wusste, dass sein Telefon seit dem Anschlag überwacht wurde. Sein Anruf war lediglich ein kleiner Gruß an den Kripomann.

Katharina Blumenthal musste dann wohl eingesehen haben, dass sie im Fall Mossi Afschar nicht weiterkam. Nach drei Monaten schloss sie die Akte. Die Täter konnten nicht ermittelt werden. Vielleicht war das alles auch nur eine Nummer zu groß für sie, denn der Name Vlaček war in der Vernehmung nach dem Anschlag als mutmaßlicher Drahtzieher gefallen. Das war zumindest ein sehr konkreter Ansatzpunkt für eine Ermittlung.

Ob irgendjemand bei der Telekom auf die Idee gekommen ist, dass sie mit ihrer wahnwitzigen Bestellung fast ein Menschenleben auf dem Gewissen hatten? Wir ließen Mossis Anwalt einen Brief an die Konzernleitung schreiben, denn wir wollten wissen, wie es weiterging, und drohten damit, die Presse einzuschalten. Die Antwort des obersten Sicherheitschefs Hans-Jürgen Knoke war wie ein Schlag unter die Gürtellinie:

»In Ihrem Schreiben sprechen Sie von einem Auftrag zur Aufdeckung von Unregelmäßigkeiten bei der Herstellung und beim Vertrieb illegal produzierter Telefonkarten. Ein derartiger Auftrag an Herrn Resch oder an Ihren Mandanten ist meines Wissens nicht erteilt worden. Ihr Mandant hat nach meinem Kenntnisstand über Schreiben an Dr. Schmitz, Dr. Neureuter und mich seine Dienste angeboten, ohne dass es bei den von Mitarbeitern geführten Gesprächen zu einem ›Auftrag‹ gekommen wäre. Ebenso ist mir unklar, auf welche Gefahren meine Mitarbeiter Ihre Mandanten hätten hinweisen sollen.«

Ich war mit meiner Geduld am Ende und leitete das Ergebnis meiner Recherchen an die Presse weiter. Im Dezember 2000 erschien im »Stern« unter der Überschrift »Ganz schlechte Karten« eine dreiseitige Aufarbeitung des Skandals. Der »Spiegel« zog im Juli 2001 nach: »Stundenlang nach Nigeria: Ein Netz von Hightech-Tätern fälscht im großen Stil Telefonkarten und verkauft sie auf dem Schwarzmarkt zu Spottpreisen. Der Schaden für die Telekom dürfte weit über 100 Millionen Mark liegen.«[4] Die Konzernoberen hatten sich im Gespräch mit den Journalisten um Schadensbegrenzung bemüht. Siemens schrieb dem »Stern«: »Herr [Resch] hat nicht in unserem Auftrag ermittelt. Unsere Untersuchungen ergaben keinerlei Anzeichen für die Existenz entwendeter oder gefälschter Telefon-Chips. Wir mussten also davon ausgehen, dass Chips von regulären Telefonkarten abgelöst und auf gefälschte Unterlagen montiert worden waren.« Der damalige Telekom-Sprecher Ulrich Lissek gab zu Protokoll: »Wir haben das Teil auf Herz und Nieren überprüft, der 50-Mark-Chip ist eindeutig aus einer normalen Karte rausgepult worden.«[5]

Einen Tag, nachdem der »Stern« erschienen war, bekam Siemens' Sicherheitschef Günter Liebknecht einen Anruf. Einer der obersten Konzernlenker wünschte ihn zu sprechen. Bei diesem Gespräch soll es sehr laut geworden sein, wie Liebknecht Mossi und mir später einmal erzählte, als er schon nicht mehr bei Siemens arbeitete.

Das Statement im *Stern* war eindeutig. Knapp eineinhalb Jahre vorher allerdings hatte der Münchner Telekom-Mann Ludwig Wagner an Staatsanwalt Andreas Harz geschrieben: »Ein Betriebsverrat der Personalisierungsdaten kann nicht ausgeschlossen werden.«

---

4 Der Spiegel: »Stundenlang nach Nigeria« (09.07.2001)
5 Stern 51/2000: »Ganz schlechte Karten«, S. 202, 2. Absatz

Knapp zwei Jahre später – der mediale Rauch hatte sich verzogen – bekam ich einen Anruf von der Telekom. Sicherheitschef Knoke würde mich gerne treffen. Als Treffpunkt wurde mir die Havanna Lounge in Hamburg vorgeschlagen, eine Top-Adresse für ganz wichtige Businesskontakte. Natürlich sagten Mossi und ich zu, denn wir hatten die berechtigte Hoffnung, unser Wissen endlich zu Geld machen zu können. Knoke hatte einen Herrn Krüger im Gepäck, der seine Funktion mit den Worten »Ich bin der Deutschen Telekom angeschlossen« beschrieb. Sie fragten uns, wie wir in unserer Sache weiterkommen können. Knoke erklärte, er habe durchaus Interesse daran, die von mir angebotenen Informationen zu kaufen – vorausgesetzt, sie seien gerichtlich verwertbar. Ermittlungsaufträge wolle er aber nicht vergeben. Dennoch fragte er weiter:

»Und Ihre Preisvorstellung?«

»Der Preis ist gleich geblieben, nur die Währung hat sich in Euro geändert.«

Die beiden Herren zogen sich zur Beratung zurück.

»25 000 Euro. Sagen Sie ja oder nein?«

»Nein.«

Ohne ein weiteres Wort verließen wir die Lounge.

Auf dem Weg zurück nach Travemünde fragten wir uns, was die Vorstellung der beiden Männer zu bedeuten hatte. Niemand konnte ernsthaft erwarten, dass wir für lächerliche 25 000 Euro unser Leben riskierten. Wäre ich der Sicherheitschef in dem Laden gewesen, wäre ich sicher weniger kleinlich gewesen. Aus meiner Erfahrung weiß ich, dass in amerikanischen Konzernen viel entschlossener gehandelt wird. Immerhin wollte Knoke wissen, wer da im knallroten Prager Nachtleben mit gefälschten Karten hausiert.

Männer wie Vlaček sind Virtuosen ihres Geschäfts. Sie haben die zwei Eigenschaften, die ein Krimineller benötigt, um richtig Karriere und Kohle zu machen. Erstens sind sie ohne jede Einschränkung skrupellos, und zweitens haben sie das Genom der menschlichen Psyche blitzsauber enttarnt und analysiert. Sie haben einfach in sich hineingehorcht und gelauscht, wonach am lautesten gerufen wird, nämlich nach Geld und nach Sex. Alles andere sind Nebengeräusche. Nicht bei jedem. Aber bei fast jedem. Mit Geld lässt sich Macht und Einfluss kaufen oder zumindest simulieren. Sex muss man nicht weiter erklären, höchstens die sexuelle Gier, die Männer überfällt, wenn sie in einem Club wie dem Lávka nach allen Regeln der Kunst hofiert werden. Wer mal in die Augen eines Mittfünfzigers gesehen hat, den eine tschechische Supernutte gerade mit der Zunge im Ohr davon überzeugt, dass er der beeindruckendste Mann auf dem Erdball sei und es sicher kein größeres Glück gebe, als von seinem gigantischen Geschlecht in den siebten Himmel gestoßen zu werden, der wird sehen: Der Idiot glaubt ihr jedes Wort. Erst recht, wenn sie ihm vorher ein Viertelgramm allerbestes Koks in den Drink geschüttet hat. Von der Viagra weiß sie ebenfalls und dass das in Kombination mit dem Koks ein langes Leiden verspricht, aber dafür gibt es gutes Geld von der Geschäftsführung. Und die braucht eben ein bisschen Zeit, eindrucksvolle Fotos und Filme für die Familie und die Presseabteilung des Unternehmens, in dem Mister Universum arbeitet, zu produzieren.

Danach gibt es zwei Möglichkeiten: Er akzeptiert Vlačeks Angebot, oder er hat ein Problem. So ein mittelmäßig gut gebauter Mann in seinem Alter macht einfach nicht die beste Figur, wenn sich unter ihm ein Mädchen im Alter seiner großen Tochter windet.

Läden wie das Lávka sind wie Spinnennetze. Und Vlaček so was wie die Spinne. Männer, die ihm ins Netz gehen, sind für ihn Gold wert. Melkvieh. Sie bekommen das beste Futter und liefern dann die beste Milch. Zelebriert in einem Ambiente mit dem Siegel »V.I.P.« an der vom Muskelmann bewachten Tür. Diese Schilder üben eine magische Anziehungskraft auf sehr viele Menschen aus. Sie machen Männchen, um hereingelassen zu werden. Als würde George Clooney hinter der Tür mit Sophie Marceau anstoßen. Dabei hat der geschlossene V.I.P.-Bereich in Läden wie dem Lávka überhaupt nichts mit Prominenz zu schaffen. Da hätten sie zum Promi-Gucken besser auf die Schwaigeralm kommen können. Aber auf der Alm bei meiner Mutter gab's weder Koks noch als Partygirls verkleidete Nutten. V.I.P. bedeutete nichts anderes als »Hier wird's kriminell«. Deswegen hatten Polizisten oder Spitzel da nichts verloren. Im geschlossenen Bereich lag das Kokain offen auf dem Tisch, wechselten große Geldbündel beim Black Jack den Besitzer und zeigten sich Mädchen von ihrer zuvorkommendsten Seite. Der V.I.P.-Bereich ist so etwas wie der Arbeitsplatz von Leuten wie Vlaček. Seine daheim weniger umsorgten Gäste zehren lange von einer langen Nacht im Lávka.

Mossi hat so einen Mister Universum im Januar, also nur wenige Wochen vor dem Anschlag in Travemünde, im Lávka gesehen. Er saß mit Vlaček an einem Tisch im V.I.P.-Bereich. Vlaček hatte Mossi für 22 Uhr ins Lávka bestellt. Sie wollten über seine Bestellung sprechen. Vorher hätte er noch einen anderen Termin: »Mit einem Landsmann von dir. Sehr wichtiger Mann für unser Geschäft.« Eine solche Einladung lässt sich ein Mossi natürlich nicht entgehen, so dass er bereits lange vor der verabredeten Zeit ins Lávka kam, um sich ganz unauffällig über ein- und austretende Gäste auf dem Laufenden zu halten. Dabei sah er diesen unscheinbaren Typen, den Vlaček ganz offenbar für eines seiner miesen Geschäfte an den Haken genommen hatte. Mossi wird er nicht bemerkt haben.

Vlaček war allerbester Laune, aber nur bis zu dem Moment, in dem Mossi ihm seine von Telekom diktierte verräterische Bestellung durchgab. »Du wirst bekommen, was du brauchst.« Das Nächste, was Mossi von Vlaček hörte, war der dumpfe Knall der Explosion auf dem Parkdeck in Travemünde.

Einer der beiden Konzerngiganten unternahm noch einen weiteren Versuch, uns zum Reden zu bringen. Ein Frankfurter Anwalt schrieb Mossi einen Brief und lud ihn zu sich nach Frankfurt ein. Die Kosten für das Flugticket würden selbstverständlich übernommen.

Mossi rief ihn an. »Wir können uns gerne treffen, aber ich habe gerade viel zu tun. Da müssen Sie schon nach Travemünde oder Lübeck kommen«, sagte Mossi und legte den Termin absichtlich auf einen Sonntag, um dem Frankfurter Anwalt zu demonstrieren, wer am längeren Hebel saß. Der Anwalt holte einen Briefumschlag aus der Tasche und legte ihn mit Gönnermiene auf den Tisch. »Da drin sind 10 000 Euro. Die sind schon mal für Sie. Einfach so, ohne jede Verpflichtung.« Nach einer kurzen Pause fuhr er fort: »Ich hätte nur eine Bitte: Kein Wort über unser kleines Geschäft an Herrn Resch.«

»Welches Geschäft?«, fragte Mossi verblüfft nach.

Der Frankfurter Anwalt fischte einen weiteren Umschlag aus seiner Tasche. Darin befanden sich Fotos, anhand derer Mossi den Verräter identifizieren sollte. Das »kleine Geschäft« lehnte Mossi ab, das Gespräch hatte insgesamt keine fünf Minuten gedauert. Der Anwalt war an diesem Sonntag umsonst von Frankfurt nach Lübeck gereist. Wer ihn engagiert hatte, hatte er nicht verraten wollen.

Was Vlaček heute macht? Ich weiß es nicht. Aber es wird immer einen Vlaček geben.

## Kapitel 7

# Bauernopfer

### Der Multimillionen-Bankraub von Belfast

Thomas »Tom« Crull warf einen nervösen Blick nach links und rechts, als er mit der großen Sporttasche in der Hand durch den Mitarbeiter-Eingang an der Wellington Street die Zentrale der Northern Bank in Belfast zur Lunchzeit verließ. Ein typischer Dezembertag in der nordirischen Hauptstadt: viel Regen, nur ein paar Häppchen Sonne pro Tag und verhältnismäßig mild. In der Tasche hatte Crull eine Million Pfund Sterling, Geld, das der Bank gehörte – nicht ihrem Manager. Mit ruhigem Schritt ging er etwa 50 Meter durch die schmale Einbahnstraße mit den dunklen und modernen Häuserfassaden bis zur Upper Queen Street. Eine Kamera auf dem Dach der Northern Bank zeichnete jeden seiner Schritte auf. Andere Kameras übernahmen, als er die wuselige Queen Street mit ihren vielen kleinen Geschäften hoch zur Chichester Street und weiter zur College Street ging. Gleich hinter der Kreuzung stoppte Tom Crull an einer Bushaltestelle und ließ seinen Blick durch die Wartenden kreisen.

Er erkannte ihn sofort. Sein Gesicht war versteckt hinter Bart, Brille und Mütze, aber nur so, dass es nicht als Tarnung auffiel. Der Fremde blickte Crull, der sich neben ihn und die schwere Sporttasche auf den Boden stellte, fest in die Augen. Gut fünf Minuten hatte er bis zur Bushaltestelle gebraucht.

Niemand war ihm gefolgt, und so gut wie niemand ahnte, dass einer der leitenden Direktoren der Northern Bank soeben eine Million Pfund aus dem Tresorraum des Geldhauses entwendet und das Geld einem Verbrecher übergeben hatte. Nur einer wusste davon: Colin McDorrell, der Vorgesetzte von Tom Crull.

Zurück in der Bank, stellte McDorrells Blick die bange Frage: »Alles in Ordnung?« Crull nickte. Zu Ende war es deswegen noch lange nicht. Das war beiden klar. Der schwierige Teil würde noch kommen, und sie hofften inständig, dass alles nach Plan verlaufen würde.

Zur gleichen Zeit an diesem 20. Dezember 2004, einem Montag, saßen nur wenige Kilometer südwestlich in Poleglass Ehefrau und Kinder von Tom Crull in ihrem Haus ängstlich zusammen. Die zu Belfast gehörende Gemeinde war ein bei gutsituierten Pendlern beliebter Stadtteil. Am Abend vorher waren die Täter gekommen. Sie trugen Uniformen des PSNI, des Police Service of Northern Ireland. Der PSNI war ein erst vor drei Jahren etablierter Polizeiverband, der selbst von der Sinn Féin, dem politischen Ableger der irischen Untergrundarmee IRA, als rechtmäßiger Arm der Exekutive akzeptiert wurde.

Ohne Vorahnung hatten die Crulls den Uniformierten die Tür geöffnet, doch kaum dass sie im Haus waren, offenbarten ihnen die Eindringlinge mit gezückten Waffen ihre wahre Absicht. Sie waren gekommen, weil sie den Familienvater für einen spektakulären Coup bei der Northern Bank als Türöffner einsetzen wollten. Zwei der mutmaßlichen PSNI-Beamten verschanzten sich mit der Frau und den Kindern im Haus, zwei weitere zwangen Tom Crull, seinen Wagen zu holen und mit ihnen in das etwa 40 Kilometer entfernte Downpatrick zu fahren.

In der 10 000-Einwohner-Stadt unweit der Irischen See

wohnte Colin McDorrell mit seiner Frau. Sein Haus war das Ziel der Männer, die Tom Crull gekidnappt und seine Familie in Geiselhaft genommen hatten. Mit der gleichen Methode – ebenfalls getarnt als Beamte der PSNI – waren weitere Mitglieder der Gruppe bei McDorrell eingedrungen. Das Kommando aus Poleglass wurde schon erwartet. Der Showdown konnte beginnen.

Colin McDorrell wusste ganz genau, worauf die Männer es abgesehen hatten: Am Montag würden die Geldspeicher in der Northern-Bank-Zentrale buchstäblich aus allen Nähten platzen. Die Bankautomaten der 95 Filialen mussten mit Geldscheinen für das Weihnachtsgeschäft befüllt werden. Mindestens 30 Millionen Pfund Sterling, damals knapp 47 Millionen Euro, lagen im Tresor. Die Frage war nur, woher die Männer davon wussten, denn solche Informationen wurden nicht an die große Glocke gehängt. Das waren interne Abläufe, die von außen bestenfalls erahnt werden konnten. Diese Männer hatten allerdings eine Punktlandung hingelegt. Einen besseren Termin gab es für den Überfall nicht. Und natürlich wusste McDorrell, dass die Räuber mit Crull und ihm genau die richtigen Erfüllungsgehilfen hatten. Denn sie beide zusammen konnten den Tresorraum völlig unbehelligt öffnen. Niemand würde etwas davon mitbekommen.

»Wir wollen, dass ihr morgen ganz normal in die Bank fahrt und eure Geschäfte führt. Eure Familien bleiben so lange in unserer Obhut. Es ist also besser, niemand erfährt von unserem Besuch.«

McDorrells Frau musste mit zweien der Männer das Haus verlassen. Draußen heulte ein Motor auf, und ein Wagen verschwand in die Nacht.

Für Tom Crull hatte das Kommando noch einen Spezialauftrag, der quasi ein Test seiner Verlässlichkeit und gleichzeitig eine kleine Anzahlung auf angefallene Spesen sein sollte. Zur

Lunchzeit sollte er eine Tasche mit einer Million Pfund Sterling zu einer Bushaltestelle an der Ecke Upper Queen Street/College Street bringen.

Was dann am nächsten Abend geschah, beurteilten Ermittlungsbehörden und Presse einhellig als organisatorische Meisterleistung der Bankräuber. Ein potentieller Schuldiger war schnell gefunden. Chief Constable Hank Peters, Leiter der Ermittlungen bei der PSNI, machte in einem am 7. Januar 2005 vorgestellten Zwischenbericht klar, dass für ihn nur die Provisional IRA als Drahtzieher in Frage komme. Für eine solche Operation brauche es eine erhebliche Expertise und Koordinationslogistik. Auch die schnellen Schuldzuweisungen der Regierungen in Dublin und London verwunderten niemanden: »Die IRA war's«, hieß es unisono. Aufgeklärt war der Überfall damit allerdings noch nicht. Zumal Sinn-Féin-Mann Michael O'Niall diese Schuldzuweisung als »politisch motiviert« abtat. O'Niall musste man durchaus Insiderwissen zugestehen. Anfang der Siebzigerjahre war er stellvertretender Kommandant der Provisional IRA. In der Zeit wurden auch 113 Kilogramm Sprengstoff und 5000 Schuss Munition in seinem Wagen gefunden. Ein Gericht verurteilte ihn daraufhin zu einer Freiheitsstrafe von sechs Monaten. Später gehörte O'Niall zu den Wegbereitern des Friedensprozesses, wurde Minister und ab 2007 zusammen mit Ian Paisley sogar Regierungschef in Nordirland.

Die Provisional IRA war der militärische Arm der irischen Untergrundarmee. Um die IRA selbst war es in dieser Zeit ruhiger geworden. Die Menschen in Nordirland waren müde von den Kämpfen der vergangenen Jahrzehnte, ein mühsamer Friedensprozess war in Gang gekommen. Doch aufgelöst hatte sich die IRA deswegen noch lange nicht. Ihre Truppen standen unter Waffen, und es war kein Geheimnis, dass sie sich auch mit Banküberfällen finanzierten. Auf der einen Seite stand also die Sinn Féin-/IRA-Spitze, die offiziell mit London Friedensgespräche führte, und auf der anderen, der dunklen Seite standen die Paramilitärs, die immer tiefer in den Sumpf der organisierten Kriminalität abrutschten und immer noch glaubten, der Kampf gegen die britischen Besatzer würde eines Tages wieder aufgenommen werden. Sie wollten in Übung bleiben. In der Bevölkerung hießen sie in Anspielung auf die italienischen Kollegen längst »Rafia«. Auch Überfälle mit Geiselnahmen hatte es in den vergangenen Monaten immer wieder gegeben.

Die Behörden taten wenig gegen diese Delikte. Ein paar Banküberfälle waren ihnen lieber als eine politisch aktive Guerilla-Truppe, die mordend und bombenlegend durchs Empire zieht. Bei dem Raubzug gegen die Northern Bank konnte allerdings niemand wegsehen.

Tom Crull und Colin McDorrell handelten an diesem Montag strikt nach den Vorgaben der Gangster. Sie wussten, dass das Leben ihrer Familien ernsthaft in Gefahr war – wer auch immer hinter dem Überfall steckte. Sie würden keine Sekunde zögern, jeden Einzelnen zu exekutieren, sollten sich die beiden Bankmanager verraten. Das galt ausdrücklich auch für die Kinder.

Am Donegall Square im Herzen der Stadt hatte sich nicht nur die Northern Bank niedergelassen. Auch HSBC, Nationwide, Irish Nationwide, Santander, Bank of Scotland, Halifax, Co-operative Bank, First Trust Bank, Bank of Ireland und Ulster Bank hatten hier Büros. Der Platz mit dem imposanten Rathaus war das Finanzzentrum Belfasts. Drumherum lagen die Geschäftsstraßen, auf denen jetzt in der Vorweihnachtszeit viele Menschen unterwegs waren. Die vier Männer, die mit einem kleinen Lastwagen vor dem Mitarbeiter-Eingang der Bank in der Wellington Street parkten, bemerkte trotzdem niemand. Drei von ihnen ließen sich von Crull und

McDorrell die Tür öffnen und in den Tresorraum bringen. Alle übrigen Angestellten hatten sich schon in den Feierabend verabschiedet.

Seelenruhig schafften sie das Bargeld bündelweise in den wartenden Laster, während der Wache schiebende Fahrer sein Handy umklammerte, um im Notfall sofort Alarm schlagen zu können. Mehrere Stunden lang schleppten sie die Beute zum Laster, bis der an seine Kapazitätsgrenzen kam. Der Platz reichte nicht für das ganze Geld. Einen Teil der Millionen mussten sie zurücklassen.

Um 23:45 Uhr wurde der Alarm ausgelöst. Zu dem Zeitpunkt war die Frau von Colin McDorrell in einem Waldstück im Drumkeeragh Forest Park längst frei gelassen worden. Den Wagen, in dem sie gefangengehalten worden war, fand die Polizei kurze Zeit später völlig ausgebrannt ebendort. Miss McDorrell musste wegen Unterkühlung kurzfristig behandelt werden. Körperlich blieben alle Geiseln unversehrt. »Der perfekte Raub«, wie die *Süddeutsche Zeitung* damals anerkennend titelte.

Was aber hatte das alles mit mir zu tun? Auf den ersten Blick gar nichts. Als die IRA oder wer auch immer im Dezember 2004 die Northern Bank ausgeräumt hat, war ich gerade damit beschäftigt, mein Rustico in Italien für immer aufzugeben. Es stand wieder ein Ortswechsel bevor. Neun Jahre waren wir jetzt hier, und mein Sohn Roman kannte nichts anderes als dieses Leben am Meer und in den sanften Hügeln der Marken. Auch wenn wir für seine Geburt extra an den Tegernsee gefahren sind. Er ist jetzt lebenslang ein Einheimischer, auch wenn er noch nie da gewohnt hat. Das war mir sehr wichtig, denn die Menschen da unten akzeptieren nur den als einen der Ihren, der auch dort geboren wurde – egal, wohin es ihn dann verschlägt und wann oder ob er zurückkommt. Ich war der Meinung, dass mein Stammhalter ein Eingeborener sein müsse.

Aus dem Haus hatten wir mit viel Arbeit ein kleines Paradies geschaffen, das Touristen oft sogar von der Straße aus fotografierten. Gerade in den ersten Jahren habe ich sehr viel Zeit im Garten verbracht. Den kleinen Olivenhain mit seinen uralten Bäumen am Osthang über dem Meer, auf den man von der Bank unter der großen Akazie blickte, hatte ich zu einer beachtlichen Plantage anwachsen lassen. Mein ganzer Stolz. Etwa 120 Bäume hatte ich hier eigenhändig in die Erde gebracht. Inzwischen warfen sie eine stattliche Ernte ab. Bis zu 150 Liter Öl ließ ich jedes Jahr beim Müller im Nachbardorf pressen. Mit besserem Öl habe ich in meinem Leben nie wieder gekocht. Es war allerdings eine mühselige Handarbeit, wenn wir im November die Früchte einzeln aus den Bäumen pflückten oder von der Erde auflasen. Zumal das Wetter um diese Jahreszeit entgegen allen Klischees auch an der italienischen Adriaküste alles andere ist als das, was man gerne als mediterranes Klima preist. Im Winter gab es nicht selten richtige Schneeverwehungen, und die hohe Luftfeuchtigkeit sorgte schon bei Temperaturen von etwa fünf Grad für gefühlte Minusgrade.

Auf der zur Straße gewandten Grundstücksseite hatte ich verschiedene Obstbäume gepflanzt, die ebenfalls alle mehr abwarfen, als wir in der Küche tatsächlich verwenden konnten: Äpfel, Renekloden, Mirabellen, vier verschiedene Kirschsorten, Feigen und Pflaumen, außerdem Hasel- und Walnüsse. Was wir selbst nicht verwerten konnten, ging zum Bauern in der Nachbarschaft. Eigentlich ein Jammer, aber weil jeder hier so viel Obst hatte, war an Verkauf nicht zu denken. Hätten wir Obst und Früchte einfach im Garten verderben lassen, wären Heerscharen von Wespen über uns hergefallen – und auf die verdammten Dinger reagiere ich ausgesprochen allergisch. So hatten jedenfalls die Schweine vom Bauern was Ordentliches im Trog, und der Bauer revanchierte sich im Winter mit einem köstlichen Schinken.

Der Winter in Italien war für Antje und mich nichts. Wenn wir nichts zu tun hatten, machten wir Ausflüge und sahen uns das Land an, das wir eigentlich nie wieder hatten verlassen wollen. Unsere Aufenthaltsgenehmigung, die man damals auch in Europa noch benötigte, war zweimal verlängert und beim dritten Anlauf durch einen Fehler in der Behörde sogar vorzeitig unbefristet ausgestellt worden.

Die Italiener, die wir in Fano kennen lernten, hatten eine sehr italienische Methode, mit dem Winter zurechtzukommen: Sie ignorierten ihn einfach. Sie redeten nicht über ihn, sie beschäftigten sich nicht mit ihm, sie nahmen ihn hin, aber nicht bewusst wahr. Leider erstreckte sich diese Ignoranz auch auf den Hausbau. Die »antiken« Rusticos, die wie unser Haus schon 200 Jahre auf dem Buckel hatten, verfügten zwar über dicke und massive Mauern, aber die Fenster hatten ungefähr die Stärke von Pergamentpapier. Zum Glück gab es in unserem Haus neben dem offenen Kamin eine einigermaßen moderne Gas-Zentralheizung. Die lief von Mitte Oktober bis April regelmäßig im Voll-Lastbetrieb.

Besonders tragisch empfand ich die fehlende Wellness-Infrastruktur im Winter. Es gab zwar ein Hallenbad, das mit einer Wassertemperatur von 18 Grad bei mir aber nicht punkten konnte. Sauna? Fehlanzeige. Zu Ende war der Winter, wenn der Sommer anfing. In den Marken war das am 15. Juni. Aus Travemünde war ich es gewohnt, dass die Cafés ihre Stühle mit dem ersten Sonnenstrahl im Februar nach draußen stellten. Warme Decke dazu. Passt. In Fano dagegen blieb die Suche nach einem Sitzplatz im Freien selbst bis in den Mai hinein vergeblich.

Ich arbeitete nicht viel in dieser Zeit und begann mich zu

langweilen. Im Sommer war das okay. Ich habe kein Problem damit, den lieben langen Tag am Strand oder in Strandnähe zu verbringen. Doch der Mensch ist ein Gewohnheitstier, und so machten wir den italienischen Tagesablauf bald zu unserem. Besonders leicht gewöhnten wir uns daran, dass schon mittags Wein auf den Tisch kam. Wir übertrieben es nicht wie viele andere Deutsche in unserer Situation, die nach zwei Jahren in Italien den Mittagswein bereits auf den Vormittag verlegten. Es war schon ein anderes Leben als in Deutschland.

Wenn die Italiener am 15. Juni den Winterschlaf beendeten, waren sie die liebenswertesten Menschen, die man sich vorstellen kann. Ich mochte ihre Mentalität schon immer. Wirklich wichtig waren bei ihnen nur die beiden K: Küche und Kleiderschrank. Vielleicht noch Kinder und das Initiieren der Schwangerschaft. Alles wirkte auf mich leicht und unbeschwert. Das gefiel mir.

Zu meinen Sommer-Ritualen gehörte es, dass ich zwischen Frühstück und Mittag fast zwei Stunden im Meer schwamm. Eine zweite Einheit gab es am Nachmittag. Das Schwimmen im Meer hatte zwar etwas Befreiendes, andererseits muss ich aber auch sagen, dass mich großes Unbehagen befiel, sobald ich nicht mehr erkennen konnte, was sich unter mir abspielte. Das war nicht meins, ich fühlte mich wie in einer fremden, feindseligen Welt. Daher hielt ich mich eher in Ufernähe auf. Trotzdem blieb ich so bei meinem eher ruhigen Leben körperlich immer fit. Einigermaßen jedenfalls, denn trotz meiner sportlichen Aktivitäten waren es nach neun Jahren Italien immerhin zehn Kilogramm mehr auf der Waage. Antje war so liebevoll, das zu übersehen.

Mittags, zwischen meinen Schwimmeinheiten, aßen wir fast immer im »Da Yankee« direkt am Strand. Das war quasi unser »Lieblings-Italiener«. Von der Terrasse hatte man einen schönen Blick aufs Meer. Eingerichtet mit weißen Möbeln im Vintage-Stil, die Küche eine Eins. Sergio Romagnolo hatte das Lokal 1967 mit eigenen Händen nach seiner Rückkehr aus Nordamerika im Stil eines Forts aus Holz und Bambus aufgebaut. Deswegen auch der etwas sonderbare Name für ein italienisches Restaurant. Inzwischen hatten Sergios Kinder Stefano, Claudia und Roberta das »Yankee« übernommen und führten es im Sinne ihres Vaters weiter. Für Antje und mich war es einer der schönsten Plätze in unserer Wahlheimat. Mit den Wirtsleuten verband uns inzwischen so etwas wie eine herzliche Freundschaft. Dementsprechend wurden wir jeden Tag mit großem italienischen Hallo und vielen Küssen begrüßt.

Die Abende verbrachten wir oft auf der Terrasse unseres Hauses. Wenn es warm genug war, lief der Grill auf Hochtouren. Leider witterten auch Unmengen von Mücken ein leckeres Abendessen.

Gegen die gelegentlich auftretende Langeweile half ich einem Freund in der Küche seines Restaurants, dem »Pantalin«, ein paar Kilometer südwestlich von Fano im Landesinneren. Die Küche war auch hier exzellent, und deswegen empfand ich es durchaus als kleine Ehre, zu besonderen Anlässen wie Ostern im »Pantalin« kochen zu dürfen. Auch wenn ich vom Fach war, konnte ich noch eine Menge lernen. Wenn's ganz hektisch wurde, war ich mir auch nicht zu schade, die Spüle zu übernehmen. Es ist ein großer Unterschied, nur hier zu wohnen und zu leben oder auch an den produktiven Arbeitsprozessen im Land teilzunehmen.

Für Antje kam ein daseinsfüllendes Dolce Vita ebenfalls nicht in Frage. Kinderverrückt, wie sie ist, heuerte sie schon bald nach der Ankunft in einem Hort an. Die Arbeit machte sie glücklich, und die Kinder liebten ihre junge Tedesca mit den langen blonden Haaren. Einen zweiten Job fand sie bei unserem Makler Bernhard Wolf und seiner Frau Alice. Wolf, der alte Raffzahn – anders konnte man diesen Mann ruhigen Gewissens nicht bezeichnen –, hatte im Laufe der Jahre beachtliche Vermögenswerte angehäuft. Sein Haus hatte gutsähnliche Dimensionen, und sein ganzer Stolz war eine Herde von 50 wertvollen Reitpferden. Pferde waren Antjes zweite Leidenschaft. Dass sie hier bei Wolf auf Honorarbasis mit ihnen arbeiten konnte, war für sie wie ein kleiner Lottogewinn. Auch wenn wir es finanziell nicht nötig hatten.

Leider war dieses Glück nicht von langer Dauer, denn als auch ich 1997 wegen einer anderen Geschichte nach Uruguay musste, war es für mich ganz selbstverständlich, dass meine Frau mich begleiten sollte. Zumal die Wochen in Uruguay auch viel Freizeit an sehenswerten Orten versprachen.

Bernhard Wolf war da ganz anderer Meinung. Antje könne keinen Urlaub machen, die Pferde wären wichtiger. Er behandelte sie damit wie eine Dienstmagd, über deren Zeit er in Gutsherrenmanier verfügte. Dabei war unser Verhältnis bis dahin ganz anderer Natur gewesen. Nicht nur, dass wir unser Haus über ihn gekauft hatten, auch in den folgenden Jahren hatten wir immer wieder geschäftlich Kontakt, und ich brachte ihm neue Kunden. Für mich war es ein Verhältnis auf Augenhöhe.

Wolf hatte allerdings längst aufgehört, in normalen Maßstäben zu denken. Kunden zog er regelmäßig über den Tisch. Sobald er merkte, dass jemand schnell verkaufen musste, fiel der Preis ins Bodenlose. Beim Käufer dagegen jubelte er die Immobilien in den Himmel und drängte zu einer mit Aufschlag verbundenen Eile. Die immer größer werdende Differenz zwischen Ver- und Ankaufspreis füllte sein Konto und sein Ego. Bernhard Wolf versprach seinen Kunden das Blaue vom Himmel – und betrog sie schon, bevor sie auch nur einen Anfangsverdacht hatten. Selten habe ich einen so gierigen Menschen kennen gelernt. Es gab fast keinen lohnenswerten Immobiliendeal in der Region, der ohne ihn ablief. Um nichts zu verpassen und die Beziehungen zu pflegen, traf man die Eheleute Wolf ständig in den besten Restaurants, und sie kannten jeden – vorausgesetzt, er hatte Geld oder ein interessantes Haus.

Bernhard Wolf war ein eher schlanker und schmächtiger Typ, der sich immer gerne in Schale warf. Obschon Deutscher, gefiel er sich in seiner Rolle als Wahl-Italiener und konnte nicht »Danke« sagen, sondern nur noch »Mille grazie«. In jedem seiner Sätze wimmelte es von italienischen Floskeln. Jedes Gespräch mit ihm war eine Zumutung. Darüber hinaus hielt sich mit seinen knapp 1,70 Meter und den schwarz gefärbten Haaren für einen Eroberer der Extraklasse.

Bei all seinen Schattenseiten musste man Bernhard Wolf eines lassen: Mit seinem ausgezeichneten Netzwerk und dem angeborenen Riecher, zuzuschlagen, wo es was zu holen gab, erfüllte er jeden noch so ausgefallenen Immobilienwunsch. Zufälligerweise hatte er immer »un'offerta incredibile« für seine guten »amici« in der Hinterhand. Das war auch der Grund, warum ich ihn anrief, als ein Freund aus Deutschland sein Haus in den Marken verkaufen wollte. Ich selbst war zu dem Zeitpunkt schon seit ein paar Monaten zurück in Deutschland, wo ich mir ein neues Haus in Bad Schwartau in der Nähe von Lübeck gekauft hatte.

»Aaah, il mio detective«, tönte es aus dem Hörer. »Aber naturalmente! Ist praktisch schon verkauft.« Ich hätte ihm jedes Mal eine Watschen geben können, wenn er mich »il mio detective« nannte. Doch tatsächlich, schon ein paar Tage später hatte er jemanden gefunden, der das Haus unbedingt haben wollte. Dieses Tempo machte mich selbst bei Wolf stutzig.

Der Interessent kam aus England und schien es wirklich

eilig zu haben. Innerhalb weniger Wochen lag der in Italien übliche Vorvertrag auf dem Tisch.

Das Angeld oder die *Caparra* war ebenfalls eine italienische Besonderheit. In der Regel betrug es 10 bis 30 Prozent des späteren Kaufpreises. Dieser Vorvertrag konnte ohne Notar geschlossen werden, war aber für beide Parteien rechtlich bindend und konnte nur im gegenseitigen Einvernehmen wieder aufgelöst werden. Kam der Verkauf aufgrund eines Verschuldens des Käufers nicht zustande, war das Angeld für ihn verloren. Scheiterte es am Verkäufer, musste der das Doppelte der angezahlten Summe zurückerstatten. Dabei war es völlig egal, ob das Geschäft über eine Privatperson, eine Baufirma oder einen Makler abgewickelt wurde.

In der Regel hatte der Käufer ein bis zwei Monate nach Abschluss des Vorvertrags Zeit, um sich darüber zu informieren, ob es sich bei dem Verkäufer auch tatsächlich um den rechtmäßigen Besitzer der Immobilie handelte, ob sie nicht mit Hypotheken belastet oder der bauliche Zustand vertragskonform war. Danach wurde dann mit der notariellen Beglaubigung der formelle Kaufvertrag unterschrieben und der Besitzerwechsel ins Liegenschaftsregister eingetragen.

Alles schien reibungslos über die Bühne zu gehen. Der Vorvertrag war unterschrieben und die nicht unerhebliche *Caparra* pünktlich bezahlt. Doch dann passierte – nichts. Die festgesetzte Frist von einem Monat verstrich, ohne dass sich der Käufer aus England wieder gemeldet hatte.

»Vielleicht hat er einen kurzfristigen finanziellen Engpass«, sagte mein Bekannter.

»Möglich«, antwortete ich, »aber dann muss er sich doch melden. Ich verstehe das nicht. Du weißt, dass du die Caparra jetzt behalten und das Haus an jemand anderen verkaufen kannst?«

Auch er suchte nach einer Erklärung, fand aber keine. Der

Käufer war wie vom Erdboden verschwunden. Mein Bekannter beschloss, die Frist ganz unbürokratisch um einen Monat zu verlängern. Erst danach würde er nach einem neuen Käufer suchen.

Ich griff zum Hörer und wählte die Nummer von Wolf. »Aaah, il mio …« Weiter kam er nicht. »Lass mal das dumme Geschwätz und sag mir, was ist eigentlich mit deinem Engländer los?«

»Perché? Warum?«

»Der hat die Caparra bezahlt und danach nichts mehr von sich hören lassen.«

Wolf sagte zunächst nichts. Irgendetwas arbeitete in ihm. Dann meinte er etwas kleinlaut: »Ich glaube, da läuft ein ganz krummes Ding.« Er sagte das viel zu leise, fast so, als würde es ihn ärgern, mir gegenüber eine Andeutung gemacht zu haben. Ich hatte keine Ahnung, worauf er hinauswollte.

»Dein Bekannter ist kein Einzelfall.«

»Willst du damit sagen, du kennst mehrere solcher Fälle?«

»Mindestens ein Dutzend.«

Die Sache musste ernst sein. Schon drei Sätze ohne seine albernen italienischen Einwürfe. »Das stinkt doch zum Himmel«, sagte ich.

»Da könntest du Recht haben. Vor allem, weil die Käufer aus Irland kommen. Ich hatte schon den Verdacht, die wollen kollektiv auswandern, so viele Anfragen gab es in letzter Zeit.«

Schlagartig wurde mir klar, warum Wolf mir das nicht gleich gesagt hatte. Für ihn war es ein doppeltes Geschäft, er konnte für dasselbe Haus praktisch zweimal Provision kassieren. Und die dürfte ziemlich üppig und vor allem unversteuert ausgefallen sein. Aber woher kam das ganze Geld? Und warum schlossen die Geldwäscher den Kauf nicht ab? Das machte keinen Sinn. So verbrannten sie das Geld ja nur.

Wolf hatte einen Verdacht. Der war allerdings so ungeheuerlich, dass er zwischen zwei Extremen hin und her gerissen wurde: Gier und Angst. Gier, weil er eine stattliche Belohnung witterte, und Angst, weil er wusste, dass die Leute, mit denen er es dann zu tun bekommen könnte, wenig Skrupel hätten, ihm für seine Geschwätzigkeit eine Kugel in den Kopf zu jagen. Mit dieser Einschätzung lag er zweifellos richtig.

Es gab noch einen anderen Punkt, der ihm Kopfzerbrechen bereitete. Mit mir hatte er nie offen darüber gesprochen, aber es war unter den Deutschen in den Marken ein offenes Geheimnis, dass ihm das italienische Finanzamt im Nacken saß. Und jetzt hatte er sich ganz offensichtlich mit Menschen eingelassen, die weitaus mehr auf dem Kerbholz hatten als einfache Steuerhinterziehung. Was würde passieren, wenn die Kripo bei ihm auftauchte und sich seine Geschäfte ein bisschen genauer ansah? Bernhard Wolf war mit seinem Latein am Ende. »Du kennst dich doch mit so was aus.«

»Aber dann muss ich schon ein bisschen mehr wissen«, machte ich ihm klar. Ich war mir sicher, dass er viel mehr wusste, als er in diesem Moment zugeben wollte. »Bernhard, ich brauche Namen.«

»Das ist genau das Problem. Das ist nicht irgendwer. Das ist ein ganz dicker Fisch. Sieh's dir selbst an. Ich lege dir was aufs Fax. Telefon ist mir zu gefährlich.«

»Dicke Fische« wurden mir in meinem Leben schon reichlich angeboten. Sie entpuppten sich in nahezu 100 Prozent der Fälle als abgenagte Gräten. Es ist geradezu abenteuerlich, wie die Aussicht auf eine hohe Belohnung die Phantasie der Leute ankurbelt. Im Laufe der Jahre hatte ich ganz gut gelernt, die echten Informationsträger von denen zu trennen, die nur daherredeten.

Als ich Wolfs Fax an einem Freitag im September 2006 um 9:38 Uhr in den Händen hielt, war mir schlagartig klar, warum er so vorsichtig war. Zwei Namen standen auf dem Papier, einen davon hatte Wolf geschwärzt: Jonathan »Jon« Dickinson war ein dubioser Finanz-Manager und Direktor von ungefähr zehn Firmen aus dem Finanzsektor, unter anderem der Chesterton Finance. Und er war genau der Mann, der vor mehr als einem Jahr schon einmal kurz von der Polizei in Untersuchungshaft genommen und verhört worden war, weil er im Verdacht stand, Geld aus jenem Raub in Belfast gewaschen zu haben, der mit einer Beute von 22 Millionen Pfund (31 Millionen Euro) als der weltweit größte Bargeld-Bankraub galt. In einem Komposthaufen seines Grundstücks in der Nähe von Cork hatte die Gardaí, also die irische Polizei, fast 2,5 Millionen Pfund Sterling in unterschiedlicher Stückelung gefunden. Sollte er wirklich unschuldig gewesen sein, musste man es in meinen Augen zumindest als fragwürdige Marotte betrachten, dass ein unbescholtener Banker seine Millionen im Komposthaufen hortete.

Dickinson hatte seinen Hals irgendwie wieder aus der Schlinge ziehen können und war mit viel Geld in der Tasche in Italien aufgetaucht, wo er die Unsummen offenbar waschen wollte. Natürlich war er nicht an Bernhard Wolf vorbeigekommen. Und so war auch mein Bekannter an Jon Dickinson geraten.

Ich rief Wolf aus Bad Schwartau an und fragte ihn, was er über diesen Dickinson wusste. »Nicht am Telefon«, sagte er fast entsetzt. Ich beruhigte ihn: »Wir telefonieren über eine absolut abhörsichere Leitung.« Diese Information schien ihn zu beruhigen, denn sofort redete er drauflos. Er hatte inzwischen einen Plan, wie er die Sache für sich ganz gefahrlos versilbern könnte. Dieser Plan war ein genauso großer Quatsch wie mein Gerede von der sicheren Leitung.

»Die Nordiren sind doch bestimmt ganz scharf darauf, ihr Geld zurückzubekommen, capisce?«

Da war er wieder, mein alter Bernhard. Die Gier hatte die Angst niedergerungen. »Wenn wir, ich meine, wenn du jetzt zur Polizei gehst und denen sagst, ›Voila, hier ist das Geld aus dem Belfaster Bankraub‹, dann ist denen das doch bestimmt ein paar Millionen wert, oder?« Der Wolf hatte die Witterung des Geldes aufgenommen.

»Das kommt drauf an, wie viel Geld du ihnen bringst und was du weißt.«

»Auf diesem Zettel, den ich dir gefaxt habe, stand doch noch ein geschwärzter Name.«

»Richtig.«

»Das ist Paul Murphy, Ex-Direktor der Bank of Scotland, Zehn-Prozent-Gesellschafter und Co-Direktor bei Chesterton Finance sowie Ex-Vizepräsident der Sinn Féin.«

»Alle Achtung«, pfiff ich anerkennend ins Telefon. »Das ist wirklich ein dicker Fisch. Und was hast du gegen den in der Hand?«

Dann erzählte Wolf von den Besuchen Dickinsons bei ihm in den Marken. Ein sehr gesprächiger Typ sei das gewesen. Er habe ihm von großen Grundstücksdeals in der Nähe des Londoner Flughafens Heathrow erzählt und dass sie in Dubai und Bulgarien investiert hätten und so weiter. »Das alles geschah wohl in enger Absprache oder sogar in direkter Zusammenarbeit mit Paul Murphy.«

Der ehemalige Direktor der Bank of Scotland soll in den größten Bankraub der Geschichte verwickelt sein? Zwar halte ich Banker grundsätzlich für eine Art moderne Wegelagerer, die nichts unversucht lassen, sich am Kapital ihrer Kunden zu bereichern, aber die dabei angewandten Methoden waren doch nicht zu vergleichen mit einem brutalen Überfall. Doch wer etwas tiefer eintaucht in die jüngere Geschichte Irlands und Nordirlands, der stellt schnell fest, dass die Grenzen zwischen Gut und Böse fließend waren. Das war im Fall Murphys nicht viel anders.

1940 geboren und aufgewachsen als ältestes von fünf Geschwistern in einem streng nationalistisch geprägten Elternhaus in Dundalk direkt an der Grenze zu Nordirland, war er schon mit 14 Jahren der Sinn Féin beigetreten. 1974 stand er als mutmaßlicher IRA-Aktivist vor Gericht. Die Staatsanwaltschaft behauptete sogar, er sei der Finanzvorstand der selbsternannten Freiheitsterroristen. Beweisen ließ sich das alles nicht, so dass Murphy freigesprochen wurde. Seiner Karriere – und das ist wohl eine Besonderheit der irischen Konfliktgesellschaft – hat das nie geschadet. Die Bank of Scotland ist schließlich keine Wechselbude am Hauptbahnhof, sondern Schottlands älteste, 1695 vom Parlament gegründete Bank, die seitdem auch berechtigt ist, eigene Banknoten herauszugeben. Zum Zeitpunkt des Überfalls hatte Paul Murphy als Non-Executive Chairman der Bank immer noch großen Einfluss. Zudem war er Präsident der größten irischen Krankenversicherung Vhi. Kurzum, Paul Murphy war eine ganz große Nummer in Irland mit den besten Verbindungen in alle Richtungen. Zu seinem Inner-Circle gehörten nicht nur die Blaublüter der irischen Wirtschaftselite und Andrew Parker Bowles, der frühere Ehemann von Camilla Parker Bowles, die inzwischen mit dem britischen Thronfolger Prince Charles verheiratet ist, sondern auch der Taoiseach – so nennen die Iren ihren Premierminister. Diesen bezeichnete er nicht nur als Freund, Murphy war darüber hinaus als dessen Troubleshooter unterwegs. Und während er das tat und somit Zugang zu heiklem Insiderwissen der irischen Regierung hatte, gingen bei ihm daheim polizeilich protokolliert die führenden Köpfe der IRA ein und aus.

Dass Jon Dickinson und Paul Murphy sich gut kannten,

stand außer Frage, denn Dickinson hatte Murphy kurz vor dem Überfall mit dem Zehn-Prozent-Anteil in seine Chesterton Finance gelockt. Warum? Dickinson sagte, das sei ein Marketing-Schachzug gewesen. Er habe mögliche Investoren mit der Prominenz des neuen Co-Direktors Paul Murphy auf seine Firma aufmerksam machen wollen. Zwar war diese Erklärung durchaus plausibel, aber der zeitliche Zusammenhang war ein wenig zu augenscheinlich. Und möglicherweise war Chesterton Finance die Schaltzentrale der gigantischen Geldwäsche nach dem Coup von Belfast, denn schon kurz nach dem Bankraub war eine Geschäftsreise der beiden Chesterton-Direktoren mit fünf weiteren Investoren nach Bulgarien in den Fokus der Ermittler geraten. Das Land hatte nach dem Zusammenbruch des Warschauer Paktes inzwischen gewaltige Fortschritte gemacht, war aber immer noch geprägt von bitterer Armut und allgegenwärtiger Korruption. Wer in Bulgarien Geschäfte machte, brauchte viel unternehmerisches Selbstbewusstsein und musste in der Lage sein, Risiken komplett auszublenden.

Dickinson und Murphy zeigten mit ihrer Reise im Januar 2005 nach Bulgarien, dass sie offenbar zu diesem Typus hartgesottener Geschäftsleute gehörten, denn auf ihrem einwöchigen Trip nach Sofia, wo sie standesgemäß im Crystal Palace Hotel logiert hatten, trafen sie nicht nur den stellvertretenden bulgarischen Finanzminister und den Minister für ausländische Investitionen. Sie mieteten auch ein kleines Büro in bester Lage an, gründeten nebenbei drei Firmen, eröffneten zwei Bankkonten und ließen sich von der Regierung ihres Gastgeberlandes in den höchsten Tönen feiern.

Den Ermittlern daheim erschienen nicht nur die 2,5 Millionen Pfund in Dickinsons Komposthaufen verdächtig, sie fragten sich auch nach dem wahren Sinn dieser Reise. Jon Dickinson kam deshalb für ein paar Tage in Untersuchungshaft und wurde intensiv verhört. Auch Paul Murphy musste im Februar eine Nacht im Gefängnis verbringen, zeigte sich aber kooperativ, händigte den Ermittlungsbehörden verschiedene Dokumente aus und legte seine Ämter wegen der Vorwürfe nieder. Das war das Ende der Ermittlungen gegen ihn und bedeutete das vorläufige Ende seiner Karriere.

Für die Hintergründe der Bulgarien-Reise hatte Murphy eine ganz plausible Erklärung: »Wir haben nach langfristigen Investitionen gesucht, zum Beispiel nach landwirtschaftlichen Flächen, die in fünf oder sieben Jahren für andere Projekte in Betracht kommen könnten.«[6] Von Ferienhäusern und Spas am Schwarzen Meer war die Rede, aber auch von gewerblichen Investments wie einer Kiesgrube. Bereitwillige Investoren hätten sie schon in den Wochen und Monaten vorher gesucht. Abwickeln wollten Murphy und Dickinson das alles über eine bulgarische Firmenneugründung im Stil der Chesterton Finance, die vornehmlich in Immobilien investierte und Anleger mit einem Zinssatz von zehn Prozent köderte. Üblich waren damals drei Prozent. Sein Engagement bei Chesterton Finance bezeichnete Paul Murphy als Fehler: »Ich hatte gehofft, ich könnte helfen, die Firma nach oben zu bringen, und wollte meine Anteile dann gut verkaufen. Es war eine schlechte Entscheidung.«[7] Gleichzeitig bestritt er vehement, dass Chesterton Finance irgendetwas mit Geldwäsche zu tun habe. Entsprechendes gelte für ihn.

Fast gleichzeitig mit Dickinson und Murphy wurden Mitte Februar mehrere Verdächtige hauptsächlich in Cork und Dublin festgenommen und größere Mengen Bargeld sichergestellt, insgesamt etwa zwei Millionen Pfund, 60000 davon in Pfund-Sterling-Noten der Northern Bank. Weitere

6 Irish Independent: »The truth about my Bulgaria visit« (26.02.2005)
7 Irish Independent: »The truth about my Bulgaria visit« (26.02.2005)

50 000 Pfund in nagelneuen Northern-Bank-Scheinen fand die PSNI ausgerechnet in ihrem eigenen Freizeitheim am Stadtrand von Belfast. Das Geld stammte eindeutig aus dem Banküberfall. Dass die Scheine so zweifellos zuzuordnen waren, hat mit einer Eigenart des britischen Währungssystems zu tun. Die Bank of England gibt in ihrer Funktion als Zentralbank des Königreichs Banknoten heraus, die den Status eines legalen Zahlungsmittels in England und Wales haben. Praktisch werden sie aber auch in den anderen Landesteilen als »legal tender« akzeptiert. Darüber hinaus gibt es schottische und nordirische Pfundnoten, die von verschiedenen Banken gestaltet und gedruckt werden. Sie sind zwar nur in Schottland und Nordirland gültiges Zahlungsmittel, bezahlen kann man damit in der Regel aber auch in England und Wales – zumindest können sie eins zu eins gegen englische Pfund umgetauscht werden. Die Northern Bank gehörte ebenfalls zu den Häusern, die eigene Scheine drucken durfte, und ein Großteil der Beute, nämlich knapp 16 Millionen Pfund, bestand aus eben diesen Scheinen.

Rechtskräftig verurteilt wurde keiner der Festgenommenen. Der Großteil der Beute war noch immer verschwunden, als Bernhard Wolf mir mehr als ein Jahr nach dem Überfall von Paul Murphy und Jon Dickinson erzählte. Wolfs Plan war, mir Unterlagen aus verschiedenen Immobilienverkäufen zur Verfügung zu stellen, die ich dann an die Polizei verkaufe, ohne seinen Namen zu erwähnen. Er rechnete sich etwa drei Millionen Euro als Belohnung aus. Den Zahn konnte ich ihm gleich ziehen. Er würde sein Gesicht bei der Gardaí schon zeigen müssen.

Tatsächlich hatte Jon Dickinson lange nach den Ereignissen im Februar 2005 mehrere Häuser bei ihm gekauft. Auch das Haus meines Bekannten gehörte dazu. Und er war genauso wie in Bulgarien vorgegangen: Über die Chesterton

Finance hatte er ein kleines Büro eröffnet, ein Konto eingerichtet und dann kräftig investiert. Wie er das Geld ins Land bekommen hatte, wusste ich noch nicht. Und wie genau Paul Murphy da drinsteckte, ließ sich nach den ersten Informationen, die ich von Wolf bekommen hatte, nicht abschätzen. Doch es sprach vieles dafür, dass er hier ebenfalls seine Finger im Spiel hatte. Woher sonst sollte Wolf seinen Namen kennen?

Das alles fügte sich für mich perfekt ineinander. Wer eine Menge Geld zu waschen hat, war in Italien an der richtigen Adresse. Organisierte Kriminalität hat hier bekanntlich eine lange Tradition. Die Italiener haben Erfahrung im Umgang mit schmutzigem Geld. Immobilien waren ein beliebtes Waschmittel. Sobald Käufer und Verkäufer zueinander gefunden hatten, ging es zum Notar. Der machte dann die offiziellen Papiere fertig, die beide Parteien unterschrieben. Danach ging der amtliche Beglaubiger auf die Toilette. In dieser Zeit wechselte der inoffizielle Teil der Kaufsumme in bar den Besitzer. Und dieser Teil war immer höher als der schriftlich vereinbarte Kaufpreis. Häuser im Wert von 350 000 Euro wechselten so offiziell für 100 000 Euro den Besitzer. Der Eigentümer konnte sich 250 000 Euro als Schwarzgeld in die Tasche stecken. Nach wenigen Jahren konnte die Immobilie dann ganz legal mit großem Gewinn unversteuert veräußert werden. So sahen es die italienischen Gesetze damals vor.

Ich kontaktierte Peter Köllner, einen Mann meines Vertrauens bei der Hamburger Kripo. Erst schien er ein bisschen skeptisch, doch weil ich ihn noch nie enttäuscht hatte, stimmte er einem Treffen zu.

Zwei Tage später saß ich im Zug nach Hamburg. Von Lübeck ein Katzensprung. Mit dem ICE 37 Minuten. Mit Peter Köllner war ich um zwölf Uhr bei Gosch am Hauptbahnhof verabredet. Dieser Treffpunkt hatte drei Vorteile: Erstens musste ich nur aus dem Zug aussteigen und eine Etage hoch in die Gourmetmeile. Zweitens sind Bahnhöfe, gerade weil sie so öffentlich sind, sehr privat. Es fällt nicht auf, wenn zwei Männer miteinander plaudern und dabei eine Kleinigkeit essen. Und das war der dritte Vorteil: Mir schmeckte es bei Gosch. Systemgastronomie, aber auf hohem Niveau. Wir bestellten Wasser und eine Nudelpfanne mit Scampi.

»Dann schieß mal los.«

Köllner war ein absolut biederer Typ in den späten Fünfzigern. Der schlanke Brillenträger war mit einer wechselnden Kombi aus Hemden, Pullundern und Pullovern, Sakkos und Windjacken zur Jeans immer irgendwie ordentlich angezogen. Er war ein großartiger Zuhörer, der seinen Gesprächspartner immer wieder freundlich und ohne Hintergedanken anlächelte und an den richtigen Stellen klug nachfragte. Ihn aus der Ruhe zu bringen, war praktisch unmöglich. In seinen vielen Dienstjahren bei der Kripo hatte er schon von allen Seiten in die menschliche Psyche geblickt. Ich mochte ihn wirklich sehr.

»Klingt überzeugend«, kommentierte er meinen Erkenntnisstand. »Mit Zufall kann das alles nichts zu tun haben. Vor allem dieser Murphy hat es meiner Meinung nach faustdick hinter den Ohren. Auf den ersten Blick wirkt er auf mich wie einer der am besten vernetzten Finanzjongleure Irlands. Dazu seine fast öffentlichen Kontakte zu den Köpfen von Sinn Féin und der IRA. Und um dem Ganzen auch noch die Krone aufzusetzen, arbeitet er als Berater für den irischen Premier. Das sind die gefährlichsten Männer überhaupt.«

»Und Dickinson?«, fragte ich.

»Den halte ich für einen völlig unpolitischen, von Geldgier geprägten Opportunisten und Wirtschaftskriminellen.«

»Aber bisher konnte man den beiden noch nichts nachweisen. Meinst du, da wird politisch etwas geblockt?«

»Schon möglich«, sagte Peter Köllner und lächelte mich vielsagend an. »In so einer Konstellation und bei so viel Bargeld halte ich alles für möglich. Wer es schafft, einen solchen Überfall zu planen und danach seelenruhig über einen so langen Zeitraum unbehelligt von der Justiz seine Geldberge zu waschen, der hat nicht nur auf einer Uni studiert, wenn du weißt, was ich meine.«

So richtig wusste ich es nicht, aber ich war auch nicht mehr so naiv zu glauben, die Gerechtigkeit würde immer siegen.

»Ich schlage vor«, sagte Köllner, »dass ich Kontakt zu den britischen Kollegen aufnehme und horche, ob es da Interesse gibt.«

Das Interesse war da, und es war groß. Köllner und ich trafen uns zwei Wochen später mit zwei irischen Ermittlern im Hamburger »Atlantic«-Hotel. Die Männer stellten sich lediglich mit ihren Vornamen vor, Köllner war so freundlich, den Übersetzer zu spielen. Barry und Jorg von der PSNI waren etwa Mitte 30 und wirkten durchtrainiert. Das war für mich ein Indiz für Spezialeinheiten, die in der Hierarchie noch ein gutes Stück entfernt waren von der Spitze. Sie lauschten unserem gemeinsamen Vortrag und nickten immer wieder mit den Köpfen. Wir steckten die gemeinsame Basis unseres Wissensstandes ab. Hellhörig wurden sie beim Thema Italien: »Jon Dickinson kauft über Chesterton Finance Immobilien in Italien? Und Paul Murphy ist mit von der Partie?« Diese Nachfragen verrieten mir, dass ich über Informationen verfügte, die ich möglicherweise zu Geld machen könnte. Und ich will nicht abstreiten, dass es mir durchaus gefiel, bei der Aufklärung eines derartig spektakulären Bankraubs dabei sein zu dürfen.

Tatsächlich waren Barry und Jorg völlig ahnungslos, was die italienischen Geschäfte ihrer Landsleute betraf. Nach den Verhaftungen im Februar 2005 war in der Sache nicht mehr viel passiert. Sie konnten nur vermuten, dass Paul Murphy zumindest einer der Hintermänner war. Beweise gab es keine.

»Sehen Sie eine Chance, Beweise gegen Dickinson und Murphy zu bekommen?«

»Ja, sonst würden wir nicht hier sitzen. Bei Dickinson bin ich mir sicher, Beweise liefern zu können. Bei Murphy wird es schwieriger, aber unmöglich ist es in seinem Fall wahrscheinlich auch nicht.« Das zumindest dachte ich in dem Moment wirklich.

»Ihnen ist aber schon klar, auf was Sie sich da einlassen? Sollte die IRA Wind von der Sache bekommen, ist das praktisch Ihr Todesurteil. Die verstehen schon aus Prinzip keinen Spaß. Das Gleiche gilt übrigens für mögliche Informanten.«

Ich war mir bewusst, welche Konsequenzen mein Engagement in diesem Fall haben könnte. Ich tat es unter Berufsrisiko ab. Es galt, das Geschäftliche zu klären. Wir vereinbarten einen zweiten Termin am 25. Oktober 2005, dieses Mal in Lübeck.

Unterdessen hatte sich urplötzlich Dickinson bei meinem Bekannten wegen der ausstehenden *Caparra* gemeldet. Es würde ihm furchtbar leidtun, es gäbe da ein kleines Problem mit dem Finanzamt. Er fragte meinen Bekannten, ob es nicht möglich sei, noch ein paar Wochen mit dem Verkauf zu warten. Er würde auch freiwillig 30 000 Euro mehr bezahlen.

Ganz aufgeregt rief Wolf mich an und fragte: »Seppo, wie sieht es aus? Kommst du voran? Unser Vögelchen hat sich wieder bei mir gemeldet, es kommt Bewegung in die Sache.« Auch ihn hatte Dickinson um etwas Aufschub gebeten. Wir mussten schnell aktiv werden.

Am 25. Oktober kamen Barry und Jorg mit zwei englischen Kripobeamten ins Lübecker »Scandic Hotel«. Warum die Engländer dabei waren, hat sich mir bis zum Ende des Gespräches nicht erschlossen. Wir hatten dort einen kleinen Konferenzraum gemietet, um uns ungestört unterhalten zu können. Unser Treffen begann um halb eins, wir hatten zweieinhalb Stunden dafür angesetzt. Das Quartett von den Inseln machte auf mich einen entschlossenen Eindruck. Das waren keine Schwätzer, die sich pro forma auf den Weg gemacht hatten, um alles gleich danach wieder zu den Akten zu legen.

»Wir hatten tatsächlich keine Ahnung, dass Dickinson auch in Italien mit seinem Wäscheberg unterwegs ist«, sagte Barry. »Wir haben absolut nichts davon bemerkt.« In der Zwischenzeit hatten sie mit ihren Vorgesetzten gesprochen und grünes Licht für meinen Einsatz bekommen. Sie präsentierten mir ein Papier, einmal auf Deutsch, einmal auf Englisch, in dem die Eckpunkte unserer möglichen Zusammenarbeit zusammengefasst waren.

Mithilfe zur Aufklärung und Wiederbeschaffung eines Kapitals (Bankraub Northern Bank/Belfast 2004) erfolgsbasierte Belobigungen bzw. Prämien aufgrund der besonderen Wertigkeit (IRA):

1. bei ausreichender zugeführter Beweislast um die uns bekannten Personen rechtskräftig zu verurteilen:
   - pro Person: EUR 20 000,-
   - mutmaßlicher Kopf: EUR 100 000,-

2. Bei Beschlagnahmung von Immobilien, Grund, Bargeld (jegliche Währung inkl. entwendeter Geldnoten aus dem Bankraub), Luxusgütern, etc. im In- und Ausland:
   - 30 % vom geschätzten Verkehrswert des jeweiligen Landes, bei Bargeld gem. aktuellem amtl. Umrechnungskurs zahlbar in Euro

Sollte ein Täter durch die Verhaftung das geraubte Kapital in jeglicher Art (s. o.) preisgeben oder ein von ihm belasteter Mittäter eine Aussage vornehmen die direkt oder durch weitere Ermittlungstätigkeit zum Erfolg führen, werden ebenfalls o. a. Belobigungen und Prämien fällig.

Die Auszahlung der Belobigungen und Prämien erfolgt steuerfrei über die bekannte Kontaktperson bei der zuständigen Polizeibehörde.

Hotel- & Reisekosten, Spesen sowie ein Tagesgeld in Höhe von EUR 200,- pro Person werden vom Auftraggeber gegen entsprechende Aufstellung übernommen.

Bei zusätzlich in Auftrag gegebener Ermittlungstätigkeit wird ein Tagesgeld von EUR 1300,- pro Person plus entspr. Hotel- & Reisekosten fällig.

Bei Abschluss einer Vereinbarung durch einen der Auftraggeber (Behörden, Banken, Versicherungen, usw.) verpflichtet sich der bzw. die Informationsgeber, alle zusammengetragenen und bis jetzt bekannten Informationen und Personen preiszugeben.

Der Auftraggeber teilt dem Informationsgeber über bekannte Kontaktperson alle evtl. anstehenden Gerichtstermine zeitgerecht mit.

Die Bedingungen im Vertrag glichen denen, die wir zuvor besprochen hatten. Was ich vermisste, war jedoch eine Zusicherung für ein Zeugenschutzprogramm. Darüber hatten wir im »Scandic Hotel« ausführlich gesprochen. Denn so viel war klar: Sollte ich vor Gericht erscheinen und potentielle IRA-Geldwäscher öffentlich an den Pranger stellen, hätte es nicht gereicht, das Namensschild an der Klingel auszuwechseln. Sie versprachen nachzubessern.

Doch dann kam alles ganz anders. Plötzlich herrschte Funkstille. Auch Peter Köllner hatte keine Erklärung dafür.

»Sepp, ich verstehe das nicht. Die veranstalten hier einen Riesenwirbel mit Vereinbarungen und Zeugenschutzprogramm, und jetzt hören wir nichts mehr von denen.«

»Vielleicht sind das nur die langsam mahlenden Mühlen der Bürokratie?«

»Das kann ich mir fast nicht vorstellen. Du hast immerhin aktuell einen handfesten Ansatzpunkt, oder sind die Verkäufe in Italien inzwischen unter Dach und Fach?«

»Kein einziger«, antwortete ich. »Dickinson hat sich bisher auch nicht wieder gemeldet und schon wieder Fristen verstreichen lassen.«

»Ich schreibe noch mal ein Fax«, schlug Köllner vor. »Die können uns doch nicht einfach ignorieren.«

Genau das taten sie aber. Oder mussten sie es vielleicht sogar? Fakt ist, dass ich nie wieder von ihnen hörte. »Das kann nur politische Gründe gehabt haben«, mutmaßte Peter Köllner. Tatsächlich war es die Zeit, in der die langen Friedensgespräche zwischen London, Dublin und Belfast endlich Früchte trugen. Am 28. Juli 2005 schon hatte die IRA den bewaffneten Kampf für beendet erklärt. Das hatte sie nicht zum ersten Mal getan. 1994 hatte die IRA schon einmal einen unbefristeten Waffenstillstand erklärt – unter der Voraussetzung, dass Vertreter von Sinn Féin zu den offiziellen Friedensgesprächen geladen werden. Doch erst im Januar 2007, genau zu der Zeit also, in der ich darauf wartete, gegen den mutmaßlichen Drahtzieher dieses sehr wahrscheinlich von der IRA verübten Banküberfalls ermitteln zu können, legten die republikanischen Terroristen für immer die Waffen nieder – ein historisches Ereignis, dessen positive Auswirkungen bis heute Bestand haben.

Was eine Verurteilung Murphys bedeutet hätte, vermag ich nicht zu beurteilen. Sicher war nur, dass die Briten die italienische Spur nicht weiter verfolgen wollten.

Nur ein kleines Bauernopfer gab es im Nachspiel zu diesem spektakulären Banküberfall. Jon Dickinson wurde 2009 wegen Geldwäsche in zehn Fällen zu einer mehrjährigen Haftstrafe verurteilt. Auf dem Gerichtsflur fluchte er noch einem Reporter ins Notizbuch: »Es war Paul, der alte Bastard. Paul war es. Er ist der Kopf, der hinter all dem steckt.«[8]

Geglaubt hat ihm keiner, oder besser: Keiner *wollte* ihm glauben. Paul Murphy, der einst mächtige Mann bei der IRA, der später Vizepräsident bei Sinn Féin war und 2005 von seiner Position als Direktor der Bank of Scotland zurücktrat, war eine Nummer zu groß für ein Bauernopfer.

8 Irish Examiner: »Off-tape admissions told the real story« (28. 03. 2009)

# Kapitel 8

# Neubeginn

## Den Wirtschaftskriminellen auf der Spur

Während der vergangenen Jahre in Italien hatte ich mich in ein neues Geschäftsfeld eingearbeitet. Ich hatte die Nase gestrichen voll von Kokaindealern und dem Rotlichtmilieu. Schnellbootausflüge an die algerische Küste brauchte ich auch nicht mehr. Für künftige Enkel hatte ich schon genug Erzählstoff für lange Winterabende im Schaukelstuhl. Doch für den Ruhestand fühlte ich mich noch deutlich zu jung. Ich hatte eine andere Spezies Verbrecher im Kopf. Leute, die nach außen eine weiße Weste trugen und mit Koks nichts zu tun hatten – außer, dass sie es vielleicht selbst gelegentlich konsumierten. Wer glaubt, diese Spezies sei weniger gefährlich als ein durchgeknallter Koksdealer, liegt total daneben. Die Gefahr steigt mit der Höhe des Einsatzes. Je mehr Geld im Spiel ist, desto entschlossener der Verteidigungsreflex. Das hatte Mossi spätestens bei seinem »Heizkissen« auf dem Parkdeck in Travemünde spüren müssen. Trotzdem war die wichtigste und gefährlichste Waffe bei diesen Geschäften der Verstand. Das war der entscheidende Unterschied.

Außenstehende würden dieses neue Betätigungsfeld wahrscheinlich als Inkasso-Geschäft bezeichnen, und in gewisser Weise war es das auch. Doch hier muss man genau differenzieren. Ein klassisches Inkasso-Büro bekommt von einem

Gläubiger den Auftrag, bei einem säumigen Schuldner Geld einzutreiben. Die schreiben einen Brief, dann einen nächsten und noch einen weiteren. Der Ton wird mit jedem Schreiben schärfer, bis sie irgendwann mit einer Klage drohen. Mitarbeiter eines solchen Inkassobüros fahren morgens zur Arbeit an ihren Schreibtisch und haben pünktlich Feierabend. Die Summen, um die es dabei geht, reichen von ein paar Euro für eine nicht bezahlte Stromrechnung bis hin zum Bankkredit, der nicht mehr bedient werden kann. Die Rechtslage ist meistens so eindeutig, dass der Schuldner irgendwann zahlt oder in die Insolvenz geschickt wird.

Alle anderen, die unter der Bezeichnung »Inkasso« ihr Unwesen treiben, sind schlicht kriminelle Abzocker.

Beide Geschäftsmodelle waren nichts für mich. Was mir vorschwebte, würde ich eher als »Kapitaldienstleistung« bezeichnen: verschwundenes Geld für die rechtmäßigen Besitzer zurückholen. Wobei rechtmäßig auch Definitionssache ist. Denn in den meisten Fällen ging es um Schwarzgeld, sonst müsste kein privater Ermittler hinzugezogen werden. Die Sache war lukrativ. 20 Prozent der Summe, die ich zurückholte, wurden als Provision fällig. Ein hübsche Summe, wenn es wie bei einem meiner ersten Kunden um 2,5 Millionen Euro oder damals noch 35 Millionen Österreichische Schilling ging.

Diese Summe hatte ein Wiener Geschäftsmann einem Zürcher Makler anvertraut, damit er sie gewinnbringend in Immobilien investiert. Wäre er dabei erfolgreich, sollte noch mehr Geld kommen. Doch als er trotz mehrfacher Nachfragen nach einem halben Jahr nur ein paar offensichtlich gefälschte Verträge bekommen hatte, wurde er verständlicherweise nervös und schaltete mich ein. Viel hatte er gegen den Makler nicht in der Hand. Es gab nicht mal einen vernünftigen Vertrag. Eine Kündigung hatte der Schweizer nicht akzeptiert. Er hätte schon zu viel Aufwand in der Sache gehabt. »Sie haben ein Problem«, fasste ich zusammen. Er nickte.

Am liebsten wäre es ihm, wenn ich das Geld sofort komplett zurückhole. Doch ganz so einfach war das nicht, denn er hatte nur etwa die Hälfte der Summe bei der Einreise deklariert. Das roch nach Schwarzgeld, auch wenn er beteuerte, alles sei versteuert. Warum er dann trotzdem so viel Bargeld illegal in die Schweiz gebracht hatte, blieb mir ein Rätsel. Hätten sie ihn damit an der Grenze erwischt, wäre es teuer geworden. Einzahlen konnte er es bei keiner Bank, höchstens in ein Schließfach legen. Das alles wusste natürlich auch der Makler. Mein Auftraggeber hatte sich somit erpressbar gemacht.

Mossi und ich reisten nach Zürich, um Erkundigungen über den Makler einzuholen. Sein Büro lag in der Bahnhofstrasse. Die Mieten betragen hier pro Quadratmeter und Monat im Erdgeschoss etwa 1250 Franken – das ist europaweiter Rekord. Nur in Manhattan und Hongkong werden ähnliche Preise aufgerufen. Wir zogen ein paar Erkundigungen ein und begleiteten ihn nach Hause, ohne dass er es bemerkte. Auffällig war nur sein nagelneuer Ferrari Spider. Aber wer in der Lage ist, ein Büro in der Bahnhofstrasse zu finanzieren, wird sich auch einen Ferrari leisten können. Wir fanden heraus, dass er in vielen Vereinen und Verbänden im Vorstand saß. Uns war klar, warum. So macht man Bekanntschaften, die gut sind fürs Geschäft.

Gleichzeitig heuerte ich einen Mann an, der über ganz besondere Fähigkeiten verfügte – er war ein Charmeur, wie er im Bilderbuch steht. Damit meine ich keinen »Aufreißer«, sondern einen knapp 60-Jährigen mit weißen Haaren und ausgezeichneten Manieren, der eine ganz besondere Aufgabe hatte: Er sollte sich das Vertrauen der Sekretärin des Maklers erschleichen. Ich brauchte einen intimen Einblick in die Geschäfte des Mannes. Es gibt ein altes Sprichwort: »Wenn es dem Esel zu wohl ist, geht er aufs Eis tanzen.« Klingt abgedroschen, steckt aber viel Wahrheit drin. Ich war mir sicher, er würde längst nicht mehr die Vorsicht walten lassen, die erforderlich ist, wenn man sich nicht buchstabengetreu an die Gesetze hält. Es ist die Überheblichkeit eines erfolgreichen Betrügers. Er hält sich irgendwann für unangreifbar. Ein fataler Irrtum. Deswegen hatte ich mir den Makler auch genau vom Wiener beschreiben lassen. Ist er arrogant? Wie ist er im Umgang mit seinen Angestellten? »Da herrscht schon ein sehr dominanter Ton«, hatte der Wiener berichtet. Das spielte mir perfekt in die Karten. Schlecht wäre es dagegen gewesen, hätte er ein Verhältnis mit seiner Sekretärin. Dann wäre mir dieser Weg verschlossen geblieben. Es ist ein großer Fehler, die engsten Mitarbeiter schlecht zu behandeln, denn sie wissen einfach zu viel. Loyalität kauft man sich mit Freundlichkeit und Respekt. Und wenn man damit Probleme hat, sollte man zumindest beim Gehalt ein bisschen was drauflegen. Schmerzensgeld sozusagen.

Ein kleiner Kratzer beim Ausparken ist eine wunderbare Methode, ins Gespräch zu kommen. »Ich bestehe darauf, dass ich Sie für die Unannehmlichkeiten, die Ihnen dadurch entstehen, zum Essen einlade. Und ich dulde keine Widerrede«, sagte mein Charmeur mit seinem gewinnenden Lächeln, als er zusammen mit der Sekretärin des Maklers den relativ kleinen Schaden am Kotflügel ihres VW Polo begutachtete. »So schlimm ist das doch wirklich nicht«, lächelte sie zurück. »Ich bestehe aber darauf«, ließ mein Mann nicht locker. »Morgen Mittag?«

»Na gut, wenn Sie darauf bestehen.«

»Ich freue mich schon.«

Das »Drehbuch« für so ein Date ist wichtig. Er darf nicht

zu viel von sich erzählen und schon gar nicht mit der Mein-Haus-mein-Auto-meine-Yacht-Nummer kommen. Das wäre absolut kontraproduktiv. Mit so einem Kerl arbeitete sie schließlich täglich zusammen. Er musste gut zuhören können und an den richtigen Stellen nachfragen. Wenn sie sich vom Chef schlecht behandelt fühlte, würde das irgendwann schon anklingen – und dann musste er nachhaken: »Verstehe ich nicht, auf mich machen Sie einen sehr zuverlässigen Eindruck.« Ein unverfängliches Kompliment, das sie dazu bringen sollte, noch mehr zu erzählen, ohne dass sie den Eindruck bekam, er würde sie aushorchen. Tat er ja auch nicht. Es war nur ein Kompliment.

Sie trafen sich in den folgenden Wochen öfter zum Lunch. Die Atmosphäre wurde lockerer, der Umgang vertrauter. Beim vierten Treffen kam sie mit erkennbar schlechter Laune. »Dieser Idiot«, schimpfte sie. »Der glaubt wohl, er kann sich alles erlauben. Ich bin doch nicht seine Leibeigene.« Sie kämpfte sichtbar mit den Tränen. Das war der richtige Zeitpunkt für den Angriff. »Schimpfen Sie ruhig, das tut gut. Ich bin auf Ihrer Seite.« Und dann erzählte sie, wie der Makler sie wegen eines kleinen Fehlers vor einem Geschäftspartner übel beleidigt hatte. »Wenn die dumme Kuh so viel im Kopf hätte wie in der Bluse, müsste ich mich nicht um alles selbst kümmern.«

»Das sollten Sie sich auf gar keinen Fall gefallen lassen«, unterstützte sie mein Mann.

»Was soll ich denn tun? Ihn anzeigen? Glauben Sie im Ernst, sein Geschäftspartner würde mich dabei unterstützen? So dreckig, wie der gelacht hat? Nie im Leben.«

»Schlagen Sie ihn mit seinen eigenen Waffen. Wenn ich Ihre Andeutungen bei unseren letzten Treffen richtig verstanden habe, gibt es da ein paar Dinge, die ihm richtig weh tun könnten.«

»Das können Sie mir glauben«, pflichtete sie ihm bei. »Wenn ich mal richtig auspacke, bekommt der Idiot jede Menge Ärger.«

»Dann tun Sie es doch ganz einfach.«

»Wie, ich soll zum Finanzamt gehen? So etwas habe ich noch nie gemacht.«

»Ich kann Ihnen dabei helfen. Ich kenne die richtigen Leute. Dabei würde sogar noch ein hübsches Sümmchen für Sie rausspringen.«

»Meinen Sie wirklich?«

»Sonst würde ich es Ihnen nicht vorschlagen.«

Damit hatten wir den Makler im Sack. Aus lauter Bequemlichkeit hatte der Esel immer wieder Unterlagen im Büro liegenlassen, die ganz klar belegten, dass bei einigen seiner Immobiliengeschäfte das Finanzamt deutlich zu kurz gekommen war. »In den nächsten Tagen«, sagte der Charmeur zur Sekretärin, »wird ein gewisser Dr. Berger bei Ihnen anrufen und um einen Termin bei ihrem Chef bitten. Geben Sie ihm einen.«

Ich bat Mossi, sich ein paar Tage nicht zu rasieren. Der grinste: »Muss ich wieder den bösen Buben spielen?«

»Könnte hilfreich sein.«

Ich schlüpfte in die Rolle des Dr. Berger aus Bayern und saß knapp zwei Wochen später in seinem Büro: »Wie sind Sie auf mich gekommen?«, fragte der Makler.

»Sie haben eine gute Internetseite«, antwortete ich.

Die Informationen, die wir von der Sekretärin bekommen hatten, waren gut, aber ich wollte auf Nummer sicher gehen und hatte deswegen bei einem guten Bekannten in Zürich 250 000 Euro Bargeld deponiert, das uns unter Umständen helfen musste, den Makler aus der Reserve zu locken. Denn wenn er sich bereiterklärte, eine so große Menge Bargeld von einem Ausländer zu akzeptieren, war damit klar, dass seine

Geschäfte nicht ganz sauber sein konnten. Warum? Ausländer bekamen in der Schweiz grundsätzlich ein Problem, wenn sie so viel Bargeld bei sich trugen.

Mossi, der durch seinen wilden Bartwuchs mittlerweile ziemlich verwegen aussah, blieb zunächst draußen.

Dr. Berger wollte Geld bei dem Makler anlegen und druckste ein bisschen rum. »Ich würde es gerne bar einzahlen.«

»Überhaupt kein Problem«, sagte er sofort. Er hatte also keine Skrupel, das Geld zu nehmen. Dass er seine Maske so schnell fallen lässt, hätte ich nicht erwartet.

»Sie können da nicht einfach rein«, hörte ich die Sekretärin durch die geschlossene Tür.

»Sie sehen doch, dass ich es kann«, antwortete Mossi, als er die Bürotür öffnete und sich einen Besucherstuhl schnappte. Das waren gleichzeitig auch die einzigen Worte, die er in diesem Büro sprach.

»Darf ich vorstellen? Mossi, einer meiner Mitarbeiter«, versuchte ich das große Fragezeichen im Gesicht meines Gegenübers aufzulösen und damit gleichzeitig ein neues zu platzieren. »Ehrlich gesagt, habe ich gar nicht promoviert. Sie müssen mich also nicht mehr mit Doktor anreden. Beim Nachnamen können Sie es halten, wie Sie wollen. Tatsächlich bin ich hier, weil mich ein Wiener Geschäftsmann, den Sie sicher gut kennen, gebeten hat, Ihnen ein Angebot zu unterbreiten. Wollen Sie es hören?«

»Verlassen Sie sofort mein Büro«, forderte er mich auf.

»Ich glaube nicht, dass Sie in der Situation sind, Forderungen zu stellen«, entgegnete ich und erinnerte ihn an ein paar seiner unsauberen Immobiliengeschäfte, von denen wir über die Sekretärin erfahren hatten.

Es ist völlig normal, dass in einer solchen Situation eine kleine Pause entsteht. Eben hatte er noch geglaubt, der gutmütige Dr. Berger aus Bayern wolle sein Geld bei ihm verbrennen, nur um jetzt realisieren zu müssen, dass er in die Defensive gerutscht war – außerdem in Unterzahl.

Es ist immer wieder interessant zu beobachten, wie sich die Mimik in solchen Situationen verändert. Auch die Körperhaltung. Plötzlich sitzt ein anderer Mensch auf der anderen Seite des Schreibtisches. Eher unsicher, sicher auch ängstlich, auf keinen Fall aber gönnerhaft und siegessicher. Der Makler war gedanklich gerade eben aus seinem Ferrari Spider in einen Trabi umgestiegen. So eine Situation muss man ausnutzen.

»Ich schlage Ihnen vor, Sie überweisen ohne weitere Formalitäten 2,5 Millionen Euro an meinen Auftraggeber, und die Sache ist aus der Welt.«

Jetzt druckste er: »Aber wer garantiert mir, dass die Sache mit dem Wiener dann wirklich aus der Welt ist?«

»Ich. Und das gebe ich Ihnen auch schriftlich.« Ich zog einen Zettel aus der Tasche, den der Wiener unterschrieben hatte.

»Und woher soll ich wissen, dass das kein blöder Trick ist?« Ein letzter Versuch seinerseits.

»Glauben Sie mir einfach. Eine Wahl haben Sie ohnehin nicht.«

Drei Tage später war das Geld bei dem Wiener auf dem Konto. Ganz ungetrübt war die Freude nicht, weil es danach noch einen längeren Schriftverkehr mit den Finanzbehörden gegeben hatte. Die Sekretärin buchte von ihrem Honorar erst einmal eine längere Fernreise und legte dem Makler noch am selben Tag die Kündigung auf den Tisch.

Um dieses Geschäftsmodell weiter auszubauen, verfeinerte ich meine Methoden, denn so einfach wie bei dem Wiener und seinem Zürcher Geschäftsmann war es nicht immer. In dem Fall war ganz klar, wo das Geld war und vor allem, wo derjenige war, der es hatte. Wer aber ein paar Millionen, gerne auch im zweistelligen Bereich, verschwinden lassen hatte, setzte sich gerne ab, um fernab der Heimat ein sorgenfreies Leben an exotischen Gestaden zu führen. Diese Leute musste man dann erst einmal finden. So kam ich auf die Idee mit dem Kopfgeld. Ich überzeugte meine Auftraggeber, dass Geld Zungen lockert und sie zusätzlich zu meiner Provision noch einen hohen Betrag zur Verfügung stellen mussten, den ich als Belohnung für Hinweise auf den Aufenthaltsort der gesuchten Person aussetzen konnte. Ein fast todsicheres System, wie sich schnell herausstellen sollte. Und dazu noch absolut legal.

Einer der ersten Betrüger, die ich auf diese Weise ausfindig machen konnte, hatte mehrere Investoren um ein paar Millionen geprellt. Einige von ihnen kamen aus den USA, deswegen gab es dort einen gültigen Haftbefehl. Mein Auftraggeber kam aus Europa, aber das war egal. Ich lobte die Belohnung aus und begann mit meiner Arbeit. Bald kam heraus, dass der gesuchte Deutsche sich sehr wahrscheinlich in Panama zur Ruhe gesetzt, dort eine Frau geheiratet und ein Kind adoptiert hatte. Das war schlau, denn Panama liefert durchaus an die USA aus, aber mit einer Panamaerin daheim und einem adoptierten Kind sieht die Sache schon ganz anders aus. Es hieß, er schätze das gute Leben und gehe nur in die teuersten Restaurants der Stadt. Mit viel Geld in der Tasche kann das Leben in Mittel- und Südamerika durchaus seine Reize haben.

Bevor ich mir ein Flugticket kaufe, muss ich mir schon ziemlich sicher sein, dass die Reise ein Erfolg wird. Und in diesem Fall waren die Informationen so präzise, dass sie einen Betriebsausflug rechtfertigten. Zusammen mit Mossi, der jungen Dame und dem Kapitän, die uns beide schon in Algerien begleitet hatten, sowie einem weiteren Mitarbeiter flog ich nach Panama.

Wir checkten im Hilton an der Balboa Avenida ein, unmittelbar am Yachthafen von Panama-Stadt, von wo aus man einen phantastischen Blick auf den Pazifik hat. Diese belebte Ecke mit vielen Cafés und guten Restaurants war unser Jagdrevier. Auf den ersten Blick scheint es fast unmöglich, in einer Stadt mit ungefähr 1,5 Millionen Einwohnern einen einzelnen Mann zu finden. Doch die Millionäre unter den Einwohnern halten sich selten in den schlechten Ecken der Stadt auf. Die Umgebung des Yachthafens war da vielversprechender. Und da es im Februar bei Temperaturen von knapp über 30 Grad so gut wie nie regnete, musste sich auch niemand in geschlossenen Räumen verkriechen.

Wir hatten ein aktuelles Foto, teilten uns auf, besuchten die Restaurants, setzten uns in Straßencafés, beobachteten Passanten und Flaneure, aber ein bisschen Glück gehört immer dazu. Wir hatten den Mann innerhalb von drei Tagen gefunden. Er saß in einem Café direkt am Yachthafen. Mossi hatte ihn entdeckt und uns benachrichtigt. Er genoss den blauen Himmel, den leichten Wind und schlabberte einen Cappuccino und trug dabei eine Sonnenbrille, eine helle Leinenhose sowie ein kurzärmeliges, weißes Ralph-Lauren-Hemd. Als ich im schicksten Urlauber-Outfit am Nebentisch Platz nahm, konnte ich erkennen, dass er eine deutsche Zeitung vor sich liegen hatte. Gab es vorher noch Zweifel an seiner Identität, war ich mir jetzt sicher, den Richtigen an der Angel zu haben. Jetzt musste ich nur noch dafür sorgen, dass sich wie zufällig ein Gespräch ergab. Die anderen behielten uns in sicherer Entfernung im Auge.

Ich winkte die Kellnerin zu mir und fragte: »Sie, wo ham'S denn bittschön das Häusl?« Erwartungsgemäß hatte sie nicht die geringste Chance, zu verstehen, was ich damit meinte. »Häusl«, wiederholte ich übertrieben deutlich mit der Bräsigkeit eines Oberbayern, der wie selbstverständlich davon ausging, dass auch eine panamaische Kellnerin sofort versteht, wo's bei mir drückte.

»Baño«, sagte mein Nachbar. »Es heißt baño.«

Meine Weltfremdheit schien ihn zu amüsieren, was mich wiederum freute, denn wenn er mich für komplett bekloppt hielt, witterte er auch keine Falle. Die Kellnerin wiederum lächelte erleichtert und zeigte mit dem Finger auf eine kleine Tür in der Nähe des Buffets.

»Sie reisen offenbar nicht oft im Spanisch sprechenden Teil der Welt«, sagte mein neuer Freund mit leicht überheblichem Unterton.

»I wo, das erste Mal überhaupt, dass ich aus Deutschland rauskomme. Ich werde schnell nervös, wenn der nächste gute Schweinsbraten mehr als einen Kilometer entfernt ist.« Dazu gab's eine Kostprobe meines schenkelklopfenden Lachens. Spätestens jetzt hatte ich ihn von meiner Beschränktheit überzeugt.

»Und dann gleich Panama? Hätten Sie nicht erst mal klein anfangen können? Mallorca zum Beispiel? Da bekommen Sie zur Not sogar einen Schweinebraten.«

»Der war jetzt aber richtig gut«, lachte ich laut auf. »Nein, ein Freund hat mich eingeladen, weil er meinte, es sei mal an der Zeit, dass ich was von der großen weiten Welt sehe.« Nach einer kleinen Pause fuhr ich fort: »Und Sie?«, fragte ich. »Auch Urlaub?«

»Nein, eher geschäftlich. Bankgeschäfte. Sie verstehen?«

»Dafür habe ich bei uns im Dorf die Sparkasse.« Dann erzählte ich ihm von der Schwaigeralm und dass man vor lauter Arbeit kaum dazu komme, sich selbst mal was zu gönnen. »Aber die Kasse stimmt, wenn Sie wissen, was ich meine«, sagte ich und zwinkerte ihm zu.

Er nickte und ich sagte dann: »Aber jetzt müssen Sie mich entschuldigen. Baño ruft.«

Mossi und die beiden Jungs verfolgten ihn in sicherer Entfernung, als er sich bei mir verabschiedet und auf den Weg gemacht hatte. Unser Mann schien sich in Sicherheit zu wähnen, jedenfalls drehte er sich nicht um und schlug auch keine Haken. Am Abend wussten wir, wo er wohnte. Am dritten Abend war uns klar, dass er offenbar ein Mann mit geregeltem Tagesablauf war. Das Café am Yachthafen besuchte er täglich fast zur gleichen Zeit. Auch beim Restaurant schien er wenig Abwechslung zu brauchen. Trotzdem ließen wir ihn keine Sekunde aus den Augen und wussten immer genau, wo er sich gerade aufhielt. Nur Anfänger lassen die Zügel locker. Er hätte ja auch jeden Tag verreisen können, dann wäre der ganze Aufwand vergeblich gewesen. Effektivität ist mein Dogma, auch wenn eine Rund-um-die-Uhr-Beschattung extrem personalintensiv ist. Mossi und die drei anderen blieben für ihn unsichtbar.

In der Zwischenzeit hatten Mossi und unser Kapitän eine hochseetaugliche Yacht gechartert. Unsere Falle.

»Die Steaks sind wirklich absolute Spitzenklasse«, sagte ich am Abend, nachdem wir uns wie zufällig in seinem Stammrestaurant getroffen hatten und er mich spontan an seinen Tisch gebeten hatte. »Nicht so gut wie mein Schweinebraten, aber das Fleisch ist ein Gedicht.«

Ein paar Gläser Wein später erzählte ich ihm von der Yacht, die mein Freund für den übernächsten Tag gechartert hatte, dass wir damit raus auf den Pazifik wollten zum Angeln und ob er nicht Lust habe mitzukommen. Er war total begeistert und sagte sofort zu.

An Bord, außerhalb des Hoheitsgebiets von Panama, war dann Schluss mit Schweinebraten und Baño. Der Kapitän stoppte die Maschine.

»Der Fisch zappelt im Netz«, sagte ich ihm freundlich lächelnd, als wir gemütlich bei einem Drink auf dem Oberdeck saßen. Sein überraschter Blick signalisierte mir, dass er dachte: »Wovon redest du?« Ich hatte den Eindruck, mein veränderter Tonfall machte ihn ein bisschen nervös. Mossi setzte sich zu uns und stellte das große Satelliten-Telefon auf den Tisch. Fragend blickte er uns abwechselnd an. Mossi kann wirklich böse aussehen. Nach längerem Schweigen unsererseits sagte der Mann schließlich: »Was soll das jetzt?« Er war jetzt sichtlich nervös. »Soll das hier eine Entführung werden? Wollt ihr Geld?«

»Du hast es auf den Punkt getroffen.«

»Wir können über alles reden, aber es ist nicht so, dass ich reich bin. Ich kann gut leben, aber reich bin ich nicht. Außerdem habe ich kaum Geld bei mir.« Wir ließen ihn zappeln, macht man beim Angeln ja auch so. »Wie viel wollt ihr? 10 000?«

Aus unserem Schweigen muss er geschlossen haben, dass wir noch verhältnismäßig weit auseinanderlagen.

»50 000?«

Ich zog die linke Braue hoch. Es war an der Zeit, die Sache aufzuklären: »Die gute Nachricht ist, dass wir keine kriminellen Kidnapper sind, die kein Problem damit hätten, dich den Fischen zum Fraß vorzuwerfen. Die schlechte Nachricht ist, dass wir sehr gut über deine Vermögensverhältnisse informiert sind und dieser Ausflug dich exakt acht Millionen Euro kosten wird.«

»Acht Millionen!« Er lachte laut auf. Die gute Nachricht hatte ihn wohl wieder etwas mutiger gemacht. Aber so richtig aus dem Herzen kam sein Lachen nicht. Ob er einen Verdacht hatte?

»Hört mal, Jungs. Wer auch immer euch gesteckt hat, dass ich so gestopft bin, hat einen Knall.«

Nachdem ich ihm den Namen unseres Auftraggebers genannt hatte, wurde er blass und sagte mit schweißnasser Stirn: »Das Schwein!«

»Genau so hat er dich auch genannt: ›Das Schwein hat mich

um acht Millionen Euro betrogen.‹ Deswegen hat er mich und meine Freunde gebeten, das Geld für ihn zurückzuholen.«

Mossi schob ihm das Satellitentelefon rüber. »Wie gesagt, wir sind keine bösen Buben. Du musst keine Angst um dein Leben haben, aber wenn du weiter deine Nachmittage im Yachthafen genießen willst, nimmst du jetzt dieses Telefon und sorgst dafür, dass die acht Millionen auf das Konto ihres rechtmäßigen Besitzers transferiert werden.«

»Ich denke gar nicht dran«, blaffte er mich an.

Wer trennt sich schon freiwillig von acht Millionen Euro? Ich bat den Kapitän zu uns an den Tisch. »Sag mal, reicht der Sprit eigentlich für einen Abstecher nach Kalifornien? Da wollte ich schon lange mal wieder hin.«

»Unbedingt.«

Jetzt hatte auch unser Gast begriffen, woher der Wind wehte. Ihm blieb nichts anderes übrig, als zum Telefon zu greifen und sich so dem Zugriff der US-Behörden zu entziehen. Zwei Tage mussten wir auf See bleiben, dann kam die Bestätigung meines Auftraggebers, dass das Geld angekommen sei. Wir schipperten zurück, entließen unseren Gast mit den besten Wünschen für die Zukunft und dem Rat, sich besser nicht an die Polizei zu wenden, weil nicht alle Leute aus unserem Bekanntenkreis so umgänglich seien wie wir. Außerdem würden sich die Amerikaner trotz seiner Überweisung noch immer brennend für ihn interessieren und seien dankbar für jeden Hinweis auf seinen genauen Aufenthaltsort.

Manchmal melden sich bei Schwarzgeld auch Mitwisser aus den Banken. Mir selbst sind schon mehrfach vertrauliche Unterlagen angeboten worden. Das letzte Mal, nachdem der »Stern« im Januar 2013 die Steuersünden von Uli Hoeneß aufgedeckt hatte. Ein mir Unbekannter hatte mich angerufen und um ein Treffen gebeten. Er verlangte 250 000 Euro für diverse Dokumente, die belegen sollten, welcher Art die Geschäfte des damaligen Präsidenten des FC Bayern München waren. Eine Kontonummer hatte er angeblich auch, aber dafür wollte er noch einmal extra abkassieren. Bei ihm hatte ich gleich ein ungutes Gefühl. Er redete zu viel über Geld und seine Stimmlage veränderte sich ständig. Normalerweise beginnen solche Gespräche mit einem Satz wie »Das ist natürlich nicht umsonst, aber lassen Sie uns erst einmal über die Abläufe sprechen«. Wer aber die ganze Zeit nur von seinem Honorar spricht, hat meistens nichts Brauchbares in der Hand. Erfahrungswert.

Bei diesem ersten Abtasten versuche ich oft, meine Gesprächspartner aus dem Konzept zu bringen, schau dann zum Beispiel ständig aufs Handy oder fange ein ganz anderes Thema an. Wer sich davon verunsichern lässt, bekommt bei mir keine zweite Chance. Ganz blutige Anfänger verraten sich manchmal sogar schon durch die Wahl der Garderobe. Mossi und ich lachen noch heute über zwei angebliche Informanten, die vorgaben, aus Sicherheitsgründen aus zwei verschiedenen Städten angereist zu sein. Wir nennen sie heute die »Zwillinge«, denn sie waren vollkommen identisch gekleidet. Alles nagelneue Klamotten. Die Hemden hatten sogar noch die Verpackungsfalten.

Den Fall Hoeneß habe ich nicht weiterverfolgt. Abgesehen davon, dass ich vor diesem Mann trotz allem, was passiert ist, größte Hochachtung habe, was hätte ich mit den Infos anfangen sollen? Ihn erpressen? Nichts läge mir ferner. Die Unterlagen an die Staatsanwaltschaft weiterreichen? Da hätte ich draufgezahlt. Ich hatte das Gefühl, ich sollte benutzt werden – oder er wollte mich einfach nur abzocken. Außerdem hätte ich mich nie mehr im Tegernseer Tal – wo Uli Hoeneß bekanntlich wohnt – blicken lassen können, wenn ich den dort immer noch sehr beliebten Fußball-Manager ans Messer geliefert hätte.

# Kapitel 9

# Antichrist

## Kopfgeldjagd auf Florian Homm

Was packt man ein, wenn man morgens zur Arbeit fährt? Vielleicht wichtige Papiere für eine Besprechung oder frisch gewaschene Arbeitskleidung, vielleicht aber auch nur die Pausenstulle. Ich stopfte an diesem Morgen bündelweise Fünfhundert-Euro-Scheine in eine Edeka-Plastiktüte, die anschließend nur knapp in meinen Rucksack passte. 1,5 Millionen Euro nehmen auch in großen Scheinen mehr Platz weg, als man denkt. Den Rucksack beförderte ich auf den Beifahrersitz und fuhr damit auf direktem Weg ins »Arosa« nach Travemünde. Mossi war schon da, genau wie Micha. Micha war einer, der ein Klavier zur Not auch allein auf den Umzugslaster hieven konnte. Im Foyer warteten wir noch kurz auf den Anwalt, dann gingen wir zusammen hoch in den ersten Stock, wo der Kameramann bereits alles vorbereitet hatte. Der kleine Konferenzraum, den ich angemietet hatte, war spartanisch eingerichtet. Vor eine weiße Wand hatten wir einen weiß gedeckten Tisch geschoben, davor war die Kamera aufgebaut. Nichts sollte vom Wesentlichen ablenken, und das Wesentliche war heute der stattliche Haufen an Fünfhundertern. Den kippte ich aus der Plastiktüte auf den Tisch und setzte mich vor die Wand. Vor der Tür sorgte Micha dafür, dass wir ungestört blieben. Die Kamera lief, es konnte losgehen.

»Guten Tag. Mein Name ist Josef Resch. Ich bin Inhaber der Firma Wifka. Ich präsentiere Ihnen 1,5 Millionen Euro in bar, die sich jeder als Belohnung verdienen kann, wenn er die Hinweise dazu gibt, um Herrn Florian Homm dingfest zu machen. Die 1,5 Millionen wurden und sind von den Auftraggebern der Firma Wifka als Belohnung ausgesetzt. Die Belohnung kann von jeder Person in Anspruch genommen werden, die in folgender Angelegenheit sachdienliche und zum Ziel führende Hinweise und konkrete Fakten nennen kann, auch über einen Rechtsanwalt oder eine selbstgewählte Vertrauensperson. Bei Erfolg können die 1,5 Millionen Euro wahlweise in bar oder durch Überweisung ausgezahlt werden. Fragen, die uns interessieren, sind zum Beispiel:

Erstens: Wer kann genaue Informationen geben, zu welchem Zeitpunkt sich Herr Homm in der Botschaft Liberias in Paris aufhält?

Zweitens: Welche Personen oder ausländischen Behörden haben Herrn Homm gefälschte Papiere ausgestellt oder verkauft?

Weitere Fragen, die uns in der Sache Florian Homm interessieren, finden Sie auf unserer eingeblendeten Webseite www.wifka.de.

Weiter weise ich darauf hin, dass uns das in dem Video gezeigte Bargeld für vierundzwanzig Stunden – die Zeit des Videodrehs – zur Verfügung gestellt wurde, um die Ernsthaftigkeit unseres Aufrufes zu untermauern. Das gezeigte Bargeld befindet sich wieder bei unseren Auftraggebern und wird nur zu dem oben genannten Verwendungszweck herausgegeben.«

Am nächsten Tag, am 16. Mai 2012, stellten wir das Video ins Netz. Mein Gesicht verpixelt, die Stimme leicht verzerrt. Vorher hatte ich es noch ins Englische, Spanische und Französische übersetzen lassen. Die finale Großoffensive unserer Jagd auf Florian Homm konnte beginnen.

Irgendwo auf der Welt sah der Gesuchte die absurde Szene, die er später als »menschenverachtend« bezeichnete. Er wusste schon seit eineinhalb Jahren, dass ich mich an ihm festgebissen hatte. Und er wusste, dass ich nicht lockerlassen würde, bis meine Auftraggeber hatten, was sie von ihm wollten: 30 Millionen Euro.

Florian Homm war in der öffentlichen Wahrnehmung nicht unbedingt der Typ Mensch, von dem man erwartete, dass ein Adjektiv wie »menschenverachtend« überhaupt zu seinem aktiven Wortschatz gehört. Er war eine Heuschrecke, oder, korrekt ausgedrückt, ein Hedgefonds-Manager. Der Autovermieter Erich Sixt hat ihn mal als den »Antichristen der Finanzwelt« bezeichnet. Andere nannten ihn den »Plattmacher«. Er selbst sah sich als »Krieger«. Die Bezeichnungen Plattmacher und Krieger sind in Homms Gewerbe durchaus als Komplimente zu werten. »Antichrist« ist schon ein Ritterschlag. Denn Hedgefonds-Manager sind die Leute, die besonders riskante Aktienfonds verwalten und dabei nicht nur, wie man es eigentlich kennt, auf steigende Kurse setzen. Sie nutzen bei ihrer Arbeit so komplizierte Finanzinstrumente, dass normale Menschen gar nicht nachvollziehen können, was sie da eigentlich machen. Das Risiko, mit einem Hedgefonds Geld zu verlieren, ist mindestens genauso groß wie die Chance, mit einem solchen Investment gigantische Gewinne einzufahren. Ein Hedgefonds steht und fällt – noch mehr als herkömmliche Fonds – mit seinem Manager. Der braucht nicht nur ein untrügliches Gespür für schwächelnde Unternehmen, sondern muss auch völlig frei von Skrupeln sein. Betriebsrats-Romantiker sind da fehl am Platz und dürfen auch nicht auf christliche Nächstenliebe hoffen, wenn der eigene Laden in den Fokus eines Mannes wie Florian Homm gerät.

Die Traditionswerft Bremer Vulkan mit ihren 23000 Mitarbeitern war in den Neunzigern eines der ersten Opfer von Florian Homm und gleichzeitig wohl sein prominentestes. Wobei Opfer eigentlich das falsche Wort ist. Aktive Sterbehilfe trifft es in diesem Fall besser, denn das Unternehmen war vom Management an die Wand gewirtschaftet worden. Früher eine der größten Werften Europas, die im Laufe ihrer Geschichte mehr als 1000 Schiffe vom Stapel hat laufen lassen, überlebte die Werft nur dank großzügiger Subventionen der Stadt Bremen. Florian Homm hatte sich die Mühe gemacht, Bücher und Auftragslage genau zu analysieren, und war nicht nur über »untragbare außerbilanzielle Schulden«[9] gestolpert, sondern auch über einen italienischen Großauftrag für zwei Kreuzfahrtschiffe, ein Segment, in dem die Werft über keinerlei Erfahrung verfügte. Trotzdem hatte der Vorstand zugestimmt, eine Vertragsstrafe von einer Milliarde Mark zu zahlen, sollten die Schiffe nicht pünktlich fertig werden.

Ein gefundenes Fressen für einen Hedgefonds-Manager. Homm witterte einen Haufen Geld, der hier zu holen war, denn eine Vertragsstrafe in dieser Höhe hätte das sichere Aus für die Bremer Vulkan bedeutet. Homms Konkurrenz dagegen glaubte den Beteuerungen des Managements, sah nur den italienischen Großauftrag und die sauber polierten Bilanzen in den graphisch ansprechend gestalteten Jahresberichten. Doch Florian Homm gab sich mit diesen Informationen nicht zufrieden. Er verkleidete sich als US-Tourist, betrank sich in den Hafenkneipen mit den Vulkan-Arbeitern

9 Florian Homm: »Kopf Geld Jagd«, S. 169

und erkundigte sich wie nebenbei nach dem Fortgang der Arbeiten. Schnell wurde ihm klar, dass alles unumkehrbar auf eine Katastrophe zusteuerte. Und dann schlug er zu. Nicht umsonst adelte ihn die Branche zu seinen besten Zeiten als »Hedgefonds-Manager« des Jahres.

Leerverkauf nennt sich diese Spezialität der Hedgefonds. Im Grunde ist das Prinzip so einfach wie perfide und zeigt, mit welchen Methoden Investmentbanker zum Teil arbeiten. Zu einem Zeitpunkt, an dem die Aktien eines mutmaßlich gesunden Unternehmens noch in der Sonne glänzen, »leiht« sich der Hedgefonds-Manager diese Wertpapiere auf dem Markt und verpflichtet sich gegenüber den Inhabern, sie zu einem vorher festgelegten Zeitpunkt zu bezahlen – allerdings zu dem Preis, zu dem sie dann an der Börse gehandelt werden. Glaubt der Verleiher also, Aktien eines gesunden und prosperierenden Unternehmens zu verleihen, die im Wert eher steigen als fallen werden, macht er ein gutes Geschäft, wenn er Wochen oder Monate später das Geld dafür bekommt.

Homm lieh sich mehrere 100 000 Vulkan-Aktien bei einem Preis von etwa hundert Mark und verkaufte – nicht verlieh – diese Aktien für Preise zwischen 80 und 100 Mark. Homms Käufer wiederum glaubten, ein gutes Geschäft gemacht zu haben, weil sie die Papiere unter dem aktuellen Börsenwert gekauft hatten.

Florian Homm hatte also bislang nicht einen Pfennig investiert und trotzdem durch die Verkäufe schon viele Millionen Mark eingesammelt. Hatte er zum Beispiel 300 000 Vulkan-Aktien für 80 Mark verkauft, wären das ungefähr 24 Millionen. Sein einziges Problem war nur, dass er diese Aktien später noch bezahlen musste, denn bislang waren sie ja nur geliehen. Um keinen Verlust zu machen, musste er jetzt nur noch dafür sorgen, dass die Wahrheit über die Zustände bei der Bremer Vulkan ans Tageslicht kam. Das ist verhältnismäßig einfach. Er musste nur das Ergebnis seiner aufwändigen Recherchen an ein paar Finanzjournalisten streuen, die darüber berichteten. So kam raus, dass das Vulkan-Management mehr als 900 Millionen Mark an Bundes- und Landeszuschüssen veruntreut hatte. Auch die Kreuzfahrtschiffe für die Italiener wurden nicht pünktlich fertig, so dass die Kosten explodierten. Die Aktie war im freien Fall. Florian Homm bezahlte für die geliehenen Aktien einen Schnäppchenpreis von ein paar Mark. Die Differenz konnte er als Gewinn für seinen Fonds verbuchen.

Florian Homm überließ nichts dem Zufall und war nicht einfach nur ein Fondsmanager und Investmentspezialist. Er war mit allen Wassern gewaschen, und das machte die Jagd auf ihn so kompliziert. Während er sich mit den Werftarbeitern in irgendwelchen Hafenspelunken betrank, Detektive engagierte und wertvolle Informationen sammelte, saßen die Kollegen von renommierten Fondsgesellschaften wie Templeton und Fidelity, die zusammen 32 Prozent der Anteile an der Bremer Vulkan hielten, im feinen Bremer »Park Hotel« und ließen sich vom Vorstand in Sicherheit wiegen. Am Ende verloren allein diese beiden Fonds mehrere 100 Millionen Mark.

Dass man sich mit solchen Methoden keine Freunde macht, ist einem Mann wie Florian Homm herzlich egal. Und auch die Mitarbeiter des Traditionsunternehmens hatten mit Homm als Nutznießer der Vulkan-Pleite schnell ein festes Feindbild. Nicht wenige von ihnen haben sich fast ihr ganzes Arbeitsleben lang mit der traditionsreichen Werft identifiziert. Mit Stolz konnten sie darauf verweisen, Schiffe gebaut zu haben, die auf allen Weltmeeren zu Hause waren.

Florian Homm ist der Großneffe des Versandhausgründers Josef Neckermann, den ich damals noch auf der Schwaigeralm zusammen mit seiner Frau kennen gelernt hatte und der mir beinahe meine Motorsport-Karriere finanziert hätte. Er ist blitzgescheit, knapp über zwei Meter groß und war in jungen Jahren ein begnadeter Basketballspieler, der – obwohl Student in Harvard – regelmäßig für Osnabrück in der Bundesliga spielte und es vor dem Studium sogar bis zum Jugendnationalspieler gebracht hatte.

Nach der Uni machte er eine Blitzkarriere, arbeitete bei der Fondsgesellschaft Fidelity, der Schweizer Privatbank Julius Bär und dem US-Vermögensverwalter Tweedy Browne. Mit vierunddreißig Jahren gründete er die Value Management & Research AG (VMR), mit der er dann unter anderem den Coup bei der Bremer Vulkan landete. Als die Dotcom-Blase kurz nach der Jahrtausendwende platzte, stieg er bei VMR aus, was ihm viele Anleger übelnahmen. Direkt im Anschluss zog er die Firma Absolute Capital Management Holding Plc. (ACM) hoch, die zu ihren besten Zeiten mit etwa einem Dutzend Niederlassungen auf vier Kontinenten ein Vermögen von mehr als drei Milliarden US-Dollar verwaltete. Das *Manager Magazin* schätzte sein privates Nettovermögen auf etwa eine halbe Milliarde Euro und zählte ihn zu den 300 reichsten Menschen Deutschlands. Aufgebaut hatte er dieses Vermögen praktisch aus dem Nichts, immer mit dem Ziel vor Augen, mehr Geld zu verdienen als sein Großonkel Josef Neckermann.

Homm lebte ein Jetset-Leben in prachtvollen Schlössern, Palästen, Landgütern, Luxusapartments und einem Anwesen auf Mallorca. Außerdem besaß er einen Privatflieger mit maßgeschneiderten, weißen Ledersitzen, eine Jacht mit vier Schlafzimmern, ein Schnellboot, ein Rolls-Royce-Cabriolet und eine individuell aufgemotzte S-Klasse – ebenfalls ohne festes Dach. Seine Gemäldesammlung alter Meister konnte als herausragend bezeichnet werden. Und wenn er sich nachts in Palma de Mallorca amüsieren wollte, hatte er dafür seinen eigenen 900 Quadratmeter großen Nachtclub direkt an der Meerpromenade. Er lebte in der Gewissheit, dass Geld absolut überhaupt keine Rolle spielte, tingelte durch Talkshows, kaufte sich 2004 mit 25 Prozent bei der damals fast bankrotten Borussia Dortmund ein und rettete den Club vor der fast sicheren Pleite. Auf Fotos sah man ihn praktisch nur mit Zigarre, die er wie ein Statussymbol zur Schau trug.

Am 18. September 2007 war dann plötzlich Schluss mit der Party. Florian Homm tauchte ab. Sein letzter bekannter Aufenthaltsort war die Tanzfläche des Zürcher In-Clubs »Kaufleuten«. Mit den Worten »Ich gehe schlafen, damit ich morgen frisch bin«, empfahl er sich und wurde seitdem nicht mehr gesehen. Homm hatte gute Gründe für sein plötzliches Verschwinden: Es hatte eine regelrechte Klageflut geprellter Anleger an US-Gerichten gegen ihn gegeben. Allein der Öltycoon Jack Grynberg fühlte sich um 16 Millionen Dollar betrogen und ließ über seinen Anwalt verlauten: »Homms Firma war nicht mehr als eine Lizenz zum Betrügen und Stehlen.«

Wer die US-Behörden im Nacken hat, hat einen unangenehmen Gegner. Bei Geld verstehen die Amis keinen Spaß. Es ist dort zwar völlig okay, wenn auch die letzten Psychopathen mit Automatik-Gewehren durch die Gegend irren, aber Anlagebetrug ist in den Augen der US-Justiz ein schweres Verbrechen. Viele werden sich noch an den Finanz- und Börsenmakler Bernard L. Madoff erinnern, der 2009 für die nächsten 150 Jahre ins Gefängnis umziehen musste, weil er im Laufe seines Berufslebens einen Schaden von grob geschätzt 65 Milliarden Dollar verursacht hatte.

Ich wusste nicht, ob Florian Homm nur die ungeschriebenen Gesetze der Branche oder auch richtige Gesetze verletzt hatte. Irgendwas musste da gehörig aus der Spur gelaufen sein, sonst hätte er sich nicht einfach aus dem Staub gemacht. Aber zum Zeitpunkt seines Abtauchens lag noch kein Haftbefehl aus den USA vor. Für mich war das von Vorteil, weil ich dadurch nicht mit offiziellen Fahndern in den Wettstreit treten musste, um den Flüchtigen zu finden. Ich habe zwar ein großes Netzwerk an Zuträgern und Helfern, aber das FBI hat definitiv mehr Personal.

Das wussten auch meine Auftraggeber, die 2010 anonym über einen Anwalt an mich herantraten. 30 Millionen Euro sollte ich für sie bei Homm eintreiben. Wie, das war ihnen völlig egal. Zwanzig Prozent der Summe würde ich als Honorar bekommen, 650 000 Euro sollte ich als Belohnung für den entscheidenden Tipp ausloben.

Zu dem Zeitpunkt war mir der Name Florian Homm noch nicht wirklich ein Begriff. Ich hatte zwar von ihm gelesen, aber was ich dann bei meinen Recherchen über ihn herausfand, machte mir klar, dass wir unsere Hausaufgaben in diesem Fall besonders gründlich machen müssten. Nicht nur, weil er schon seit fast drei Jahren abgetaucht war, sondern auch, weil er über sehr viel Geld verfügte. Geld erleichtert die Flucht und erschwert die Suche. Hinzu kam, dass er überall auf der Welt zumindest ehemalige Geschäftspartner und Freunde hatte, fließend fünf Sprachen sprach und sich bestens auskannte. Ein Mann wie Florian Homm setzt sich nicht einfach in ein Flugzeug und hofft, dass er nicht erwischt wird. Ein Mann wie Florian Homm hat alles bis ins Detail durchgeplant. Entmutigen ließ ich mich davon nicht. Denn egal, wie teuer und aufwändig eine Flucht ist, der Schwachpunkt sind die Helfer und die kleinen Handlanger. Für mich war die alles entscheidende Frage nicht, *ob* wir ihn finden, sondern *wann*.

Es dauerte nicht lange, bis ich die ersten brauchbaren Hinweise erhielt, die alle aus seinem direkten Umfeld kamen. Die Motive waren völlig unterschiedlich: Einige wollten sich an ihm rächen, andere hatten wohl Angst, dass im Rahmen der

Nachforschungen gegen Homm auch unerfreuliche Wahrheiten über ihr eigenes Tun an die Oberfläche gelangen könnten, und in so einem Fall ist es immer nützlich, ein paar zusätzliche Notgroschen für die Kriegskasse zu bunkern. In meinem Büro hing eine Karte, auf der wir die Homm-Sichtungen markiert hatten: Mallorca, Chile, Griechenland, Venezuela, Vereinigte Arabische Emirate, Frankreich, Liberia, Paraguay, Marokko, Äthiopien. Wir bekamen sogar die Kopie eines gefälschten irischen Passes mit seinem Konterfei und dem Phantasienamen Colin Trainor. Die Stempel verrieten, dass er mit diesem Pass schon zweimal in Venezuela eingereist war. Viele Hinweise, aber kein Volltreffer.

Inzwischen hatte die US-Börsenaufsichtsbehörde SEC ebenfalls offizielle Ermittlungen aufgenommen. Sie verdächtigte Homm, zusammen mit zwei Geschäftspartnern in der Zeit von 2005 bis zu seinem Verschwinden 63 Millionen Dollar veruntreut zu haben. Die USA hatten ihn zur Fahndung ausgeschrieben. Würden sie ihn vor uns finden, wäre das Geld weg.

Einen Vorteil hatte die Sache mit dem amerikanischen Haftbefehl jedoch. Sollten wir Homm vor den Amis schnappen, hatte ich ein erstklassiges Druckmittel in der Hand. Genauso wie ein paar Jahre zuvor mit dem Mann in Panama.

Florian Homm hätte ich mit der Aussicht auf einen Angel-Ausflug nicht aufs Boot gelockt. Warum auch? Er hatte sein eigenes. Passenderweise war seine Yacht auf den Namen *No Remorse* getauft, also *»Keine Reue«*. Sie lag vor Südamerika.

Im Spätherbst 2011 passierte etwas, was bei meinen bisherigen Aufträgen nie wichtig, sondern eher schädlich war: Jens Brambusch, ein findiger Wirtschaftsjournalist, der sich schon länger mit dem Phänomen Florian Homm beschäftigt hatte, rief mich an: »Ich habe gelesen, dass Sie eine Belohnung in

Höhe von 650 000 Euro auf Florian Homm ausgelobt haben. Ist das ein Witz oder seriös?« Meine spontane Reaktion war, gleich wieder aufzulegen, denn erstens fand ich seine Frage respektlos, und zweitens hielt ich ein Gespräch mit einem Journalisten für reine Zeitverschwendung. Doch dann wurde mir schlagartig klar, dass er mir unter Umständen sehr nützlich sein könnte: »Die Firma Wifka ist keine Zirkus-Truppe. Natürlich ist das seriös.«

»Dann würde ich Sie gerne treffen, wenn's möglich ist. Und Sie erzählen mir, was und wer hinter dem Auftrag steckt.« Glaubte der wirklich, ich würde ihm meine Auftraggeber nennen?

»Unter zwei Bedingungen. Wir treffen uns in Travemünde, und Sie kommen ohne Fotografen. Ich lege Wert darauf, dass mein Gesicht nicht in der Zeitung erscheint.«

»Es ist selbstverständlich ein rein informelles Treffen. Was wir daraus machen, werden wir danach entscheiden.«

Damit konnte ich leben und bestellte ihn ins »Arosa«.

Ein paar Wochen später, am 15. Februar 2012, erschien in der deutschen *Financial Times* unter der Überschrift »Findet Homm!« ein fast eineinhalb Seiten langer Artikel mit einer Graphik, die aussah wie ein mehrfach gefalteter Steckbrief. Darauf prangten ein Bild von Florian Homm mit seiner großkalibrigen Zigarre und darunter der in Versalien gehaltene Schriftzug »WANTED«. Dazu waren ein Fadenkreuz, der Hinweis auf seine möglichen Identitäten – »Alias Chaim Friedmann, alias Colin Trainor« – und die Belohnung von »1 100 000 €« abgedruckt. In Absprache mit meinem Auftraggeber hatten wir die Belohnung verdoppelt. Ich hatte ihm über unseren Kontakt klarmachen können, dass die Geschichte in der deutschen *Financial Times* eine gute Gelegenheit wäre, etwas mehr Druck auf Homm auszuüben.

Dieser Artikel setzte etwas in Bewegung, was ich so noch

nie erlebt hatte. Plötzlich interessierten sich auch andere Zeitungen für meine Suche nach Florian Homm. Journalisten wollten Interviews mit mir und ebenfalls über die Geschichte berichten, denn Homm war im Gegensatz zu Männern wie meine Baño-Bekanntschaft aus Panama prominent. In der Finanzwelt kannte man ihn sowieso, aber auch Fußballfans konnten mit seinem Namen etwas anfangen, zumindest die in Dortmund. Hinzu kam noch Großonkel Josef Neckermann, der eigentlich jedem erwachsenen Deutschen ein Begriff war, sowie sein Fall von ganz oben. Florian Homm ließ sich in der Presse wunderbar als der skrupellose Plattmacher verkaufen, der 23 000 Werftarbeiter in die Arbeitslosigkeit geschickt und blendend daran verdient hatte. Seine Opfer waren nicht nur irgendwelche Superreichen, bei denen es auf eine Million mehr oder weniger nicht ankommt. Journalisten lieben diese Art von Geschichten. So einen Mann durften sie genüsslich filetieren.

Die Berichterstattung zeigte Wirkung. Einen Monat später, am 15. März 2012, erhielt ich eine E-Mail in gebrochenem Deutsch.

»Sehr geehrter Herr Resch,

Ich habe Auskunft über einen von der Personen auf Ihrer Internet Seite. Ich will natürlich anonym bleiben.

Falls alles gut geht und Sie können den Person erwischen, wie können Sie garantieren, dass ich wirklich die Belohnung bekomme?

Mit freundlichen Grüßen,

San Remo«

Solche Mails bekomme ich oft, doch was hier so holprig begann, sollte sich als die heißeste Spur entwickeln, die wir bisher hatten. »San Remo« entpuppte sich nämlich als die bulgarische Haushaltshilfe von Florian Homms Mutter. Wir vereinbarten ein Treffen auf dem Frankfurter Hauptbahnhof. Und was sie mir dort erzählte, ließ mich auf ein baldiges Ende der Jagd hoffen: »Frau Homm will ihren Sohn in ein paar Wochen in Paris treffen. Die Anreise soll per Schiff erfolgen.« Und Frau Homm wollte ihre Haushaltshilfe mit auf die Reise nehmen.

Paris machte Sinn. Florian Homm hatte einen (echten) liberianischen Diplomatenpass, ausgestellt als Dankeschön für sein soziales Engagement beim Bau einer Schule. Eine Million Dollar soll er dort investiert haben. Auf Fotos sieht die Schule allerdings eher nach einer 1000-Dollar-Investition aus. Die Frage, ob das Geld tatsächlich dort oder im gierigen Rachen irgendwelcher Politiker verschwunden ist, werden die Beteiligten wahrscheinlich unbeantwortet mit ins Grab nehmen. Sicher war nur, dass der liberianische Botschafter log, als er beteuerte, Homm habe die Botschaft in Paris nie betreten. Tatsächlich hatte er dort ein eigenes Zimmer, die Botschaft einen geheimen zweiten Eingang, durch den er unerkannt ein und aus gehen konnte. Das wusste ich von einem Mann, der nachweislich exzellente Kontakte zu Homm hatte und immer noch hat: Klaus Haittinger, vorbestrafter Betrüger und immer da, wo es Geld zu verdienen gibt. Ich schätze, er hat im Laufe der Zeit eine Menge Drecksarbeit für Homm erledigt. Einerseits führt Haittinger den Lebensstil eines gutbetuchten Geschäftsmanns, der nur erste Klasse fliegt und teure italienische Weine trinkt. Auf der anderen Seite fehlt ihm oft genug das Geld, um seine Handy-Rechnungen zu begleichen. Charme muss man ihm auf jeden Fall attestieren. Immer wieder ist es ihm gelungen, Menschen für sich zu gewinnen – eine Zeitlang jedenfalls. Bis auf Florian Homm kenne ich niemanden, der Haittinger nicht irgendwann auf seine persönliche schwarze Liste gesetzt hat.

Das alles konnte ich noch nicht ahnen, als Haittinger mich wegen des Kopfgelds kontaktiert hatte und um ein persönliches Treffen bat. Es war unsere erste Begegnung von vielen.

Ich ahnte gleich, dass die Sache faul war, als ich ihn vom Bahnhof in Tegernsee abholte. »Lass uns im ›Überfahrt‹ reden. Die haben da wirklich eine gute Küche.« Er duzte mich wie selbstverständlich, als würden wir uns schon seit Jahren kennen. Ich hatte vermutet, dass die Infos, die ich an diesem Tag von ihm bekommen würde, wahrscheinlich nicht einmal die Vorspeise wert waren. Da sollte ich mich allerdings irren, denn von einem geheimen Hintereingang hatte ich keine Ahnung. Viel mehr Informationen waren aus ihm dann allerdings nicht mehr rauszuholen. Das Gespräch verflachte, und weil Haittinger inzwischen mehr Fragen stellte als beantwortete, wurde ich das Gefühl nicht los, dass Homm höchstpersönlich ihn geschickt hatte, um zu erfahren, was ich tatsächlich schon an verwertbaren Ergebnissen hatte. Der geheime Hintereingang war nur der kleine Brotkrumen, den er mir hingeworfen hatte, um mich glauben zu machen, er würde mir wirklich helfen wollen.

Als der Kellner den Käse brachte, hatte ich genug von ihm. Erst recht, als er ansatzlos aufstand und den Kellner anschrie: »Willst du mich vergiften? Wir haben Käse bestellt, kein Kaninchenfutter.« Die Küche hatte den in seinen Augen unverzeihlichen Fehler begangen, die Platte mit etwas kleingehacktem Schnittlauch zu dekorieren. Haittinger war wirklich ein Kotzbrocken. Einen letzten Versuch unternahm ich trotzdem: »Komm schon, du kannst das Geld doch bestimmt gut gebrauchen, für dich lege ich auch noch eine Million drauf«, lockte ich ihn, denn inzwischen war ich mir absolut sicher, dass er mich in Homms Auftrag kontaktiert hatte, um mich auszuhorchen.

Aber darauf ließ er sich nicht ein: »Für eine läppische Million verkaufe ich meine Seele nicht.«

Aha.

»Da musst du mir schon zehn Millionen bieten«, fügte er hinzu.

Darauf ließ ich mich allerdings nicht ein.

Haittinger war nicht der einzige angebliche Tippgeber, bei dem ich das Gefühl hatte, dass etwas nicht stimmte. Da gab es auch einen Schweden, der mir am Telefon weismachen wollte, ich müsse mich unbedingt in Dubai mit ihm treffen, weil Florian Homm dort schon seit einiger Zeit in einem Hotel logierte und an den Plänen für einen Flughafen in Armenien arbeite. Diesen Hinweis nahm ich genauso wenig ernst wie die Informationen von einem halben Dutzend anderer Anrufer, bei denen ich das Gefühl hatte, sie kamen direkt von der Gegenseite. Homm mag schlau sein, aber seine Fallen waren lau.

Tatsächlich hatte Florian Homm gleich nach dem ersten Aufruf begonnen, mich gründlich zu durchleuchten. Er wollte wissen, wer ich bin und wie ich arbeite. Seine größte Sorge war, dass ich versuchen könnte, über seine Familie an ihn heranzukommen – und zwar auf die brutale Methode. Kind entführen, Mutter in den Keller sperren, solche Dinge eben. Diese Sorge beruhte übrigens auf Gegenseitigkeit. Auch ich konnte nicht wissen, wie er sich wehrt und wie weit er dabei gehen würde. Ich habe aber schnell begriffen, dass das nicht seine Art ist. Homm ist klug, und er ist skrupellos bei seinen Geschäften. Aber er ist kein Tier. Er würde einen anderen Weg gehen. Ich sollte Recht behalten.

Ich traf »San Remo«, die bulgarische Haushaltshilfe, und fragte sie, ob sie bereit wäre, Homms Mutter einen kleinen Peilsender in die Handtasche zu schmuggeln. Sie erbat sich ein paar Tage Bedenkzeit, dann stimmte sie zu. Bei einem zweiten Treffen kurz vor der Abreise nach Frankreich übergab ich ihr den Sender und erklärte, wie wir vorgehen wollen. »Wir werden ständig in Ihrer Nähe sein. Sobald Herr Homm mit auf dem Schiff ist, geben Sie uns ein kurzes Signal per SMS an meine Nummer. Beim nächsten Landgang machen Sie dann allein einen kleinen Spaziergang, und wir greifen zu. Sobald wir ihn haben, bekommen Sie Ihr Geld.«

Wir saßen zu viert in meinem Wagen, als der GPS-Sender sich wie geplant in Richtung Frankreich bewegte. Nach fast zwei Jahren harter Recherche waren wir bereit für den Zugriff. Wir verfolgten das Signal auf einem kleinen Monitor und hielten einen Abstand von ungefähr zehn Kilometern. So konnten wir im rechten Moment schnell zur Stelle sein. Es lief wie am Schnürchen, auch als Uschi Homm zusammen mit der Haushaltshilfe und einem Vertrauten ihres Sohnes das Schiff betrat und sich das Signal deutlich langsamer bewegte. Doch plötzlich war das Signal tot. Wir überprüften die Einstellungen. Alles korrekt. Es müsste die Position auf der elektronischen Karte genau angezeigt werden. Es konnte kein technisches Problem sein. Es gab nur eine Erklärung: Der Sender war tot. Ich griff zum Handy und wählte die Nummer der Haushaltshilfe. Doch auch das funktionierte nicht. Was war geschehen? Vor Wut schlug ich mit der Faust aufs Lenkrad. »Verdammt, wir waren so nah dran. Was hat die dusselige Kuh mit dem Sender gemacht?«

Immer wieder wählte ich vergeblich ihre Nummer. Erst am nächsten Tag ging sie ran und wollte mir weismachen, der Sender sei aus Versehen beim Verlassen des Schiffes aus der Tasche ins Wasser gefallen. Steckte Homm dahinter? Hatte er die Frau durchschaut?

Parallel zu unserer Verfolgungsaktion hatte ich einen als Lieferwagen getarnten Ford Transit vor der liberianischen Botschaft postiert. Sollte er tatsächlich nach Paris reisen, würde er ganz sicher dorthin gehen. Aber nach ein paar Tagen ließ ich die Aktion abbrechen. Er war uns entwischt.

»Lass uns Nägel mit Köpfen machen«, sagte Mossi, als wir in Travemünde zusammensaßen und uns beratschlagten, was zu tun ist.

»Was ist das für eine blöde, krumme Summe? 1,1 Millionen Euro. Der Auftraggeber muss auf 1,5 Millionen erhöhen. Und weißt du, was wir dann machen? Wir drehen ein Video und laden es bei YouTube hoch. Zeitungen sind schön und gut, aber ein Video im Internet kann man auf der ganzen Welt sehen.«

Ich musste nicht lange nachdenken, Mossis Plan war großartig. So ein Videodreh verursacht praktisch keine Kosten, und ich hatte einen Grund, noch einmal Jens Brambusch von der *Financial Times* anzurufen. Der würde sich die Story sicher nicht entgehen lassen. Vor allem aber hatten wir mit dem Video die Möglichkeit, auch die sozialen Netzwerke zu nutzen. Wir verschickten den Link an viele Fußball-Fangruppen und forderten sie auf, es so oft wie möglich zu teilen, denn wir hatten inzwischen erfahren, dass Homm sogar dreist genug war, zu Heimspielen des BVB zu gehen. Das hatte ich von einem Anwalt erfahren, der ebenfalls aus der näheren Umgebung Homms kam und sich von ihm betrogen fühlte. Über Wochen bombardierte er mich mit unzähligen E-Mails, die zeigten, dass er tatsächlich viel über ihn wusste, nur eben nicht, wo er sich gerade aufhielt. Ich willigte sogar ein, ihm eine Übernachtung im »Arosa« zu bezahlen, weil er dort angeblich einen wichtigen Informanten treffen wollte, der ihm sagen könne, wo Homm sich gerade aufhält. Dieser wichtige Informant war eine hübsche junge Dame, der er an diesem Abend teuren Rotwein und die exzellente Küche des Luxushotels spendierte. Vielleicht haben sie später auf dem Zimmer tatsächlich noch über den Aufenthaltsort gesprochen, beim Essen jedenfalls ging es nur um Zwischenmenschliches, wie mir das von mir engagierte Pärchen, das ich am Nachbartisch platziert hatte, noch am selben Abend berichtete. Manchmal ist es ganz einfach, die Spreu vom Weizen zu trennen.

Mit dem Video ging die Hetzjagd in die entscheidende Phase. Und es rief sogar die amerikanische Drogenfahndungsbehörde DEA auf den Plan. Sie verdächtigten Homm, für irgendwelche Drogenkartelle in Südamerika die Geldwäsche übernommen zu haben, um sich so mit frischem Kapital zu versorgen, denn einen nicht unerheblichen Teil seines Vermögens hatten die Amerikaner auf Schweizer Konten eingefroren. Ich konnte kaum fassen, dass die DEA mich um Hilfe bat, nachdem sie mich 25 Jahre zuvor in Medellín im Stich gelassen hatten. Und jetzt sollte ich ihnen Florian Homm liefern, und zwar ohne eine Belohnung dafür zu kassieren. Selbstredend lehnte ich das Angebot ab.

Homm spürte überall auf der Welt, dass immer mehr Menschen von dem Kopfgeld wussten. Selbst in der liberianischen Botschaft, wo sich die – wie er sie nennt – »niederen Chargen« plötzlich vermehrt für ihn interessierten und freundlich nachfragten, was er am Abend noch vorhabe. Er wusste, dass die Informationen stimmten, die ich über ihn gesammelt hatte. Und er wusste, dass sie aus seiner unmittelbaren Umgebung kommen mussten. Aber wo war das Leck? Einen Menschen, der alles so präzise analysiert wie er, muss dieses Leck wahnsinnig gemacht haben. Niemandem konnte er mehr trauen. Er war gezwungen, sich immer neue Identitäten zuzulegen, und beschäftigte sogar Ex-Mossad-Agenten, um sich zu schützen. Aber er wusste auch, dass Ex-Agenten kein Problem damit haben, von heute auf morgen die Seite zu wechseln – auch für weniger Geld als sein Freund Klaus Haittinger. Er und seine Begleiter hatten es sich sogar zur Angewohnheit gemacht, winzig-kleine Klappfahrräder mit sich zu führen, um möglichen Häschern zum Beispiel durch eine Fußgängerzone entwischen zu können.

Das alles hat mir Homm erzählt, als wir uns am 6. März 2013 auf dem Hauptbahnhof in München bei »Gosch« das erste Mal persönlich trafen. »Jetzt sitzen die beiden Pitbulls also endlich zusammen am Tisch«, begrüßte er mich.

»Und sie müssen sich nicht mal zerfleischen«, entgegnete ich.

Er reichte mir die Hand: »Ich heiße Florian.«

»Ich bin Sepp.« Die Suche war beendet, ganz unspektakulär. Zu Ende war die Geschichte deswegen trotzdem noch lange nicht. Vor allem nicht für Florian ...

Ein sonderbares Gefühl, endlich dem Mann gegenüberzusitzen, den ich so lange gesucht hatte und über den ich so viel gelesen und erzählt bekommen hatte. Er wirkte längst nicht so hochgewachsen, wie ich ihn mir vorgestellt hatte. Er redete schnell und schien mit seinen Gedanken immer wieder ganz woanders zu sein. »Dein Video hat mich eine Menge Geld gekostet.«

»Ich hatte gehofft, es würde mir eine Menge Geld einbringen. Wir hatten dich beinahe, doch dann sollten wir die Suche kurz vor dem Ziel plötzlich abblasen. Warum haben meine Auftraggeber die Belohnung zurückgezogen? Steckst du dahinter?«

Florian lächelte vielsagend.

»Du warst wirklich sehr nah dran. In Paris zum Beispiel, nette Idee mit dem Lieferwagen, aber ihr habt mich nicht erkannt. Ich hatte mir eine Pudelmütze auf den Kopf gesetzt und bin auf meinem Klapprad an euch vorbeigefahren. Die Dinger sind wirklich praktisch, vor allem weil man auf ihnen nicht so groß wirkt.« Er grinste, als sei das in seinen Augen alles nur ein Spiel.

»Am Anfang war das alles noch okay. Ich hatte in meinem

Leben schon eine Menge Detektive am Hals. Seit mindestens 25 Jahren. Das gehört zum Geschäft. Bei Gewinnen von 150 Millionen Euro wollen immer alle dabei sein. Wirtschaftsspionage gibt es in allen Unternehmen. Die müssen noch nicht einmal groß sein. Aber ich weiß auch, wie man sich wehrt. Wenn ich zum Beispiel ein Meeting habe mit Leuten, die ich nicht kenne, lasse ich mir vorher über Detekteien ein mehrseitiges Profil erstellen. Ich will einfach wissen, mit wem ich es zu tun habe. Und du warst vielleicht der intelligenteste Gegner, den ich auf diesem Sektor hatte.«

»Und was ist bei mir dabei rausgekommen?«

»Ich habe nur ein einziges, knapp 15 Jahre altes Foto von dir gefunden. Das ist schon nicht schlecht. Ansonsten bist du fair und kein Schwein, aber ein harter Hund. Old School eben. Ich wusste, dass ich dich ernstnehmen musste. Du hattest einen Auftrag, und den hast du sauber abgearbeitet. Das hätte ich übrigens genauso gemacht.«

»Haittinger hast du mir geschickt, stimmt's?«

»Sagen wir so: Ich habe Leute bei dir eingeschleust. Natürlich wollte ich wissen, was du weißt.«

»Viel kann dabei nicht rausgekommen sein.«

»Stimmt. Ich hatte auch überlegt, eine Tussi auf dich anzusetzen. Nicht irgendeine Nutte, sondern ein schlaues Mädchen, das weiß, was es macht. Mir war aber klar, dass das bei dir nicht mit einer schnellen Nummer zu machen war. Das hättest du sofort durchschaut. Die hätte mindestens drei Monate baggern müssen – und du hättest trotzdem nichts erzählt.«

Die Nummer mit den Mädchen habe ich selbst schon öfter durchgezogen, um an Informationen zu gelangen. In der Regel war diese Methode sehr effektiv. In meinem Netzwerk gibt es ein paar Damen, die sehr zuverlässig Zungen lösen. Bei denen würde kein Mensch darauf kommen, in welchem

Auftrag sie unterwegs sind. Meist handelt es sich um Frauen mit einem ganz normalen, alltäglichen Beruf, die Lust auf ein bisschen Abenteuer haben und sich das gut bezahlen lassen.

»Ein anderer Plan war, dich nach Chile ins Grenzgebiet zu Argentinien zu locken und da mal in die Mangel zu nehmen, aber das habe ich auch verworfen.«

»Glaubst du, ich reise ohne totale Absicherung in so unsichere Gegenden?«

»Deswegen habe ich es ja auch verworfen.« Er machte eine kleine Pause, um dann leicht überheblich zu grinsen. »Was, glaubst du, wäre passiert, wenn du mich in die Hände bekommen hättest?«

»Dann hättest du die Wahl zwischen US-Knast und einer Überweisung gehabt.«

»Ich hätte bezahlt. Und dann?«

»Hätte ich dich zu den Akten gelegt.«

»Glaubst du ernsthaft, ich hätte mir das Geld nicht zurückgeholt? Plus Aufwandsentschädigung? Ich habe Leute in meinem Bekanntenkreis, mit denen möchte man keinen Ärger haben.«

Ich wusste, dass er damit ehemalige Fremdenlegionäre wie Maurice und Patrick meinte, die für uns in Algerien gearbeitet hatten. Der Unterschied zwischen ehemaligen Legionären und irgendwelchen Schlägertrupps ist schnell erklärt. Schläger klingeln an der Tür. Fremdenlegionäre sprengen die Tür. Das ist ihr Handwerk.

»Solche Leute kenne ich sehr gut«, sagte ich.

»Aber dein ehemaliger Auftraggeber offensichtlich nicht.«

»Ich habe keine Ahnung, wer die 30 Millionen bekommen hätte. Sie wären auf ein Treuhänderkonto geflossen. Mich interessiert nicht, wer mich bezahlt, mich interessiert nur, dass pünktlich gezahlt wird.«

»Ich gehe immer analytisch an eine Sache ran. Dich konnte

ich nicht ausschalten. Also habe ich mir überlegt, wer dahinterstecken könnte. Mir sind etwa sechs Namen eingefallen. Dann habe ich zum Telefonhörer gegriffen – und das Kopfgeld war aus der Welt.«

»Eine Frage interessiert mich noch: Warum hat die Haushälterin plötzlich einen Rückzieher gemacht?«

»Der musste ich nur einmal tief in die Augen schauen, um zu wissen, was sie vorhatte. Sorry für deinen schicken GPS-Sender, aber so teuer sind die Dinger ja heutzutage nicht mehr.«

»Schon gut, ich habe noch welche zu Hause. Und wer ist jetzt als Sieger aus diesem Pitbull-Kampf hervorgegangen?«

»Einigen wir uns darauf, dass wir beide gewonnen haben.«

Florian konnte seinen Sieg nicht lange auskosten. Er werde für ein paar Tage verreisen, sagte er mir zum Abschied, hielt ein Ticket in die Luft und ging Richtung Gleise. Das Ziel darauf konnte ich nicht erkennen. Am übernächsten Tag lief er direkt in eine Falle, die er fast mit dem Leben bezahlt hätte.

Kurz vor unserem Treffen hatte Florian seine Autobiographie unter dem Titel *Kopf Geld Jagd* veröffentlicht. Seiner Exfrau Susan attestierte er darin Traumfrau-Qualitäten – auch wenn sie ihn bei der Scheidung nach allen Regeln der Kunst über den Tisch gezogen hatte. Susan ist Amerikanerin und lebte mit den beiden gemeinsamen Kindern wieder in den Staaten. Während seiner Raubzüge in der Finanzwelt hatte er sich wie viele Macher mit selbst auferlegtem 48-Stunden-Tag so gut wie gar nicht um den Nachwuchs gekümmert, was er inzwischen öffentlich bereute. Seine Familie zu besuchen war unmöglich, deswegen hatte Susan eingewilligt, mit ihrem Sohn Conrad nach Europa zu kommen, um so ein Treffen zu ermöglichen.

Ob sie dem FBI persönlich davon erzählt hat – was Florian ausschließt – oder ob die Lauscher sie einfach auf dem

Schirm hatten: Die Zielfahnder des FBI waren ihm auf den Fersen, und einer ihrer Agenten gab den Italienern den entscheidenden Tipp.

Als Homm seine Frau und seinen Sohn am 8. März 2013 in Florenz in den berühmten Uffizien traf, schlugen die Carabinieri zu. Er hatte sich zu sicher gefühlt. Mich machten die Umstände seiner Verhaftung sprachlos, denn das unvorsichtige Verhalten passte überhaupt nicht zu ihm. Selbst nachdem wir das Kopfgeld zurückgezogen hatten und er nicht mehr befürchten musste, dass ihm an jeder Straßenecke jemand nachstellte, hatte er sich nur mit äußerster Umsicht bewegt – auch wenn er inzwischen durchaus wieder die Öffentlichkeit gesucht und mehrere Interviews gegeben hatte, in denen er den Geläuterten gab, einen Mann, der seine Vergangenheit durchaus kritisch betrachtet.

Am bemerkenswertesten war wohl sein Auftritt bei Peter Hahne im ZDF, zusammen mit Sahra Wagenknecht von den Linken. Die Talk-Sendung wurde mit den Worten »Finanzhai trifft Sozialistin« angekündigt und fünf Tage vor Homms Verhaftung aufgezeichnet. Auch hier räumte er ein, dass er das Studio im Anschluss nicht einfach verlasse, seine Abreise durchaus ein bisschen »vororganisiert« sei. Weil in Deutschland kein Haftbefehl gegen ihn vorlag, hatte er von den deutschen Behörden nichts zu befürchten. In Italien sah das schon ganz anders aus. Zwar lag auch hier offiziell nichts gegen ihn vor, aber wie viele andere Länder hat Italien seit 1984 ein Auslieferungsabkommen mit den USA.

Die Amerikaner pochen wie keine andere Nation auf die Auslieferung mutmaßlicher Straftäter. Nicht immer erfolgreich. Der in Polen geborene Regisseur Roman Polanski setzte sich nach seiner Verurteilung wegen Vergewaltigung einer Minderjährigen nach Frankreich ab und wurde französischer Staatsbürger. Frankreich liefert seine Bürger grundsätzlich nicht aus. NSA-Enthüller Edward Snowden flüchtete zunächst nach Hongkong, das zwar ein Auslieferungsabkommen mit den USA hat, ihn aber nicht an der Ausreise hinderte, weil die Amis den Behörden falsche Reisepassdaten übermittelt hatten. Russland wiederum, wo Snowden nach seiner überstürzten Abreise zwischenlandete, hat kein Auslieferungsabkommen mit den USA. Wikileaks-Gründer Julian Assange fand Zuflucht in der Londoner Botschaft Ecuadors – die Beziehungen zwischen dem südamerikanischen Land und den USA sind angespannt.

Wenn es allerdings darum geht, eigene Staatsbürger an fremde Länder auszuliefern, sind die Amerikaner wesentlich zurückhaltender. Als Florian Homm in Pisa gegen seine Auslieferung kämpfte, gab es nämlich gerade einen zweiten Fall, in dem eine sehr prominente US-Bürgerin zurück nach Italien sollte: Amanda Knox, berühmt geworden als »Engel mit den Eisaugen«. Knapp zwei Monate, nachdem Florian Homm sich auf die Flucht gemacht hatte, soll die Austauschstudentin zusammen mit ihrem damaligen Freund Raffaele Sollecito in Perugia ihre 21-jährige britische Kommilitonin Meredith Kercher in der gemeinsamen Wohnung brutal erstochen haben. In einem fast absurden Gerichtsverfahren wurde Knox am 4. Dezember 2009 für schuldig erklärt und zu einer Freiheitsstrafe von 26 Jahren verurteilt. Zwei Jahre später, am 9. Dezember 2011, hob ein Berufungsgericht das Urteil wieder auf, Amanda Knox wurde entlassen und flog noch am selben Tag zurück in ihre Heimatstadt Seattle. Damit war die Justizposse aber noch keineswegs beendet. Das höchste italienische Gericht, die Corte Suprema di Cassazione, verfügte am 26. März 2013 eine Wiederaufnahme des Verfahrens mit dem Ergebnis einer erneuten Verurteilung wegen Mordes. Dieses Mal sollte Knox für 28 Jahre und sechs Monate ins Gefängnis wandern. Vor Gericht war sie natürlich nicht erschienen, als das Urteil am 30. Januar 2014 gesprochen wurde. »Nach Italien werde ich nie in meinem Leben zurückkehren«, ließ sie verlauten.

Die Amerikaner hatten Amanda Knox, die Italiener Florian Homm. Ein politisches Tauziehen begann.

Zu dieser Zeit bekam ich einen sehr überraschenden Anruf. Uschi Homm, Florians Mutter, wollte von mir wissen, ob ich ihrem Sohn helfen könnte: »Wenn Flori an die USA ausgeliefert wird, stirbt er im Gefängnis. Er leidet an Multipler Sklerose. Schon kurz nach der Inhaftierung hat er zwei Schübe bekommen und kann kaum noch laufen. Die Bedingungen, unter denen er einsitzt, sind unerträglich. Es wird praktisch täglich schlimmer.« Die Italiener hatten ihn inzwischen von Florenz in ein anderes Gefängnis nach Pisa verlegt, weil man ihn dort medizinisch besser versorgen könne. Doch in Pisa lebte er mit anderen schwerkranken Häftlingen in einem Raum. Auf solchen Stationen sind Hepatitis-Infektionen keine Seltenheit. Kommt ein MS-Kranker mit ihnen in Kontakt, kann das zu schlimmen Komplikationen führen. Inzwischen gab es mehrere Gutachten, die seinen dramatisch verschlechterten Zustand dokumentierten.

Uschi Homm und Florians Anwälte kämpften an allen Fronten. Auf der einen Seite versuchten sie, die Auslieferung an die USA zu verhindern, auf der anderen Seite versuchten sie, ihn mit den medizinischen Gutachten für haftunfähig zu erklären. Sogar Sahra Wagenknecht, deren sozialistische DNA eigentlich eher erwarten ließ, dass sie diesen Finanzhai und Erzkapitalisten für immer weggesperrt sehen will, wandte sich an die Bundesregierung und forderte von der deutschen Botschaft in Rom einen Bericht über seinen Gesundheitszustand. Ihrer Meinung nach sei es selbstverständlich, dass er sich vor der Justiz verantworten müsse, aber falls er haftunfähig sei, müsse er das Gefängnis verlassen dürfen.

Homm war beeindruckt, von so unerwarteter Seite Unterstützung zu bekommen. In einem Brief an die stellvertretende Vorsitzende der Linken antwortete er: »Mich hat es fast vom Stuhl gehauen, wie ich gehört habe, dass Sie bereit wären, sich für mich in dieser tatsächlich lebensbedrohlichen Lage einzusetzen. In den letzten acht Monaten habe ich zwischen nacktem Überleben, Selbstmordgedanken sowie Hoffnung geschwankt. Vielleicht unterhalten wir uns eines Tages darüber. Obwohl es einige fundamentale Kernunterschiede bei gewissen Wirtschaftsthemen gibt, sollte Deutschland froh sein, dass es die Linke gibt. Wer setzt sich denn sonst für die Belange der steigenden Anzahl der links (oder rechts) Liegengelassenen ein? Wer sonst macht denn nicht angepasste, kaum differenzierbare Opposition? Wer sonst hält uns davon ab, zu reinen Werksklaven und idiotisierten, konsumgeilen, seelenlosen, globalisierten Automaten zu mutieren? Als Mitglied des Abschaums (oder der Schande) unserer Gesellschaft möchte ich mich ganz herzlich bei Ihnen bedanken. Als Mensch bin ich bewegt. Danke.«[10]

Von anderer Seite gab es weniger Unterstützung. Über seinen Anwalt hatte Homm den damaligen Bundesaußenminister Guido Westerwelle gebeten, »alle möglichen Schritte einzuleiten, um eine Verbesserung der Situation für Homm zu erreichen«. Homm hatte wohl auf seine früher guten Kontakte zur FDP gesetzt, doch Westerwelle ließ ihn abblitzen. Über das Auswärtige Amt ließ er mitteilen, dass man sich im Rahmen der »konsularischen Fürsorgepflicht« bei den italienischen Kollegen für eine angemessene medizinische Betreuung eingesetzt habe. Die »Entscheidungen der unabhängigen italienischen Justiz« wolle man aber auf gar keinen Fall beein-

10 Süddeutsche Zeitung: »Homms Brief an Wagenknecht im Wortlaut: ›Im Vorzimmer der Hölle‹« (11. 12. 2013)

flussen«. Das gelte auch für seinen Antrag auf eine Verlegung in eine Spezialklinik.

Für den weniger offiziellen Teil der Bemühungen um eine Freilassung hatte Uschi Homm mich gebeten und spekulierte auf meine guten Kontakte, die ich in meiner Zeit in Italien gesammelt hatte. Sie wollte sich nicht allein auf die Anwälte verlassen und für den Fall der Fälle lieber einen Joker in der Hinterhand haben.

»Das sollten wir nicht am Telefon besprechen«, sagte ich ihr. Bei unserem Treffen machte ich ihr klar, dass so eine »unförmliche Entlassung« durchaus vorstellbar, aber nicht billig sei. »Da müssen eine Menge Pensionskassen gefüllt werden. Die Beteiligten gehen ein hohes Risiko ein.« Damit meinte ich nicht nur mich.

Plötzlich war aus dem Jäger ein möglicher Helfer geworden.

Ich habe es schon an anderer Stelle erwähnt: Moral ist mir sehr wichtig. Würde Florian Homm sitzen, weil er sich an Kindern vergriffen oder einen Menschen umgebracht hat, hätte ich keinen Finger für ihn krummgemacht. Aber ihn im Gefängnis verrecken zu lassen, weil er nach US-Recht eventuell Anleger um 200 Millionen Euro – so der aktuelle Stand der Anklage – geprellt hatte, konnte ich mit meinem Rechtsempfinden beim besten Willen nicht in Einklang bringen.

Uschi Homm war verzweifelt, aber die kleine Frau kämpfte mit dem Mut einer Löwin um ihren Sohn. Das imponierte mir. Sie wusste, dass es eine Menge Geld kosten würde, sollte sie tatsächlich auf meine Hilfe zurückgreifen müssen, weil es auf der juristischen oder diplomatischen Schiene nicht funktionierte. Sie hatte schon ihre Tochter an diese grausame Krankheit verloren. Noch ein Kind wollte sie nicht opfern. Aber genau danach sah es jetzt aus. Das italienische Berufungsgericht Corte Suprema di Cassazione in Rom hatte am

9. Januar 2014 entschieden, dass Florian Homm ausgeliefert werden durfte. Jetzt musste nur noch das italienische Justizministerium zustimmen.

Ich setzte mich in den Wagen und fuhr im Februar 2014 nach Italien. Erinnerungen an die freudlosen Winter meiner Jahre in Italien wurden wach, als ich in Fano ankam. Zwei Wochen lang führte ich viele Gespräche. Schließlich war ich sicher, dass es funktionieren könnte.

Als ich mich auf dem Frankfurter Flughafen im März zum zweiten Mal mit Uschi Homm traf und ihr den Preis dafür nannte, hatte ich schon eine recht konkrete Vorstellung davon, wie der Walk out ablaufen könnte. Fünf Millionen Euro müsste sie für den Ausbruch investieren, plus 150 000 Euro für einen Leichenschein und die Materialkosten für einen maßgefertigten Sarg. Mein Honorar war darin noch nicht enthalten.

»Ich werde das Geld besorgen«, sagte sie. Anschließend wollte sie mir sofort einen Vorschuss über 150 000 Euro für meine »Auslagen« geben, aber ich winkte ab: »Vorschüsse gibt es nicht. Die fünf Millionen werden fällig, wenn er das Gefängnis wohlbehalten verlassen hat, der Rest, wenn Florian in Deutschland ist. Vorher zahlen Sie niemandem auch nur einen Cent. So handhabe ich das auch. Alles andere ist unseriös.« Ich war etwas überrascht über ihr Angebot. So gut kannten wir uns nicht. Ich hätte mir einfach das Geld schnappen und mich verabschieden können, aber das ist nicht mein Stil.

Eine Woche später fuhr ein Vertrauter nach Pisa und nannte Homm den »Walk-out-Code«. Wenn irgendjemand, egal wer, zu ihm komme und sage »Flori, let's go«, dann müsse er einfach mitgehen. Dann dürfe er keine Fragen stellen. Der Code klingt banal, hat aber den Vorteil, dass kein Italiener so etwas zufällig sagt.

Der Mann, der mir den ersten schwierigen Teil der Flucht

organisieren würde und dafür die fünf Millionen Euro bekommen würde, sagte mir, wir hätten vier Stunden Zeit, nachdem Florian wie auch immer und mit wessen Hilfe auch immer die Schleusen hinter sich lassen würde. Selbst in Italien war das kein leichtes Unterfangen, denn wer glaubt, dass so etwas ganz einfach wie im Film in einem Wäschekorb funktioniert, liegt falsch. Bei Zulieferern wird sogar der Unterboden des Wagens mit einem Spiegel kontrolliert. Weniger gründlich sind die Kontrollen dagegen, wenn zum Beispiel ein höherer Beamter in seinem Wagen das Gelände verlässt. Da sperrt kein Kontrolleur jedes Mal den Kofferraum auf. Vielleicht auch deswegen nicht, weil der dafür zuständige Beamte darum gebeten wurde, den Kofferraum dieses Mal nicht zu öffnen.

Nach vier Stunden würden sie bemerken, dass ihr prominenter Häftling fehlt, und die Maschinerie in Gang setzen. Alle Einzelheiten seines Planes verriet mir unser Mann vor Ort nicht. Ich war aber überzeugt davon, dass so etwas in Italien grundsätzlich machbar ist. Allerdings auch nur, wenn der Gefangene die oben erwähnten Kriterien erfüllt. Bei Mördern und anderen ähnlich schweren Straftätern war das weitaus schwieriger oder gar unmöglich. Im Fall von Florian Homm kam erleichternd hinzu, dass er erkennbar schwerkrank war und ihm außerdem eine Auslieferung in die USA drohte – und dass seine Mutter, die schon eine Tochter wegen genau dieser Krankheit verloren hatte, bereit war, für seine Rettung viel Geld zu bezahlen.

Fünf Millionen Euro ergeben zehntausend 500-Euro-Scheine. Diese abzuzählen, wäre in der kurzen Zeit nicht möglich. Deshalb werden in dieser Größenordnung zunächst einzelne, zufällig ausgesuchte Bündel kontrolliert, um zu prüfen, ob es sich wirklich um 500-Euro-Scheine handelt. Anschließend wird alles gewogen. Eine Million Euro wiegen 2,3 Kilogramm, fünf Millionen Euro entsprechend 11,5 Kilogramm.

Florian würde dann außerhalb der Stadt in den Kofferraum eines großen Autos umsteigen und auf schnellstem Wege nach Florenz gefahren werden. Dort ginge es durch die Garage direkt ins Haus einer guten Bekannten. Eine Woche würde er dort verbringen müssen und auch nicht nur daran denken dürfen, sein Gesicht ein einziges Mal am Fenster zu zeigen. Dann würde sich die Situation mit Straßensperren und Kontrollen etwas beruhigt haben. Alternativ hatte ich auch darüber nachgedacht, den Vier-Stunden-Slot zu nutzen, um in einem Rutsch nach Deutschland zu fahren. Mit einem schnellen Wagen wäre das durchaus machbar gewesen, aber mir war das Risiko zu groß, eventuell in eine Geschwindigkeitskontrolle zu geraten und aufzufliegen.

Nach einer Woche ginge es in einem fensterlosen Lieferwagen wieder durch die Garage auf einen Parkplatz hinter einem Bürogebäude. Der Fahrer des dort parkenden Leichenwagens würde aussteigen, um kurz auszutreten. Diesen Zeitpunkt kann man nicht Wochen oder Monate im Voraus planen, aber man kann dafür Sorge tragen, dass es so aussieht, als müsse er tatsächlich mal schnell sein kleines Geschäft erledigen. Das geht ganz einfach mit einem Beutel kalten Tees in der Tasche, an dem ein Schlauch befestigt ist, der dann vorne aus der Hose gezogen wird. Mögliche Zeugen dieser grotesken Szenerie hätten sich mit Sicherheit aus Scham und Pietät abgewandt. Florian hätte so unentdeckt den Wagen wechseln und sich in den geöffneten Sarg legen können. Der wäre zwar übrigens mit Luftlöchern, nicht aber mit einem WC ausgestattet gewesen. Den Komfort eines Sargs mit Toilette hätte ich ihm nicht bieten können.

Ich wartete nur noch auf mein »Seppi, let's go«.

Parallel zu meinen (ihnen natürlich nicht bekannten) Vorbereitungen hatten Homms Anwälte beim Straßburger Gerichtshof für Menschenrechte Einspruch gegen die Abschiebung erhoben, weil ihm in den USA eine lebenslange Haftstrafe drohte.

Die Italiener wollten Amanda Knox, die Amerikaner Florian Homm. Seinen italienischen Anwälten gelang es immer wieder, die drohende Abschiebung mit Formfehlern aufzuschieben. Doch dann ging es plötzlich ganz schnell. Am 3. Juni 2014 wurde er entlassen und verschwand so schnell nach Deutschland wie Jahre zuvor Amanda Knox in die Staaten.

Wochen später bekam ich einen Anruf von Florian. Er wollte mich sehen. »Als sie mich in Florenz geschnappt haben«, sagte er, »habe ich sofort daran gedacht, dass du mich verraten haben könntest. Dann habe ich von meiner Mutter gehört, was du im Notfall für mich organisiert hättest. Und vor allem hat sie mir erzählt, dass du sie nicht abgezockt hast. Dafür möchte ich dir danken.«

»Gern geschehen! Aber jetzt musst du mir noch erzählen, warum dann plötzlich alles so schnell ging.«

»Weißt du, die Italiener sind ein freundliches Volk, aber wenn es um die *vendetta*, die Rache, geht, hört bei ihnen der Spaß auf. Sie fühlten sich von den Amerikanern in der Knox-Sache behandelt wie ein kleines Kind. Das vergessen die nie. Die grinsen so lange, bis sie zuschlagen. Die haben meine Entlassungspapiere zeitlich so unterzeichnet, dass die Amerikaner keine Chance hatten, noch irgendeine Verfahrensgeschichte einzubauen, die meine Entlassung aufgeschoben hätte. Das denke ich mir nicht aus, das ist eine Info, die ich direkt aus einem Ministerium habe.«

Amanda Knox wurde übrigens am 27. März 2015 vom Obersten Kassationshof in letzter Instanz freigesprochen, dieses Mal endgültig.

Florian Homm lebt heute in Deutschland. Wir haben regelmäßig guten Kontakt und schätzen uns.

# Kapitel 10

# Gier

## Wie Argentinien sich weigerte, seine Schulden zu begleichen

Staatsanwalt Alberto Nisman ist nur 51 Jahre alt geworden. Seine Mutter fand ihn in den Morgenstunden des 18. Januar 2015 mit einem Einschussloch im Kopf in der Badewanne seiner Wohnung in Buenos Aires. Die Pistole Kaliber .22 lag noch neben der Leiche. Nismans Tod schockierte nicht nur die Argentinier. Weltweit schaute man entsetzt auf das südamerikanische Land und sah in Nismans Tod einen weiteren Beweis dafür, dass die politische Klasse Argentiniens noch nie zimperlich war, wenn es um Machterhalt und persönlichen Vorteil ging.

Nisman starb Stunden vor einer brisanten Anhörung im Parlament. Er hatte im Fall des Attentats auf das jüdische Gemeindehaus Amia im Jahr 1994 ermittelt. Damals waren 85 Menschen getötet und 200 verletzt worden. Tatverdächtig war der Iran als Strippenzieher. Doch der damalige Präsident Carlos Menem soll kein großes Interesse an der Aufklärung des Falls gehabt haben, weil er das politische Klima zwischen dem Iran und Argentinien nicht belasten wollte. Alberto Nisman wollte Beweise dafür gefunden haben, dass auch die amtierende Präsidentin Cristina Fernández de Kirchner die Ermittlungen gegen tatverdächtige Perser behindert hatte. In Nismans Papierkorb fanden die Ermittler nach seinem Tod den Entwurf einer Klageschrift gegen die Präsidentin, ihren Außenminister Héctor Timerman und weitere führende Figuren aus ihrer Umgebung. Er wollte eine Gefängnisstrafe gegen die amtierende Präsidentin beantragen – ein ungeheuerlicher Vorgang, der Kirchners Ruf weltweit geschadet hätte.

Nisman warf der Präsidentin in dem Klageschriftentwurf vor, die Ermittlungen gegen die tatverdächtigen Iraner – führende Militärs, Diplomaten und Politiker – sabotiert zu haben, um ein lukratives Ölgeschäft mit Teheran abschließen zu können. War das sein Todesurteil? Jedenfalls gab es bei dem Fall, dessen Aufklärung in den Sternen steht, eine Reihe von Merkwürdigkeiten, die Zweifel an der Selbstmordtheorie der Ermittler aufkommen lassen.

Auch ich steckte 2013 mitten in Ermittlungen gegen den argentinischen Staat und war dabei auf ein geheimes Konto bei einer Schweizer Bank gestoßen. Ich war kurz vor dem Ziel und hätte nur noch eine Kontopfändung beantragen müssen, mit der ich für meine Auftraggeber einen zweistelligen Millionenbetrag hätte zurückholen können.

»Ich hatte ein seltsames Gespräch«, sagte mein Anwalt am Telefon.

»Warum, was ist passiert?«

»Es war jemand, der sich am Telefon als ›Mitwisser einer Bank‹ ausgegeben hat. Er nannte den Namen der Bank, um die es bei deinem Auftrag geht, und er nannte die Summe, die du pfänden willst.«

»Das war doch bestimmt noch nicht alles?«, hakte ich nach.

»Richtig. Er sagte, sollte diese Pfändung tatsächlich stattfinden, könne er nicht für das Leben deines Sohnes und deiner Frau garantieren.«

»Das klingt nach einer klaren Ansage.«

»Würde ich auch so sehen.«

Diese Drohung nahm ich sehr ernst. In Ermittlerkreisen gibt es eine alte Weisheit: Droht dir ein Türke mit dem Tod, vergiss es. Droht dir ein Italiener mit dem Tod, schau dich um, wenn du aus dem Haus gehst. Droht dir ein Jugoslawe mit dem Tod, kauf dir einen Sarg. Ich möchte ergänzen: Droht dir ein Südamerikaner mit dem Tod, hast du nicht mal Zeit, dir einen Sarg zu kaufen.

Das Geld sollte da bleiben, wo es ist. Es sollte auf keinen Fall den Besitzer wechseln, obwohl eine Menge Leute einen Anspruch darauf hatten und dieser Anspruch in der Schweiz gerichtlich durchgesetzt werden konnte. Einige dieser Leute, die einen Anspruch auf das Geld hatten, waren meine Auftraggeber.

Es ging um eine argentinische Staatsanleihe aus dem Jahr 1996, die 2005 eigentlich hätte zurückgezahlt werden müssen. Doch Anfang 2002 hatte Argentinien den Staatsbankrott erklärt. Für Wirtschaftsökonomen war das keine ganz so große Überraschung, weil Argentiniens wechselnde Präsidenten das Land über Jahrzehnte auf Pump finanziert hatten.

Das Prinzip einer Staatsanleihe ist einfach und uralt, das deutsche Kaiserreich hat so zum Beispiel den ersten Weltkrieg finanziert: Braucht ein Staat Geld, verkauft er Anteile, die nach einer vorher festgelegten Zeit zurückgezahlt werden müssen. Während der Laufzeit bekommt der Käufer Zinsen auf die Anleihe. Die Höhe der Zinsen richtet sich nach der Bonität des jeweiligen Staates. Ist der gesund, gibt's weniger Zinsen. Steht das Land mit einem Bein am Abgrund, gibt's deutlich mehr Zinsen, denn die Gefahr, dass die Anleihen nicht bedient, also die Zinsen nicht bezahlt werden können, ist größer. Wie gesund ein Staat ist, legen internationale Ratingagenturen fest. Die Spanne reicht von AAA bis Junk Bond.

Argentinien war längst ganz weit unten und eigentlich nur noch für Zocker geeignet. 80 Prozent des Staatshaushalts musste die Regierung in die Bedienung der Zinsen investieren, die jährlich etwas mehr als 300 Milliarden Euro betrugen. So etwas kann auf Dauer nicht gutgehen. Aber weil Argentinien bis zu zwölf Prozent Zinsen für das Investment versprochen hatte, fanden sich genügend Zocker, die sich auf das Spiel einließen. Weltweit waren etwa eine halbe Million private oder institutionelle Anleger eingestiegen. Ein Totalverlust drohte.

Nach dem Bankrott bot Argentinien seinen Gläubigern einen Deal an, um die drückende Zinslast zu senken: Wer sich mit 25 Prozent des festgelegten Wertes, man spricht vom Nominalwert, zufriedengab, konnte seine Anleihen zurückgeben. 93 Prozent der Investoren schlugen ein. Hedgefonds, die investiert hatten, als die Anleihen schon zu Ramschpreisen zu haben waren, gehörten natürlich nicht dazu, denn das verstößt gegen ihr Geschäftsprinzip: billig zuschlagen und beim Rausgehen auf Kosten anderer – in diesem Fall des argentinischen Volkes – einen stattlichen Gewinn abgreifen. Auch einige der Privatanleger, sogenannte Hold-outs, zogen lieber vor Gericht, als sich mit Almosen abspeisen zu lassen.

In Deutschland gingen die Klagen bis vor das Bundesverfassungsgericht, das am 8. Mai 2007 entschied: »Es ist keine allgemeine Regel des Völkerrechts feststellbar, die einen Staat gegenüber Privatpersonen berechtigt, die Erfüllung fälliger privatrechtlicher Zahlungsansprüche unter Berufung auf den wegen Zahlungsunfähigkeit erklärten Staatsnotstand zeitweise zu verweigern.«[11]

In der Theorie klang das gut. Aber wie heißt es so schön? »Einem armen Mann kann man nicht in die Tasche greifen.«

Einer dieser Hold-outs, ein schwerreicher Großindustriel-

---

11 Financial Times Deutschland: »Buenas noches Argentina!«, 4.12.2012

ler aus der Schweiz, hatte mich kontaktiert. Er hatte einen zweistelligen Millionenbetrag investiert und ebenfalls auf die extrem hohen Zinsen gehofft. Dass aber nicht nur Unternehmen bankrottgehen können, sondern auch ganze Nationalstaaten, hatten er und seine vielen Leidgenossen übersehen. Vom Gericht hatte er einen gültigen Vollstreckungstitel in der Tasche, und nun wandte er sich an mich. Ich sollte ihm das Geld von den Argentiniern zurückholen.

Ich war nicht der Einzige, der ans argentinische Tafelsilber wollte. Das hatte schon zu kuriosem Aktionismus geführt. So gab es im Oktober 2009 in Rosenheim die Ausstellung »Dinosaurier – Giganten Argentiniens«. Ein besonders pfiffiger Hold-out war auf die Idee gekommen, zur Vernissage mit seinem Pfändungstitel zu erscheinen. Er wollte die Ausstellungsstücke für sich reklamieren. Doch die Argentinier hatten vorgesorgt. Als der Mann Eoraptor, Austroraptor und Co. für sich einforderte, zückten die Argentinier ein Schreiben des bayerischen Kultusministeriums. Darin wurde ihnen attestiert, dass die Dinos den Status unpfändbarer Kulturgüter haben.

Drei Jahre später versuchte es ein anderer Gläubiger auf dem Argentinien-Stand der Frankfurter Buchmesse. Auch er hatte kein Glück. Die Mitarbeiter hielten ihm Urkunden vors Gesicht, die belegten, dass die Objekte Privateigentum waren und nicht der Republik gehörten.

Selbst das Segelschulschiff »Libertad« der argentinischen Marine blieb nicht verschont. Als Kapitän Jorge Bergallo mit 326 Mann Besatzung im August 2002 in Bremerhaven anlegte, wusste er nicht, dass zeitgleich ein »Antrag auf Anordnung des dringlichen Arrests und Arrestpfändung« beim Amtsgericht eingegangen war. Doch das »zu pfändende Objekt«, urteilten die Richter, diene unmittelbar hoheitlichen Aufgaben und stehe damit »dem privaten Zugriff Dritter nicht zur Verfügung«. Kapitän Bergallo durfte wieder ablegen. Etwas mühseliger war es zehn Jahre später, die »Libertad« in Afrika frei zu bekommen. Ein Gericht in Ghana hatte dem Pfändungswunsch des amerikanischen Milliardärs und Hedgefonds-Managers Paul Elliott Singer stattgegeben. Erst der Internationale Seegerichtshof in Hamburg hob das Urteil auf. Singer hatte sich mit seinem Fonds NML Capitol in New York Titel im Wert von 1,3 Milliarden Dollar erkämpft. Vor dem Coup in Ghana hatte der Fonds-Manager versucht, einen Kuckuck auf argentinische Botschaftsgebäude in der ganzen Welt zu kleben, sie zu beschlagnahmen.

Auch der Versuch, vier Maschinen der Staats-Airline Aerolíneas Argentinas zu pfänden, scheiterte, weil die Flugzeuge nur geleast waren. Selbst die – in diesem Fall tatsächlich staatseigene – Präsidentenmaschine »Tango 1« hatten die Gläubiger im Visier. Doch der damalige Staatspräsident Néstor Kirchner bekam im Mai 2005 Wind von der Sache und sagte daraufhin seinen Besuch zu einem Vortrag in Hamburg kurzfristig ab. Ein Jahr später konnte er einen anderen Deutschland-Termin jedoch nicht so einfach canceln. Die Fußball-Weltmeisterschaft fand in Deutschland statt, und da gilt für einen argentinischen Staatspräsidenten Anwesenheitspflicht. Néstor Kirchner verzichtete kurzerhand auf den Einsatz der Präsidentenmaschine und flog Linie.

Ich hatte also jede Menge Konkurrenz, verspürte aber nicht die geringste Lust, mich um den Flugplan der Präsidentenmaschine zu kümmern, die Route der »Libertad« zu verfolgen oder Ausstellungsankündigungen zu studieren, um an das Geld für meinen Auftraggeber zu gelangen. Was sollte ich auch mit einer alten Boeing 757? Ein Jahr nach der Fußball-WM ist die Maschine fast vom Himmel gefallen. Néstor Kirchner war zwar an Bord, aber nicht mehr als Präsident.

Das Amt hatte er in einer demokratischen Wahl an seine Gattin Cristina Fernández de Kirchner weitergereicht. Die beiden waren mit der »Tango 1« auf dem Weg von ihrem Wohnsitz in Patagonien zurück in die Hauptstadt Buenos Aires, als plötzlich der rechte Motor heiß lief und die Flughöhe binnen Sekunden um 1200 Meter gesenkt werden musste. Die anschließende Landung auf dem Flughafen Jorge Newberry soll sehr unsanft gewesen sein, berichtete später der Privatpilot der Präsidentenfamilie.

Ich jedenfalls wollte Bargeld für meine Auftraggeber und war mir sicher, dass es irgendwo außerhalb des Landes schwarze Konten gab. Rechtlich ist das ein bisschen kompliziert, denn in der Schweiz ist es zum Beispiel so, dass direktes Vermögen eines Staates Immunität genießt, also nicht gepfändet werden kann. Anders sieht es aus, wenn es um das Vermögen einer Firma geht, die in Staatsbesitz ist. Darauf spekulierte ich, denn Argentiniens öffentliches Leben war immer geprägt von Korruption, Vetternwirtschaft und Selbstbereicherung – egal ob im Land gerade eine Diktatur oder Demokratie herrschte. Solche Staaten, das wusste ich einfach aus Erfahrung, unterhalten über dubiose Firmen geheime Konten entweder in der Schweiz, in Österreich, Luxemburg, Andorra oder Liechtenstein. Ich musste nur herausbekommen, bei welchen Banken diese Konten geführt wurden.

Nach den guten Erfahrungen, die ich Monate zuvor mit dem Video und der anschließenden Berichterstattung über Florian Homm gemacht hatte, wollte ich wieder eine Belohnung aussetzen, aber sie sollte noch viel höher ausfallen als bei Homm. Mit meinem Schweizer Industriellen allein war das nicht zu machen, also veröffentlichte ich auf meiner Website zunächst einen Aufruf, mit dem ich weitere Geschädigte suchte. Es meldete sich ein Rechtsanwalt, der in den vergangenen zehn Jahren mehr als hundert Gläubiger vertreten und alle Prozesse gewonnen hatte. Zusammen mit seinen Mandanten kam ich auf eine Summe von 70 Millionen Euro.

Ich setzte die Belohnung in Absprache mit dem Schweizer Industriellen auf acht Millionen Euro fest. Wer konnte Hinweise für ein oder mehrere schwarze Konten der argentinischen Regierung geben? Jetzt musste das Angebot nur noch unter die Leute gebracht werden. Die Zusammenarbeit mit Jens Brambusch von der *Financial Times Deutschland* hatte sich bei Florian Homm ein paar Monate zuvor bewährt. Der entsprechende Artikel erschien am 4. Dezember 2012 unter der Überschrift »Buenas noches, Argentina!«. Jetzt musste ich nur noch warten.

Die Wartezeit endete mit einem Anruf aus Österreich: »Spreche ich mit Herrn Josef Resch?«

»Das beantworte ich Ihnen, wenn Sie mir sagen, worum es geht.« Ich hatte in meinem Berufsleben schon so viele unsinnige Telefonate geführt, dass ich bei Fremden immer kurz angebunden war. Ein rüder Ton ist gleichzeitig ein erster brauchbarer Schritt, um die Spreu vom Weizen zu trennen. Wer sich gleich einschüchtern lässt, kann mir in der Regel sowieso nicht helfen.

»Ich wurde um sehr viel Geld betrogen und habe auch eine Liste der Verantwortlichen, inklusive der Adressen. Ich würde Sie gerne fragen, ob Sie mir da helfen können. Können wir das in Österreich besprechen?«

Ein neuer Auftrag? Irgendetwas sagte mir, dass das nicht der eigentliche Grund seines Anrufs war. Und da ich ohnehin ein paar Tage in München zu tun hatte, verabredeten wir uns im »Vier Jahreszeiten«.

Wie immer war ich eine gute Viertelstunde vor dem vereinbarten Termin in der Lobby des Hotels. Ich versuchte, mir ein Bild von der Lage zu machen. Im Foyer beobachtete ich möglichst desinteressiert, was um mich herum geschah. Wer betrat zusammen die Lobby? Wer saß allein? Wie lange schon? Wartete er oder sie? Leider konnte Mossi nicht dabei sein. In solchen Situationen ist ein stiller und aufmerksamer Beobachter Gold wert. Ohne ihn fühlte ich mich in dieser Situation nicht wohl. Außerdem ließ mich der mutmaßlich neue Kunde warten.

Dann erschien ein Anruf mit unterdrückter Nummer auf meinem Handy. »Wo sind Sie?«, fragte er.

»In der Lobby. Wie verabredet.«

In der nächsten Sekunde stand er vor mir. Er konnte nicht wissen, wie ich aussehe. Deshalb der Anruf, um zu sehen, wer ranging.

Der Anonyme roch aus jeder Pore nach Bank und Versicherung. Er war ein völlig unscheinbarer Mensch aus der Welt der Boni, Prämien und Provisionen. Geld ist für diese Menschen der einzig akzeptierte Wert. Geld ist für sie kein Zahlungsmittel, Geld ist ihre Moral. Das strahlen sie aus. Alle. Ausnahmslos. Je nachdem, wie tief sie drinstecken, decken sie dabei die ganze Bandbreite von skrupellos bis jenseits von Gut und Böse ab. Sie könnten wahrscheinlich sogar den Wert eines menschlichen Lebens in eine Währung umrechnen. So ein Typ stand vor mir und brachte sich auf einem der Sessel in Stellung: »Eigentlich möchte ich mit Ihnen über etwas ganz anderes reden«, sagte er nun ohne Umschweife.

Also doch. So sieht niemand aus, der betrogen wird.

»Ich kann Ihnen die Beweise liefern, bei welcher Bank in Europa der Staat Argentinien über eine Scheinfirma eine sehr beträchtliche Menge Geld deponiert hat.«

»Interessant.«

»Wie hoch ist die Gesamtforderung der Gläubiger, die Sie vertreten?«

»Ein paar hundert Millionen Euro.« Keiner spielte hier mit

korrekten Zahlen. So weit waren wir noch nicht. Ein bisschen Poker gehörte dazu.

»Ich möchte die acht Millionen.« Pause. »Plus fünf Prozent von dem, was zurückgeführt wird.«

Ich kalkulierte. Er wusste, dass ich von meinen 20 Prozent Provision nicht runtergehen würde. Die Gläubiger müssten demnach auf ein Viertel ihrer Forderung verzichten. Im Vergleich zu einschlägigen Inkassounternehmen mit ihren bis zu 40 Prozent war das immer noch günstig. Ich würde nachverhandeln müssen, weshalb wir ein zweites Treffen verabredeten.

Mein Großindustrieller sagte zu. Der Anwalt ebenfalls.

Der Anonyme würde einen guten Schnitt machen. Erst bekam er die acht Millionen Euro Belohnung, dann noch einmal fünf Prozent von rund 70 Millionen Euro. Zusammen verdiente er sich mit seinem Tipp also 11,5 Millionen Euro.

Beim nächsten Treffen in Innsbruck ließen wir die Hosen runter und nannten Zahlen. »Auf einem Konto in der Schweiz liegen etwa 850 Millionen Euro«, sagte der Anonyme. »Aber ich bin darüber informiert, dass es ein weiteres Konto in Österreich gibt.« Ich wurde hellhörig. Ein Schweizer Konto zu haben, ist schon mal gut, aber weil die Schweiz nicht dem EU-Recht unterliegt, erfolgt der Zugriff deutlich langsamer als etwa bei einem österreichischen Konto. Darin bestand die Gefahr. Sollte die Bank über ein Leck von der bevorstehenden Pfändung erfahren, würde sie sicher nicht zögern, den Kontoinhaber, also die Argentinier, darüber zu informieren. Die könnten das Geld dann in Sicherheit bringen.

»Besteht die Gefahr, dass die Präsidentin das Geld nach Argentinien transferiert, wenn sie von unserem kleinen Geschäft erfährt?«, wollte ich wissen.

»Nein, das kann sie nicht. Dieses Geld ist seit Anfang des Jahrtausends in mehreren Tranchen illegal aus dem Staatshaushalt gezogen und nach Europa gebracht worden. Die Opposition weiß nichts davon. Das ist die geheime Kriegskasse der Peronistischen Partei.«

»Nicht von Frau Kirchner persönlich?«

»Nein, die ist zwar auch Milliardärin, aber die Konten, von denen ich spreche, laufen auf eine staatliche Scheinfirma. Und in ihrer Funktion als Staatsoberhaupt und Regierungschefin hat sie Zugriff auf das Geld.«

Sollte das alles so stimmen, wäre ich fast am Ziel. Wenn die Präsidentin erfuhr, dass europäische Schuldner von dem Konto wussten, konnte sie das Geld nicht einfach zurück nach Argentinien holen. Sie war gezwungen, es in Europa zu parken. Wahrscheinlich würde es dann eine Überweisung auf ein anderes Konto geben, möglicherweise ein Konto in Österreich. Spätestens dann hätten wir den Finger darauf gehabt. Und genau das war mein Plan. Unsere Recherchen und die hohe Belohnung sollten für ausreichend Wirbel sorgen, damit die Argentinier Wind davon bekamen. Sie würden das Geld aus der vermeintlich nicht mehr ganz so sicheren Schweizer Obhut abziehen und in ein EU-Land transferieren. Dann würden die langwierigen Formalitäten entfallen, und wir könnten zuschlagen.

Mein Informant bestand auf einem Beweis, dass es das Geld für die Belohnung tatsächlich gab. Also flog ich zu meinem Auftraggeber und besorgte einen Kontoauszug. Sein Name und die Kontonummer wurden geschwärzt. Im Gegenzug verlangte ich einen Nachweis seiner Informationen. Wir verabredeten uns zu einem dritten Treffen, dieses Mal in Genf. »Hier haben Sie es schwarz auf weiß. Meine Auftraggeber sind liquide«, sagte ich und reichte ihm den Auszug.

Er sah sich das Papier genau an: »Das könnte eine Fälschung sein.«

»Ihr Kontoauszug ebenfalls.«

Das hoffte ich allerdings nicht. Auf dem Konto bei der Schweizer Big Bank lagen tatsächlich etwas mehr als 850 Millionen Euro. Ich war zufrieden. Doch zu meiner Überraschung war der Informant nicht bereit, gleich hier vor Ort die nächsten Schritte zu besprechen. Er würde sich wieder bei mir melden.

Das tat er allerdings nicht. Ich wartete wochenlang, bis der erwähnte Anruf von meinem Anwalt kam. Ich dachte einen Abend lang bei einer Flasche Rotwein zu Hause über die Drohung gegen meine Familie nach. Diese Provokationen gehören immer dazu. Normalerweise kann man sie einfach in den Wind schlagen. Diese hier aber war sehr konkret. Der Anrufer kannte die Bank, und er kannte die Summe, kurzum, er hatte sozusagen Täterwissen. Das war deutlich mehr als eine plumpe Drohung. Meine Gegner verfügten über praktisch unbegrenzte finanzielle Mittel. Und sie hatten die richtigen und skrupellosen Leute für solche Aufträge.

Am nächsten Tag rief ich den Schweizer Industriellen an. »Sie haben meiner Familie mit dem Tod gedroht.«

»Das hatte ich schon befürchtet. Diese Menschen gehen über Leichen.«

»Es gibt vielleicht trotzdem eine Möglichkeit. Ich könnte mich offiziell aus dem Fall zurückziehen und eine andere Person damit beauftragen.«

»Wissen Sie, möglicherweise funktioniert das, aber garantieren kann uns das niemand. Auch wenn es hier um sehr viel Geld geht – es ist nur Geld. Was riskieren wir dafür? Sie müssen sich um Ihre Familie sorgen. Das wiegt schon schwer genug. Möglich ist aber auch, dass die Argentinier herausfinden, wer Ihr Auftraggeber ist. Dann ist auch meine Familie in Gefahr, und ich bin nicht bereit, für Geld die Gesundheit oder das Leben meiner Kinder oder meiner Frau aufs Spiel zu setzen. Das könnte ich mir nie verzeihen. Ich möchte Ihnen trotzdem danken. Wir waren immerhin nah dran.«

Ich legte auf und ließ die Sache sacken. Mein erster Gedanke war: Die Bösen hatten gewonnen. Aber war es wirklich so einfach? Im Kino sind die Rollen meist klar abgesteckt. Ganz falsch ist es schon einmal, die Argentinier pauschal als die Bösen zu bezeichnen. Das Land ist zwar eine Demokratie, aber seine politische Kultur sieht effektiv anders aus als die unsere. Klar, auch in der Bundesrepublik versickert gelegentlich Geld im Miteinander zwischen Politik und Wirtschaft. Natürlich klammern sich das mittlere und obere Management an ihre Pfründe und gehen dabei bildlich gesprochen über Leichen. Nur sind es keine Leichen aus echtem Fleisch und Blut, sondern Projekte, Investitionen, Standorte oder Firmengeheimnisse. Am Ende des Tages zählen ausschließlich der eigene Vorteil, die eigene Position, der eigene Einfluss – also die eigene Macht.

Fließt aber zu viel Geld an Büchern und Bilanzen vorbei in schwarze Taschen, kollabiert die Demokratie und die Wirtschaft gleich mit. Das war in Argentinien passiert. Und damit haben sehr viele Investoren einen Haufen Geld verloren. Angelockt von den hohen Zinsen, sind sie letztlich auf ihrer Gier sitzengeblieben.

# Kapitel 11

# Abschuss

## Ermittlungen zum Absturz des Flugs MH17

Es gab Tee und Mineralwasser mit Kohlensäure – keinen Martini, weder gerührt noch geschüttelt. Aber immerhin war Lord Robert Samson mit dem Orden des britischen Empire im Rang eines Commanders ausgezeichnet, trug handgearbeitete Schuhe und hatte sich mit einem maßgefertigten Anzug perfekt in Schale geworfen. Seine beiden Begleiter hatten ganz unterschiedliche Funktionen, und das sah man auch an ihrer Kleidung: Anthony Winter sah aus wie ein Geschäftsmann, war etwa 40 Jahre alt, trug wie Samson Anzug und Krawatte und hatte eine Aktentasche und einen Laptop dabei. Jim hingegen kam in Jeans, Turnschuhen und Pullover, hatte einen rasierten Schädel und war der Soldat. Sein Alter schätzte ich auf 55 Jahre. Lord Samson war noch älter.

Das Trio war den weiten Weg aus London in die Kanzlei meines Anwalts gekommen, um mir Informationen zu verkaufen und damit auch Vaterland und Krone. Für 30 Millionen Dollar kann man das schon mal machen. Das war eine beeindruckende Summe, selbst wenn man sie durch fünf teilen musste. Die Männer waren nämlich nicht allein. Ihre beiden Kollegen, die an diesem 15. Dezember 2014 weiter oben in einem nagelneuen, dunkelgrünen Range Rover mit englischem Kennzeichen in der Travemünder Allee in Lübeck parkten, hatten sie uns allerdings nicht vorgestellt. Der Wagen des Commanders – gleiches Modell, gleiche Farbe – parkte direkt vor der Villa, in der mein Anwalt im ersten Stock seine Kanzlei hat.

Der Lord legte seine Visitenkarte auf den Schreibtisch des Anwalts. Sie wies ihn als Partner einer Firma aus, die sich der Firmen-Website zufolge auf das Sicherheitsmanagement und die Sicherheitsberatung von Einzelpersonen, Firmen oder auch ganzen Regierungen spezialisiert hat. Alle Mitarbeiter seien aufs Gründlichste überprüft, mit allen modernen Techniken vertraut und einsetzbar in jedem Winkel der Erde – auch in Kriegs- und Krisengebieten. Darüber hinaus unterhalte man intimste Kontakte zur britischen Regierung. Wie intim diese Beziehungen tatsächlich sind, sagte Lord Robert gleich zu Beginn unserer Unterhaltung: »Wir sind eine Tarnfirma des MI6.« MI6, James-Bond-Fans werden das wissen, steht für »Military Intelligence, Section 6«. Das ist der britische Auslandsgeheimdienst. Diesen Herren war also durchaus zuzutrauen, dass sie über Informationen verfügten, die mir weiterhelfen konnten. Aber es stellte sich die Frage, warum sie mir helfen wollten. Reizte sie wirklich nur das Geld? Ich hatte da meine Zweifel. Daniel ging es genauso. Er hatte mich zu diesem Termin begleitet, wie zu so vielen anderen Gesprächen bei diesem Auftrag, der von Medien auf der ganzen Welt aufgegriffen worden war.

Es ging um den Absturz des Fluges MH17 am 17. Juli 2014 um 13:20 Uhr, bei dem 298 ahnungslose Menschen in den Tod gebombt wurden. Männer, Frauen, Geschäftsleute, Touristen und 80 Kinder – sie alle wurden auf dem Flug von Amsterdam nach Kuala Lumpur 10 000 Meter über der russisch-ukrainischen Grenze zusammen mit ihren Wünschen, Träumen und Ängsten von einer Sekunde auf die andere in den Tod gerissen. Sie wurden zu unschuldigen Opfern eines Konflikts, in dem Menschen für ein paar Quadratkilometer Land vertrieben und getötet werden, obwohl dessen Bevölkerung zu Zeiten der Sowjetunion in friedlicher Nachbarschaft gelebt hatte. Es ist ein Krieg, der auf erschreckende Weise gezeigt hat, wie schnell alte und längst überwunden geglaubte Feindbilder wiederauferstehen können.

Unsere Medien zeichneten ein sehr einfaches Bild von diesem Konflikt: Russland war böse, die Ukraine war gut. Die Geschwindigkeit, mit der ein stolzes Volk wie die Russen auf einen einzelnen Mann reduziert und verdammt wurde, war erschreckend. Alles, was auf der ukrainischen Seite passierte, wurde glorifiziert. Die Ukrainer wurden als Helden der Revolution und Hüter der lupenreinen Demokratie dargestellt, angeführt von einem sympathischen Ex-Box-Weltmeister.

Der menschenverachtende Abschuss von MH17 spielte der anti-russischen Hetze perfekt in die Karten. Bevor auch nur ein einziges Wrackteil von Spezialisten begutachtet, nur eine einzige Leiche geborgen worden war, begann die Propaganda-Schlacht gegen Russland und die russischen Separatisten in der Ukraine. Der Konflikt wurde zu einem Krieg der Bilder. Da war zum Beispiel der schwerbewaffnete Kommandant, der eine Kinderpuppe wie eine Trophäe in die Luft hielt. Konnte es einen besseren Beweis für die unglaubliche Grausamkeit der Kämpfer geben? Aber ein Foto erzählt oft nur die halbe Wahrheit. Ein gleichzeitig gedrehtes Video zeigte, dass er die Puppe anschließend behutsam in eine Kiste legte, seine Mütze abnahm und sich mit Tränen in den Augen bekreuzigte.

Eine ukrainische Internetzeitung veröffentlichte vier Tage nach dem Abschuss das Foto eines Separatisten. Es sah aus, als würde er einer Leiche einen Ring abnehmen. Auf dieses Bild bezog sich noch am selben Tag der damalige niederländische Außenminister Frans Timmermans in einer sehr emotionalen Rede vor der UNO: »Als Ehemänner und -frauen, Mütter und Väter, stellen Sie sich vor, Sie bekommen die Nachricht, dass Ihr Ehemann getötet wurde, und drei, vier Tage später sehen Sie Bilder eines Verbrechers, der Ihren Ehering abstreift. Stellen Sie sich vor, dies wäre Ihr Ehepartner.« Eine Woche nach und auch unter dem Eindruck dieser Rede beschloss die EU die von der Ukraine so lange geforderten Sanktionen gegen Russland. Dieses Foto war ein Propaganda-Foto, denn tatsächlich – das zeigte ein Video der Szene – hatte der Soldat irgendetwas vom Boden gegriffen und es in eine Kiste gelegt. Ganz sicher war es kein Ring, den er einem Toten vom Finger gestreift hatte.

Die mit der Ukraine eng verbündeten USA veröffentlichten am 22. Juli ein »U.S. Government Assessment«, also eine Regierungs- und nicht wie sonst üblich Geheimdienst-Analyse. Das war schon ein starkes Stück, denn normalerweise ist die CIA für solche Analysen zuständig. Warum nicht in diesem Fall? Darüber kann auch ich nur spekulieren. Auf jeden Fall war es ein bisher einmaliger Vorgang in der Geschichte der USA. Und die Analyse war denkbar dünn. Sie enthielt nur einen einzigen eigenen Beleg, und zwar ein kommerzielles Satelliten-Foto, in das irgendjemand die errechnete Flugbahn einer Rakete eingezeichnet hatte, die MH17 abgeschossen haben soll. Eine Farce.

Die Stimmung war eindeutig auf der westlichen Seite des neu entstandenen eisernen Vorhangs, auch wenn die Russen ihrerseits versuchten, Beweise zu liefern, die die Ukraine für den Abschuss verantwortlich machten. Fakt war: Es gab keinen Beweis, weder für die eine noch für die andere Seite.

Als das Passagierflugzeug MH17 vom Himmel geschossen wurde, war ich gerade mit meiner Familie im Urlaub. Noch konnte ich nicht wissen, wie sehr mich dieser Abschuss die nächsten Wochen und Monate beschäftigen würde, wie viele Lügen man mir erzählen und nicht nur einmal mit dem Tod drohen würde. Als wir wieder in Hamburg gelandet waren, rief noch am selben Tag mein Anwalt an. »Du musst bitte sofort in meine Kanzlei kommen. Bei mir waren zwei Herren im Büro, die ganz dringend mit dir über das abgeschossene Flugzeug sprechen möchten.« Ich hatte keinen blassen Schimmer, warum irgendjemand ausgerechnet mit mir über die MH17 sprechen wollte. Natürlich hatte ich in den Medien alle Spekulationen, Schuldzuweisungen und Verschwörungstheorien verfolgt, und ich hatte von Anfang an ein ganz komisches Gefühl. Wenn eine Boeing irgendwo über den Weiten eines Ozeans verschwindet, ist das eine Sache, eine ganz andere aber ist es, wenn eine Maschine über bewohntem Gebiet abgeschossen wird. Denn zumindest darin waren sich inzwischen alle Experten einig: Es war kein technisches Problem. Der Flug von MH17 war gewaltsam beendet worden. Viele kleine Einschusslöcher deuteten auf eine Rakete hin. Ich konnte mir beim besten Willen nicht vorstellen, dass weder Spionagesatelliten noch die neugierigen Lauscher der NSA ausgerechnet von einem Kriegsgebiet am Rande Europas überhaupt keine Erkenntnisse zu dem Unglück hatten. Alle bisher veröffentlichten Satellitenbilder jedenfalls waren unergiebig oder hatten sich sogar als plumpe Fälschungen erwiesen.

Auch die Zusammensetzung und die geheimen Verträge des Joint Investigation Teams (JIT) zur Aufklärung des Absturzes gaben viel Raum für Spekulationen. Zunächst entsandten nur die Niederlande, Belgien, Australien und die Ukraine Mitglieder in dieses Gremium. Malaysia war nicht dabei, Russland auch nicht. Dass ausgerechnet aber die Ukraine, immerhin ein mutmaßlicher Verdächtiger, in der Untersuchungsgruppe mitwirkte, war für mich schon eine Überraschung. Noch brisanter wurde dieser Umstand durch eine zunächst geheime Vereinbarung dieser vier Länder: Ergebnisse der Untersuchung werden nicht veröffentlicht, wenn einer der Staaten dagegen ein Veto erhebt. Einzelheiten sollten vorab ebenfalls nicht veröffentlicht werden. Nicht einmal die letzten Gesprächsminuten aus der Blackbox drangen an die Öffentlichkeit. Immerhin wurde bekannt, dass sie auf dem Weg nach England, wo Spezialisten sie im Auftrag des JIT untersuchten, offenbar nicht manipuliert worden war. Das war keine Selbstverständlichkeit, denn nachdem ukrainische Separatisten die Blackbox in dem von ihnen kontrollierten Gebiet gefunden hatten, war sie über Malaysia in die Niederlande und dann nach England gekommen.

Wenige Tage nach dem Anruf meines Anwalts saß ich zusammen mit Mossi im Lübecker Radisson, um die beiden Männer zu treffen. Die wichtigste Frage zu Beginn war wie immer: Sitzen wir mit Spinnern am Tisch, oder sind das seriöse Leute? In diesem Fall war das Urteil eindeutig: Diese Männer waren Profis, aus welchem Fachgebiet auch immer. Sie waren tadellos gekleidet und bewegten sich souverän und selbstbewusst. Einer der Männer sprach mit einem leichten englischen Akzent, der andere redete gar nicht. Diese Konstellation hatte ich schon oft erlebt. »Wir haben diskret Erkundigungen über Sie und Ihre Arbeit eingeholt. Sie scheinen der richtige Mann für uns zu sein.«

»Darf ich fragen, welcher Art Ihre Erkundigungen sind?«

Er nannte mir mein Geburtsdatum. Das war noch keine geheimdienstliche Meisterleistung, aber vor dem Hintergrund, dass ich meine persönlichen Daten nicht auf jeder Internet-Plattform preisgebe, musste man selbst für diese Information schon ein bisschen recherchiert haben.

»Sie haben zehn Jahre in der Nähe von Farno in Italien gelebt. Sie haben einen Sohn, der am Tegernsee geboren ist, und sind in zweiter Ehe verheiratet. Erinnern Sie sich noch an den 20. Mai 1986?«

Da musste ich selbst kurz überlegen. Dann fiel es mir ein.

»An diesem Tag haben Sie Ihre erste Frau auf Schloss Mirabell in Salzburg geheiratet.«

Respekt. Wahrscheinlich wussten sie sogar, wie viele Leute wir eingeladen hatten, und besaßen eine Kopie des Menüplans. Um an all diese Informationen zu kommen, musste man schon sehr gute Kontakte zu deutschen Behörden haben.

»Ihre Arbeitsweise hat uns überzeugt, dass Sie der richtige Mann für unseren Auftrag sind. Wir wollen, dass Sie ein Kopfgeld aussetzen, um herauszufinden, wer die MH17 abgeschossen hat.«

»An welche Größenordnung haben Sie gedacht?«

»Das werden wir Ihnen sagen, wenn Sie dabei sind. Aber es wird das größte Kopfgeld sein, das die Welt je gesehen hat.«

Also mehr als 25 Millionen Dollar, dachte ich mir. So viel war den Amerikanern Osama bin Ladens Kopf wert gewesen. In den folgenden Tagen führte ich lange Gespräche mit Mossi und meiner Frau Antje. Das war kein Auftrag wie jeder andere. Der gewaltsame Tod von 298 Menschen hat eine andere Dimension und Brisanz als Millionenbetrügereien und Kokainhandel. Was die Sache nicht leichter machte. Der Mann mit dem englischen Akzent hatte mir nicht gesagt, wer sein und – falls ich dabei wäre – auch mein Auftraggeber sein würde. Gefragt habe ich nicht, denn wenn ich es hätte wissen sollen oder dürfen, hätte mir der Mann mit dem englischen Akzent es wahrscheinlich mitgeteilt. Aber so musste ich davon ausgehen, dass der oder die Auftraggeber anonym bleiben wollten.

Wer könnte dahinterstecken? Sicher war, dass der Abschuss der MH17 eine Wende im Ukraine-Konflikt darstellte. War es vorher trotz aller Einmischung von außen ein rein regionaler Konflikt, so gab es jetzt plötzlich Tote aus zehn Ländern. Das konnte kein souveräner Staat einfach so hinnehmen. Allein die Niederländer mussten 192 Opfer beklagen. Auch vier Deutsche hatten in der Boeing 777 gesessen. Die Sanktionen waren ein harter Schlag für die Russen und störten nicht nur die Geschäfte der Oligarchen. Aber die Oligarchen hätten im Zweifel das Geld, um eine derart hohe Belohnung auszusetzen. Aber warum sollten sie das tun? Vermuteten sie die russische Regierung hinter dem Abschuss und wollten ein Druckmittel haben, damit sie Putin zu Zugeständnissen gegenüber dem Westen zwingen konnten? Oder aber waren es sogar die Russen selbst, die Beweise für eine Täterschaft der Ukraine oder aber uns gefälschte Beweise für eine Täterschaft der Ukraine in die Hände spielen wollten? Zu diesem Zeitpunkt schien alles möglich. Machte ich mich zu einem Handlanger fremder Mächte und Interessen, wenn ich mich zu einem zweiten Gespräch traf und zusagte? Ein gutes Gefühl hatte ich dabei nicht. Aber es gab auch eine Chance, Licht ins Dunkel zu bringen, wobei ich nicht wusste, ob ich das Ergebnis meiner Recherchen überhaupt je veröffentlichen darf.

Die Ansagen des Mannes waren klar und ohne Pausen. Es war keine Überraschung, dass zu diesem Termin, bei dem es um Einzelheiten gehen würde, ein neuer Mann auf der Bildfläche erschien. Bei so viel Geld arbeitet man immer nur mit Spezialisten.

Wir saßen in der Bar des Hamburger Luxushotels »Vier Jahreszeiten« an der Binnenalster. Selbst die letzte Fußmatte atmet hier noch Geschichte. Mein Gegenüber saß mit dem Rücken zur Wand und hatte den Raum fest im Blick. Eleganter grauer Anzug, dunkle Krawatte, gepflegter Bart. Er wirkte, als sei eine Menge Geld in seine Ausbildung geflossen. Am Handgelenk eine schwarze Swatch. Understatement pur. Wer noch zu ihm gehörte, war nicht zu erkennen. Mit dem kleinen Hinweis »Termin vom 19.03.2015 sollte bis zum 27.03.2015 abgeklärt sein« auf meiner Website www.wifka.de hatte ich meine Bereitschaft für ein zweites Gespräch signalisiert. Der »Engländer« vom ersten Treffen hatte die Aufgabe, eine Einschätzung über mich abzugeben. Hatte ich richtig auf sein grob skizziertes Angebot reagiert? Zeigte ich eine Schwäche? Ein Zögern? Offenbar hatte ich den Test bestanden.

Der Mann im »Vier Jahreszeiten« sprach mit einem Schweizer Akzent: »Meine Auftraggeber sind bereit, ein Kopfgeld in Höhe von 30 Millionen Dollar zur Verfügung zu stellen, wenn Sie jemanden finden, der belegbare Details zum Abschuss der Maschine liefern kann. Sollten Sie diese Person finden, verschaffen wir ihr auf Wunsch auch eine neue Identität. Denn sicher wird es nicht jedem gefallen, dass die Wahrheit ans Tageslicht kommt. Und wer bereit ist, eine vollbesetzte Passagiermaschine vom Himmel zu schießen, der wird auch keine Skrupel haben, einen Verräter zu sanktionieren. Machen Sie uns ein Angebot: Was kostet es, die Suche auf Ihrer Website zu veröffentlichen?«

Ich überlegte nur kurz, sagte »40 000« und ärgerte mich keine Minute später über meine anerzogene Bescheidenheit. Denn so schnell, wie er meinem Angebot zustimmte, hätte er mindestens auch das Doppelte gezahlt.

»Kein Problem.«

»Woher weiß ich, dass Ihr Auftraggeber tatsächlich über so viel Geld verfügt, dass er die Belohnung zahlen kann?«

»Als Beweis seiner Bonität können wir Ihnen anbieten, dass Sie 1,5 Millionen Euro in bar in der Schweiz bekommen, die Sie dann als Sicherheit auf einem Konto Ihrer Wahl deponieren.«

»Ich halte es für keine gute Idee, 1,5 Millionen in bar aus der Schweiz auszuführen, ohne genau belegen zu können, woher das Geld kommt.«

»Das kann ich nachvollziehen. Sie dürfen es selbstverständlich gerne auch in der Schweiz deponieren.«

»1,5 Millionen sind mir zu viel. 500 000 reichen völlig.«

»Die müssten Sie uns dann bei Empfang freundlicherweise quittieren.«

Wir vereinbarten einen bestimmten Code auf meiner Website, sollte ich mich mit den Bedingungen einverstanden erklären und den Auftrag annehmen. Dann zog er seine Brieftasche, entnahm eine Dollarnote, ließ sie mich signieren und riss sie in der Mitte durch. Eine der beiden Hälften gab er mir.

»Sollte irgendjemand Kontakt zu Ihnen aufnehmen und behaupten, er komme von uns, wird er den anderen Teil der Dollarnote bei sich haben und sie Ihnen ungefragt zeigen. Hat er sie nicht dabei, gehört diese Person nicht zu uns. Jetzt müssen Sie nur noch ja oder nein sagen. Dazu geben wir Ihnen noch einmal drei Tage Zeit.«

Ich veröffentlichte den vereinbarten Code auf meiner Website. Jetzt konnte es losgehen. Zusammen mit Mossi hatte ich alle Zweifel und Bedenken zur Seite geschoben und beschlossen, mich dieser Herkules-Aufgabe zu stellen. Denn so viel war klar: Wenn ich schon bei einem Florian Homm mit einem Kopfgeld von »nur« 1,5 Millionen Euro eine derartige Resonanz bekommen hatte, war klar, dass MH17 alles bisher Dagewesene sprengen würde. Die *Financial Times Deutschland* gab es inzwischen nicht mehr, aber der Kontakt zu Jens Brambusch war nie abgerissen. Nur ihm vertraute ich. Ich wusste, dass ich mich auf sein Wort verlassen konnte. Er würde nichts schreiben, was nicht geschrieben werden durfte – und er würde mich nicht heimlich mit einem langen Teleobjektiv »abschießen«. Mein Gesicht wollte ich nach wie vor nicht in einer Zeitung oder in einer TV-Sendung sehen. Brambusch veröffentlichte in der Oktober-Ausgabe des deutschen Wirtschaftsmagazins *Capital* einen neunseitigen Artikel unter der Überschrift »Die Jagd«.

Die Nachricht von den 30 Millionen Dollar Belohnung ging in Windeseile um die Welt. Erst griffen es die Online-Medien auf, dann zogen TV-Sender und Printmedien von New York bis Nowosibirsk nach. Die Zugriffe auf meine Website schossen in nie erreichte Höhen. Der Server ächzte unter der Last und brach mehrfach zusammen. Niemand macht sich eine Vorstellung davon, was für Gestalten auf der Bildfläche erscheinen, wenn es um so viel Geld geht. Als hätte ich geschrieben, »30-Millionen-Dollar-Lottogewinn zu verschenken«, wurde ich angebettelt, mit den abstrusesten Verschwörungstheorien per E-Mail, Post und Telefon zugemüllt. Wäre ich jedem Hinweis nachgegangen, würde ich noch die nächsten 250 Jahre um den Globus jetten. Dann aber hoffentlich nicht mit diesem Mann gleichzeitig in einem Flugzeug sitzen, der mir seine Version per E-Mail schickte:

»Sehr geehrter Herr Resch,

ich bin Flugbegleiter und seit dem ersten Tag des Verschwindens der MH-370 auf ›Spurensuche‹, auch zu MH17! Es ist nicht jedermanns Sache, daran zu glauben, aber ich habe über ein Medium zunächst nur zum Spaß Kontakt aufgenommen zu den Kapitänen der MH370 und MH17 und zu einem Wissenschaftler, der an Bord der MH370 war. Hierbei kam dann doch sehr Interessantes heraus, was sich tatsächlich so abgespielt haben könnte. Ich sage einfach mal: Tote lügen nicht, im Gegensatz zu den Lebendigen, die etwas vertuschen wollen!

Ein Aspekt dabei ist, dass MH17 nach meinem Kenntnisstand nicht abgeschossen wurde, sondern in der Ukraine gelandet ist, die wichtige Cargo entfernt wurde, und das Flugzeug danach in die Luft gesprengt wurde. Dies lässt sich auch an den Trümmerteilen erkennen.

Ich würde mich sehr freuen, wenn Sie mir Glauben schenken und sich die Aufnahmen, die ich Ihnen dann sehr gerne zukommen lasse, anhören! Vielleicht dienen sie ja als Ergänzung zu bereits Recherchiertem!

MFG

K. B.«

Wenn ich solche Mails lese, wünsche ich mir immer, dass solche Leute mir nicht am Steuer eines Autos entgegenkommen.

Auch die Anzahl der Interviewanfragen und Einladungen in Talkshows ließ sich kaum noch zählen. Ich hätte jeden Abend irgendwo auf der Welt im Fernsehen auftreten können. Gebracht hätte das allerdings gar nichts. Ich brauchte die Aufmerksamkeit, um die Nachricht von der Belohnung auch in den letzten Winkel der Erde zu streuen, aber nicht ich stand im Mittelpunkt, sondern der Auftrag. Ich hätte ohnehin nichts anderes erzählen können als das, was Jens Brambusch schon geschrieben hatte. Das Interesse war nachvollziehbar in Anbetracht der Katastrophe, die meinem Auftrag zugrundelag. Aber viele Fragen konnte oder durfte ich zu diesem Zeitpunkt noch gar nicht beantworten. Vor allem nicht die Frage, wer mein Auftraggeber sei. Noch heute kann ich nur darüber spekulieren.

Lord Robert Samson, der Commander vom MI6, der uns zusammen mit Anthony Winter und dem Soldaten im Dezember 2014 im Büro meines Anwalts in Lübeck besuchte, tischte uns eine abenteuerliche Geschichte auf, die seine Glaubwürdigkeit untermauern sollte, in mir aber sofort Zweifel aufkommen ließ.

»Aus Sicherheitsgründen sind wir durch den Eurotunnel

gekommen. Das ist die einzige Möglichkeit, England zu verlassen, ohne dabei gefilmt zu werden. Niemand darf wissen, dass wir hier sind, denn es gibt für unsere Anwesenheit in Norddeutschland keinen dienstlichen Grund.«

Mein Anwalt übersetzte, ich rekapitulierte. Hier saßen drei Herren, die angaben, zumindest indirekt beim britischen Auslandsgeheimdienst MI6 angestellt zu sein und sich aus ihrem Land geschlichen zu haben, um mir geheime Informationen zu verkaufen – ohne zu wissen, bei wem diese Infos letztendlich landen würden. Saßen hier drei Hochstapler? Das war unwahrscheinlich, denn ihr Auftreten war durch und durch professionell. Alle drei hatten ganz sicher eine militärische Ausbildung erhalten. Sie waren perfekt aufeinander abgestimmt. Jeder spielte seine Rolle. Wir ließen sie reden. Und was dann kam, ließ uns hellhörig werden: »Der MI6 hat schon mehr als ein Jahr vor dem Abschuss damit begonnen, den Audioverkehr der Ukraine abzuhören.« »Jim«, der Geschäftsmann Anthony zeigte auf den Soldaten, »war deswegen sehr oft auch in der Ukraine unterwegs, auch in der Ostukraine.« Zum Beweis zeigte mir Jim seinen Reisepass mit den vielen Einreisestempeln in die Ukraine. »Wir haben Mitschnitte der entscheidenden Funksprüche.«

Plötzlich hörte ich das kurze Vibrieren eines stumm geschalteten Handys. Zunächst gab es keine Reaktion, doch dann stand Jim, der Soldat, auf und entschuldigte sich, er brauche eine Zigarette. Das war auch ohne das kurze Vibrieren des Handys ungewöhnlich, denn wir saßen noch keine halbe Stunde zusammen. Ich war früher selbst starker Raucher, aber ich wusste, bei wichtigen Gesprächen schafft man es auch länger als 30 Minuten ohne Kippe. Kurz darauf war er zurück und setzte sich wieder auf den Platz neben mich. Im Mund hatte er ein Minzbonbon – als müsse er eine Raucherfahne verbergen.

Mossi, der sich schon zwei Stunden vor dem Termin in seinem Wagen strategisch günstig auf der Straße vor der Kanzlei postiert hatte, erzählte mir anschließend nicht nur von dem zweiten Range Rover, sondern auch, dass der Soldat das Haus nie verlassen hatte, um vor der Tür eine schnelle Zigarette zu rauchen. Vielleicht hatte es Probleme mit einer Wanze gegeben, und die draußen wartenden Kollegen haben ihm das mit einer kurzen Mitteilung aufs Handy signalisiert. Wie erwähnt, Profis. Aber wir machten das auch nicht zum ersten Mal.

Lord Robert Samson holte seinen Laptop aus der Aktentasche, stellte ihn auf den Schreibtisch des Anwalts, öffnete eine Audiodatei und spielte uns einen kurzen Ausschnitt vor.

»Das ist ein Teil des entscheidenden Funkverkehrs.«

Es lag sicher nicht nur an meinem eingeschränkt leistungsfähigen Gehör, dass kaum etwas zu verstehen war. Auch Daniel und der Anwalt zuckten mit den Schultern. Daniel, ein frisch pensionierter Kripobeamter, sollte mir in den kommenden Monaten oft zur Seite stehen. Er hatte sich im Laufe der Jahrzehnte bei der Kripo einen untrüglichen Blick für Spinner und Blender angeeignet. Ihn konnte man nicht so schnell täuschen. Mich konnte man zwar auch nicht so leicht in die Irre führen, aber vier Augen und zwei Köpfen entgeht weniger. Eine zweite Meinung konnte nicht schaden.

»Sie werden verstehen, dass wir hier und heute nicht alles gleich offenlegen«, sagte Lord Robert. »Aber seien Sie sicher, wir haben alle Beweise für einen Abschuss durch ukrainische Separatisten. Oder, um genau zu sein, Separatisten zusammen mit russischen Soldaten.« Pause. »Jim war eine Stunde nach dem Abschuss vor Ort und hat mit seinem Handy Aufnahmen gemacht.«

Der Lord gab seinem Kollegen Anthony ein Zeichen. Er

öffnete einen anderen Ordner mit verschiedenen Videodateien auf seinem Laptop. Bevor er den Film startete, suchte sein Blick prüfend die Zimmerdecke nach einer verborgenen Kamera ab. An so was denkt nicht jeder. Die Aufnahmen selbst waren wenig spektakulär, aber tatsächlich unmittelbar nach dem Abschuss entstanden. Feuer flackerten, ein Separatist, der Teile einer russischen Uniform trug, und Tote waren im Bild. Trotzdem war ich mir sicher, ähnliche Ausschnitte schon im Internet gesehen zu haben. Das sollten also die Beweise sein, die »Sie und den Rest der Welt schockieren würden«, wie Lord Robert mir in einer E-Mail eine Woche vor unserem Treffen geschrieben hatte?

Nachdem der kleine Range-Rover-Konvoi sich wieder Richtung britisches Empire verzogen hatte, saßen Mossi, Daniel und ich zusammen und analysierten das Treffen. Wir waren uns darüber einig, dass sie viel mehr wussten, als sie uns gesagt hatten. Aber warum waren sie erst im Dezember, also mehr als zwei Monate, nachdem das Kopfgeld in die Welt gesetzt worden war, an uns herangetreten? Und was wollten sie wirklich? Kurz überlegten wir, ob die späte Kontaktaufnahme mit unserem zweiten Aufruf zu begründen sei. Denn Ende November hatte ich in Absprache mit dem unbekannten Auftraggeber zu den 30 Millionen Dollar noch einmal 17 Millionen Dollar draufgelegt. Die sollten ausgezahlt werden, wenn uns jemand glaubhaft beweisen konnte, wer hinter der Vertuschung der genauen Umstände des Abschusses steht. Wir suchten sozusagen einen zweiten Edward Snowden. Die zusätzliche Summe betrug 17 Millionen Dollar, weil das der Flugnummer entsprach. Das hatte zwar erneut für viel Wirbel in der Presse gesorgt, die Reaktionen waren aber nicht so heftig wie zuvor bei den 30 Millionen.

Daniel schüttelte immer wieder den Kopf: »Es macht mich sprachlos, dass die Engländer schon Monate vor dem Abschuss ihre Horchposten in der Ukraine aufgebaut haben. Sie hören den Audioverkehr ab, offiziell gibt es jedoch keine Stellungnahme darüber, was da passiert ist. So ein Flugzeug schießt doch kein verrückter Einzelkämpfer mit einem Maschinengewehr aus zehn Kilometer Höhe ab. Dazu braucht man komplizierte Waffensysteme oder Kampfjets mit Luft-Luft-Raketen. Und um solche Aktionen zu koordinieren und zu steuern, müssen einzelne Schritte besprochen werden – und das geht eben nicht nur unter vier Augen. Wenn unsere drei Freunde hier eben echt waren, und daran habe ich keinen Zweifel, dann gäbe es nur einen Grund, warum diese Geheimdienstinformationen nicht an die Öffentlichkeit kommen: Es passt nicht ins Bündnis-Konzept, was am 17. Juli passiert ist.«

»Aber warum sind sie zu uns gekommen?«, dachte ich laut nach und gab mir selbst die Antwort. »Sie wollen wissen, wer unser Auftraggeber ist. Gerade haben sie gemerkt, dass wir nach ihrer Vorstellung nicht gleich die Geldkoffer aus dem Keller holen, sie müssen also nachlegen. Wie auch immer das aussieht.«

»Die sind so spät gekommen, weil sie dich erst checken wollten«, vermutete Mossi. »Das dauert. Und vielleicht mussten sie ihre sogenannten Beweise auch noch ein bisschen aufhübschen.«

»Schon möglich«, sagte ich. »Wenn der MI6 tatsächlich den Audioverkehr in der Ukraine abgehört hat, würden sie doch keine Sekunde zögern, die Russen an die Wand zu stellen, wenn die tatsächlich mit einer BUK-Rakete ins Land marschiert sind und die MH17 runtergeholt haben. Oder glaubt einer von euch ernsthaft, dass in der gegenwärtigen Lage irgendein West-Politiker, der nicht links von Gregor Gysi steht, eine Sekunde zögern würde, Wladimir Putin für den Tod dieser Menschen verantwortlich zu machen?« Diese Frage war rein rhetorischer Natur. Und es wäre auch moralisch nichts dagegen einzuwenden, die Hintermänner dieses Verbrechens beim Namen zu nennen. Sollte aber eine Regierung ihr Wissen aus politischen Gründen für sich behalten, sähe das schon wieder ganz anders aus.

»Du hast Recht«, pflichtete Daniel mir bei, »die wollen unbedingt wissen, wer hinter den 47 Millionen Dollar steht.«

»Dann bin ich gespannt, wie sie weiter vorgehen.«

Sie machten Druck. Schon zwei Tage nach unserem Treffen in Lübeck kam um 14 Uhr eine E-Mail von Lord Robert. Er bemühte sich nicht einmal, seine wahren Absichten zu verbergen: »Wir würden jetzt gerne schnell vorankommen, weil es weitere Interessenten an unseren Informationen gibt. Was wir jetzt brauchen, ist eine Vereinbarung zwischen Ihren Auftraggebern und unserer Firma. Im Rahmen dieses Agreements benötigen wir auch einen Beweis, dass es das Geld tatsächlich gibt.«

Was ich vor allen Dingen erstaunlich fand, war der Umstand, dass der Lord und seine Leute erst die anstrengende Anreise per Auto auf sich genommen hatten, damit die Geheimdienstkollegen ihnen nicht auf die Schliche kommen konnten, er jetzt aber ganz ungeniert von seinem persönlichen E-Mail-Account schrieb. Um dabei mitzulesen, muss man noch nicht einmal bei der NSA arbeiten. Das kann jeder Systemadministrator im ersten Lehrjahr. Die angeforderten Dokumente sollten wir dann aber immerhin per DHL und nicht per Mail schicken. Dass er mir mit einem weiteren Interessenten »drohte«, mag ja noch als normales Geschäftsgebaren durchgehen, obwohl ich von keinem zweiten Angebot in der Höhe der von meinem Auftraggeber ausgesetzten Belohnung wusste. Aber dass das nächste Treffen unbedingt in den Geschäftsräumen von Lord Robert Samsons Arbeitgeber stattfinden sollte, untermauerte nicht gerade seine mir gegenüber angeblich ehrlichen Absichten, zumal seine Begründung dafür an den Haaren herbeigezogen war. Lord Samson zufolge würde ich mit einer Reise nach England die Ernsthaftigkeit meines Interesses bekräftigen. Tatsächlich hätte ich damit bestenfalls gezeigt, dass ich ein bisschen dünn angerührt bin. Bei Geheimdiensten gibt es kein Fairplay. Es geht ausschließlich darum, Informationen zu bekommen und das eigene Leben abzusichern, egal zu welchem Preis. Und es gehört auch zum Geschäft, falsche Informationen zu verbreiten. Deshalb ist sogar ein übergelaufener Agent noch immer ein brauchbarer Mann. Er wird dann eben mit Informationen gefüttert, die falsch sind. So verwirrt man den Gegner.

Lord Robert wollte mich ganz offenbar in eine Falle locken. Ich sollte nach London kommen, damit er mich in Seelenruhe auseinandernehmen konnte, um zu erfahren, wer mein Auftraggeber war. Selbst wenn ich es gewusst hätte, hätte ich es zu dem Zeitpunkt nicht einmal verraten, wenn er mir mit einer rostigen Kneifzange die Zehennägel gezogen hätte. Ich wusste es damals nämlich wirklich nicht.

Das unmittelbar bevorstehende Fest der Liebe war für den Lord bei der Festlegung des Termins überhaupt kein Problem: »Wir alle wissen, dass die Weihnachtsferien anstehen, aber als eine im Vereinigten Königreich registrierte militärische Verteidigungs- und Anti-Terror-Organisation haben wir durchgehend geöffnet.« So viel Geheimdienst-Folklore muss sein. Da spiele ich dann auch gerne mit. Am 24. Dezember schrieb ich ihm über meinen Anwalt, dass mir ein Treffen in London nicht recht sei. Zürich wäre mir lieber. Doch schon während ich das schrieb, wusste ich, dass es zu keinem zweiten Treffen kommen würde. Lord Robert antwortete am 20. Januar und erklärte sich mit einem Treffen in Zürich einverstanden. Möglichst schnell sollte es stattfinden. Aber ich hatte keine Lust, weitere Arbeit in diese tote Spur zu investieren.

Vielversprechender war ein Russe, der unter dem Namen Otto schon Ende Oktober Kontakt aufgenommen hatte: »Ich bin für euch der entscheidende Mann.« Wie zu erwarten, war Otto ein Vertreter der These, dass die Ukraine hinter dem Abschuss stand. In den ersten Monaten lief alles per Mail. Otto hatte sich dafür einen Free-Mail-Account eingerichtet und uns gleich mit ersten Unterlagen versorgt.

Das erste Treffen fand im Januar statt. Ich wartete mit Daniel und meiner Dolmetscherin Nadeshda im Foyer des Lübecker Radisson, Mossi saß mit einer Freundin an der Bar. Otto kam zu Fuß – kein Taxi, kein Auto, keine Spuren – und war eine imposante Erscheinung. Etwa 1,90 m groß, extrem durchtrainiert und sehr salopp gekleidet, seine Umgangsformen hingegen waren tadellos. Nach dem Gespräch sagte Daniel zu mir: »Der sieht ja aus wie der James Bond vom KGB.« Das war durchaus anerkennend gemeint. Sein Selbstvertrauen harmonierte mit seinen Muskeln, und er ließ überhaupt keinen Zweifel daran, dass alles, was wir von ihm bekommen würden, absolut authentisch sei.

»Ich bin Teil einer geheimen Organisation in der Ukraine, die für eine stärkere Anbindung an Russland arbeitet. Wir haben Verbindungsleute in den wichtigsten Ministerien, beim Inlandsgeheimdienst SBU, bei den Streitkräften, der Polizei und in der Wirtschaft. Es gibt kaum etwas, was an uns vorbei geht.«

Mossi alberte an der Bar mit seinem Mädchen rum. Sie fotografierten sich gegenseitig und wie zufällig auch unseren Tisch.

»Gehören die zu euch?«

Ihm entging auch in der näheren Umgebung nicht viel.

Otto trug eine riesengroße Uhr mit zwei Zifferblättern für verschiedene Zeitzonen am Handgelenk, einmal mitteleuropäische Zeit, einmal Moskauer Zeit. Ich zeigte auf seine Uhr: »Kommst du aus Moskau?«

»Nein, aus Hamburg. Mit dem Zug. Sei nicht so neugierig.« In einer dünnen Aktentasche aus Leder, die er an einem Schultergurt trug, hatte er uns verschiedene Dokumente mitgebracht, die seine Behauptung stützen sollten. Einige durften wir für unseren Auftraggeber behalten, andere nicht mal fotografieren. Ob es Fälschungen waren, konnten wir so nicht prüfen. Sie trugen fast alle Vermerke wie »Streng geheim«, »Nur für den internen Gebrauch« und »Streng geheim – einziges Exemplar«. Nadeshda übersetzte. So soll am 20. Juli, also drei Tage nach dem Abschuss, der ukrainische Oberst P. in seiner Funktion als Leiter des Zentrums für die Verarbeitung von Sonderinformationen an Generaloberst W., Leiter der Abwehrdienststelle des Sicherheitsdienstes der Ukraine, geschrieben haben:

»Gemäß P. 23 über die Verordnung der Datenbank ›Informationen über den Grenzübertritt der Ukraine‹, welche durch die oberste Anordnung von der Leitung der Grenzbehörde der Ukraine vom 25.06.2007, Nr. 472, registriert im Justizministerium am 05.07.2007 unter der Nr. 765/14032, verabschiedet wurde, sind keine Mitteilungen über den illegalen Übertritt der Staatsgrenze der Ukraine seitens Russischer Föderation, konkret über die Verlegung des Raketenabwehrsystems ›BUK M-1‹, registriert worden.«

Sollte das Dokument keine Fälschung sein, wäre damit ziemlich sicher der mysteriöse BUK-Konvoi vom Tisch, auf den sich viele Theorien über den Absturz stützen. Eines dieser hochkomplexen Raketenabwehrsysteme, das laut Abschlussbericht des niederländischen Sicherheitsrats vom 13. Oktober 2015 ohne jeden Zweifel verantwortlich für den Abschuss ist, soll in den Tagen vor dem 17. Juli aus Russland in die Ukraine gefahren worden sein. Veröffentlicht hatte das das englische Recherche-Team Bellingcat um den ehemaligen Finanz- und Verwaltungsangestellten Eliot Higgins. Die Hobbyforscher hatten in sozialen Netzwerken gestöbert und verschiedene Aufnahmen zusammengetragen, die eben diesen BUK-Transport belegen sollten. Später analysierte Bellingcat auch russische Satellitenbilder und behauptete, sie seien gefälscht. Seriöse Wissenschaftler widersprachen diesem Vorwurf, indem sie feststellten, dass unmöglich zu erkennen sei, ob diese Bilder manipuliert wurden oder nicht. Sie unterstellten Bellingcat »Kaffeesatzleserei«.

Otto hatte noch viel mehr Dokumente dabei und ließ keinen Zweifel an der Echtheit der Papiere aufkommen. Besondere Brisanz hat dann auch ein weiteres Schreiben (»Streng geheim – einziges Exemplar«) vom 28. Juli an den ukrainischen Generaloberst W., in dem es unter anderem heißt, dass »effektive prophylaktische Maßnahmen unter den Zeugen der Sonderoperation vom 17. 07. 2014 (Zeugen der Explosion des Zivilflugzeuges sind festzustellen und festzunehmen)« angeordnet werden. Außerdem enthält das Schreiben die Formulierung »Die Verlegung von Militärangehörigen, die ihre Dienstpflicht auf dem Territorium des Dorfes Grabow, Donezker Gebiet, erfüllt haben …«. Und weiter heißt es: »Im Rahmen der Durchführung von Sonderoperationen sind alle Unterlagen zu vernichten, die auf die Präsenz der Militärflugzeuge hinweisen, die ihre Kampfaufgaben im genannten Gebiet am 17. 07. 2014 erfüllt haben.« Die Anordnung endet mit: »Es sind prophylaktische Maßnahmen und die Neuverlegung der Militärangehörigen der Fliegerstaffel durchzuführen, die Flüge im genannten Gebiet durchgeführt haben, konkret Militärangehörige der Fliegerstaffel Nr. A-[redacted], Stadt Tschugujew, Charkower Gebiet.« Unterschrieben wurde das Papier vom »Leiter der Hauptinspektion«, dem Ukrainer K.

Zusammengefasst hieß das nichts anderes, als dass mögliche Augenzeugen des Unglücks verhaftet, alle möglicherweise beteiligten Soldaten verlegt und Unterlagen, die Aufschluss darüber geben, was genau passiert ist, vernichtet werden sollten. In diesem Gespräch präsentierte Otto uns auch das Protokoll der Vernehmung eines ukrainischen Offiziers. Einige Namen und Flugnummern waren geschwärzt:

»Also, was können Sie mir zum Thema ›17. Juli‹ sagen, als sich die Tragödie in Grabowo ereignete? Gab es Flüge oder nicht?«

»Also, Jungs, was soll ich sagen? Ihr versteht doch, dass das eine ernste Angelegenheit ist, die der Geheimhaltung unterliegt. Da kann man schnell seine Schulterstücke, Posten und alles andere loswerden. Aber wenn ihr von [redacted] kommt, den ich gut kenne, dann kann ich euch in ein paar Worten erklären, was ich weiß.«

»Gut, [redacted], dann sagen Sie, welche Flüge es am 17. gab und welche Aufgaben die Piloten hatten.«

»Am 15. Juli kam aus Kirowograd eine SU (*Anm.: Kampfjet des russischen Herstellers Suchoi*) mit der Bordnummer [redacted], angeblich um …«

»Am 15.?«

»Ja, am 15. schickte man eine SU aus Kirowograd, da bin ich ganz sicher. Angeblich kam sie für eine technische Umrüstung. Dann wurde sie in den Hangar gestellt, und das war's. Am 16. absolvierten wir, soweit ich mich erinnere, keine Flüge, aber am 17. gab es Flüge nach Plan. Am 17. Juli 2014 sollten nach Plan die Bordnummern [redacted] und [redacted] fliegen.«

»Das ist Ihr Kenntnisstand?«

»Ja, so war es im Bordbuch eingetragen. Aber statt [redacted] flog diese Maschine, die aus Kirowograd gekommen war. Es war irgendwie merkwürdig. Sie stand in keinem Bordbuch, nirgendwo.«

»Ich verstehe ..., sagen Sie bitte ...«

»Die sollten den Auftrag Nr. 1 ausführen. Das ist der Kampfauftrag zur Vernichtung von Luftzielen. Irgendwo in Richtung Toresowo, irgendwo da. Snezhnoje und Toresowo.«

»Aber da ist doch Grabowo, oder?«

»Ja, das ist ein kleiner Wohnort zwischen diesen beiden Orten. Dorthin sind sie geflogen.«

»Und, sagen Sie, wie führen die Flugzeuge den Kampfauftrag aus? Sind sie mit allen Kampfmitteln ausgerüstet?«

»Sie sind doch ein erwachsener Mensch. Flugzeuge, die den Auftrag Nr. 1, also den Kampfauftrag Nr. 1 ausführen, haben Kampfausrüstung. Dazu gehören Luft-Boden-Raketen, Kanonen ...«

»Also eine kampffähige Vorrichtung.«

»Natürlich, die haben doch einen Kampfauftrag.«

»Und das wird alles eingesetzt?«

»Selbstverständlich, ja.«

»Werden Ziele anvisiert?«

»Wenn es ein Nr. 1 war, dann gab es auch ein Ziel.«

»Wurde es getroffen?«

»Als diese Flüge stattfanden, hatte ich einen anderen Posten. Deswegen kann ich Ihnen das nicht sagen.«

»Und welcher Posten war das?«

»Ich war [redacted].«

»Genau zu der Zeit?«

»Ja, und das sind meine Informationen.«

»Wer war Ihr Truppenkommandeur damals?«

»Das war [redacted].«

»Gleicher Truppenteil?«

»Ja, Truppenteil Nr. [redacted].«

»Haben Sie die Namen der Piloten? Bisher haben Sie nur Nummern genannt.«

»Es steht alles in den Bordbüchern. Damals waren [redacted] und [redacted] unterwegs. Aber Pilot [redacted] mit der Bordnummer [redacted] war nicht unterwegs. An seiner Stelle flog dieser unbekannte Pilot, der aus Kirowograd kam.«

»Alles klar.«

»Und noch etwas, eine interessante Information. In den Tagen vorher, etwa um den 15. rum, kam zu uns ein BUK-Fliegerabwehr-Raketensystem aus der Fliegerabwehrtruppe [redacted], irgendwo in der Nähe von Donezk. Mit der Besatzung hat unser ›Sonderbeauftragter‹ gesprochen, und ich weiß, dass sie am 17. auch in dem Gebiet zwischen Snezhnoje und Toresowo unterwegs waren – zur Unterstützung des Auftrags.«

»Was, haben die auch Schüsse abgegeben?«

»Nein, die wohl nicht. Aber sie rückten zur Unterstützung aus.«

»Ich verstehe. Für den Fall, dass es nicht klappt.«

»Kann ich nicht mit Sicherheit sagen.«

»Kennen Sie irgendwelche Namen von dieser Besatzung? Haben die sich irgendwo eingetragen?«

»Nein, aber aus dem Gedächtnis – Sie verstehen, es ist schon etwas her – war der Fahrer dieses Flugabwehrsystems [redacted]. Die anderen kenne ich nicht. Mit denen sprach [redacted], unser ›Sonderbeauftragter‹. Mehr weiß ich nicht.«

»Gut, und was ist mit dem Kampfauftrag? Ausgeführt und Schluss?«

»Ja, nach meiner Information war der Auftrag Nr. 1 erledigt, und am selben Tag, ich betone, am selben Tag – was sehr merkwürdig ist – wurden die Piloten der Maschinen [redacted], [redacted] und [redacted] sofort irgendwohin versetzt. Man weiß nicht, wohin.«

»Und die Maschinen sind geblieben?«

»Nein, weder die Maschinen noch die Piloten. Alle sind irgendwohin weg.«

»Die Maschinen sind auch alle weg?«

»Ja, auch die Maschinen sind weg. Mit unbekanntem Ziel.«

»Und es gibt keinerlei Informationen?«

»Bis jetzt nicht. Man hat sie wohl zu anderen Truppenteilen versetzt, so wie man das gewöhnlich macht.«

»Habe ich Sie richtig verstanden? Es war am 17. Juli?«

»Ja, es war am 17., als die Boeing abgeschossen wurde.«

»Aber Sie haben Ihre Aufgaben laut Plan parallel ausgeführt?«

»Ja, alles war geplant.«

Als ich die Übersetzung des Verhörs gelesen hatte, fragte ich Otto: »Warum zum Teufel sollte die Ukraine mit Vorsatz ein vollbesetztes Zivilflugzeug vom Himmel holen? Das ist doch totaler Quatsch und macht überhaupt keinen Sinn.«

»Das war auch nicht die Absicht. Die Maschine war zur falschen Zeit am falschen Ort.«

»Das musst du erklären.«

»Sie sollten Wladimir Putin abschießen. Der war ungefähr zur gleichen Zeit unterwegs. Aber seine Maschine, eine Iljuschin Il-96, wurde umgeleitet. Vermutlich war seinem Piloten der Luftraum über der Ukraine zu gefährlich.«

Jetzt mussten wir erst einmal tief durchatmen. Das war entweder der größte Schmarrn, den ich in meinem ganzen Leben gehört hatte – oder ein weltpolitisches Donnerwetter. Für Otto war die Sache klar. Tatsächlich war Putin in den Tagen vor dem 17. Juli auf einer ausgedehnten Südamerika-Reise und hatte am 15. und 16. Juli am sechsten Treffen der Staats- und Regierungschefs der BRICS-Staaten, also Brasilien, Russland, Indien, China und Südafrika, in Brasilien teilgenommen. Zeitlich kam es also hin.

Der Luftraum über der umkämpften Ostukraine hatte es zu der Zeit tatsächlich in sich. 15 Flugzeuge und Hubschrauber waren schon vom Himmel geholt worden, und drei Tage vor dem Todesflug von MH17 war ein Transportflugzeug der ukrainischen Streitkräfte mit einer Rakete abgeschossen worden. Was die Sache so heikel machte, war, dass die ukrainische Antonov in 6500 Meter Höhe flog. Es war in diesem Konflikt der erste Abschuss eines Flugzeugs in so großer Höhe. Das geht nicht mit Waffen, die von der Schulter abgefeuert werden. Das können nur schwere Flugabwehr-Raketensysteme. Die zuständige ukrainische Behörde hatte deswegen nur sieben Stunden später den Luftraum über der Ostukraine sperren lassen – allerdings nur bis auf 9750 Meter. Die Standard-Reiseflughöhe von Verkehrsflugzeugen liegt nur wenige hundert Meter höher.

Sicherheit garantierte das Flugverbot unter 9750 Meter nicht. Schwere Raketensysteme, die eine Maschine aus 6500 Meter abschießen können, erreichen ohne Probleme auch Flugzeuge, die in 10 000 oder 13 000 Meter Höhe fliegen. MH17 war in ungefähr 10 500 Metern unterwegs. Viele Fluggesellschaften flogen deswegen einen Bogen um die Ukraine. Auch Putin?

Verlegte Militärverbände und ein missglückter Anschlag auf den russischen Staatspräsidenten – Ottos Version der Ereignisse vom 17. Juli 2014 hatte es in sich. Und das wusste er. »Diese Informationen sind wirklich streng vertraulich. In der Ukraine hat es in diesem Zusammenhang schon viele Tote gegeben.« Er zeigte uns drei Fotos, auf denen ein strahlend blauer Himmel und der Kondensstreifen eines großen Flugzeugs zu sehen waren. Schräg dahinter und sehr viel kleiner ließ sich ein zweites Objekt erkennen, das in die gleiche Richtung fliegt. »Diese Fotos sind Minuten vor der Tragödie mit einem iPhone aufgenommen worden. Der Fotograf ist ein

Sergeant namens W. Er gehört zu einer Einheit, die an den antiterroristischen Operationen der ukrainischen Streitkräfte teilnimmt. Außerdem war er ein Agent des ukrainischen Geheimdienstes SBU. Seine Einheit war in das Gebiet zwischen Snezhnoje und Toresowo beordert worden. Er selbst sollte den Luftraum überwachen. Er zeigte diese Fotos einem Freund von einer anderen Einheit und wurde kurz darauf im Dienst, aber nicht im Kampfgebiet von einem Scharfschützen erschossen. Der SBU hat anschließend sofort seine Privatsachen beschlagnahmt. An seine Verwandten wurden sie jedoch nie ausgehändigt.« Ein Foto von dem armen Teufel, auf dem er vor einem alten Militärtransporter posiert, hatte Otto ebenfalls dabei.

W. war nicht der einzige Tote, von dem Otto erzählte. Auch einer der beiden Piloten, die angeblich den Angriff geflogen hatten, sei exekutiert worden. Der andere konnte rechtzeitig fliehen und soll sich heute irgendwo in der arabischen Welt versteckt halten. Mit ihm würden wir sprechen können, sollte mein Auftraggeber grünes Licht für weitere Verhandlungen geben. Außerdem würden wir Kopien aller Dokumente ohne Schwärzungen bekommen. Otto bestellte drei große Vodka und stieß mit uns auf das gute Geschäft an. Wir waren trotzdem skeptisch. Alles war in sich schlüssig und gut belegt. Wenn es Fälschungen waren, hatte er viel Arbeit reingesteckt. Eine solche Flut von Dokumenten und Fotos plus einer Audiodatei mit dem Funkverkehr der Piloten – das schafft niemand allein.

Wir vereinbarten ein zweites Treffen im März. Dann wollte ich ihm die Entscheidung meines Auftraggebers bekanntgeben. Diese Entscheidung war negativ ausgefallen. Warum genau, kann ich nicht sagen. Wir waren der Meinung, dass sein Material durchaus eine gründliche Prüfung verdient hätte, aber es war wohl die etwas schwierige Persönlichkeit des

Informanten, die dem Auftraggeber missfiel. Vielleicht lag es aber auch an Ottos allzu forschem Auftreten. Oder es gab noch einen anderen Grund, den ich nicht kannte. Fakt war, dass unser Auftraggeber kein Interesse hatte. Otto wurde richtig sauer und bestellte eine Flasche Cognac, die er aus einem großen Wasserglas trank. Nach eineinhalb Stunden hatte er eineinhalb Flaschen Cognac geleert, konnte aber trotzdem noch immer klare Sätze formulieren. Immer wieder drängte er darauf, dass er direkt mit unserem Auftraggeber sprechen wollte. Ich sagte ihm, das sei ausgeschlossen, darauf würde dieser sich nie einlassen. Als er eingesehen hatte, dass wir nicht weiterkommen würden, wurde Otto noch einmal deutlich: »Ich habe es dir schon bei unserem ersten Treffen gesagt. Für die Dokumente, die du schon bekommen hast, sind Menschen gestorben. Solltest du beabsichtigen, sie in irgendeiner Form an die Öffentlichkeit zu bringen, wird unsere Organisation auffliegen. Sei gewiss, dass du das nicht überlebst.« Nachdem er diese Drohung ausgesprochen hatte, verschwand er.

Der mir unbekannte Mann mittleren Alters klingelte Mitte Mai 2015 um neun Uhr morgens an der Tür meines Privathauses und entschuldigte sich sofort: »Es tut mir leid, dass ich so früh störe und unangemeldet bei Ihnen vor der Tür stehe. Aber ich sehe keine andere Möglichkeit für eine sichere Kontaktaufnahme. Ich komme wegen der MH17-Belohnung.«

Der Mann war Mitteleuropäer, sprach perfekt Deutsch und wirkte völlig entspannt. Und er hatte an meiner Tür geklingelt. Es sprach sofort viel dafür, dass hier jemand stand, der sehr genau wusste, was er tat. »Wir können gerne reden«, lud ich ihn ein, »aber nicht hier. Ich schlage vor, wir treffen uns in zwei Stunden bei Café Hartmann in Bad Schwartau an der Lübecker Straße in der Innenstadt. Dort sind wir ungestört.«

Ungestört ist man dort tatsächlich, auch wenn das Café

Hartmann auf den ersten Blick wahrscheinlich einer der ungeeignetsten Orte ist, um sich mit einem Informanten zu treffen und über eine Belohnung von insgesamt 47 Millionen Dollar zu sprechen. Die weiblichen Gäste futtern schon vormittags den wirklich ausgezeichneten hausgemachten Kuchen. Die Einrichtung stammt aus der Zeit vor coffee to go, alles ist noch ein bisschen »Aber bitte mit Sahne«. Neugierige Ohren gibt es dafür nicht.

Der mutmaßliche Informant hatte gleich gesagt, dass er der Mann für die 17 Millionen Dollar sei, also Informationen habe, die belegen, wer im Fall des MH17-Abschusses massiv Beweise unterdrückt und versucht, die Wahrheit über die Ereignisse zu verschleiern. Wir vereinbarten noch vor Ort ein Folgetreffen, damit ich ihn über die Entscheidung meiner Auftraggeber in Kenntnis setzen konnte. Ich war mir sicher, er war nur als Mittelsmann geschickt worden, und nach einer Stunde war mir klar, dass es Zeit war, meinen Schweizer Kontaktmann in Kenntnis zu setzen. Dafür fuhr ich nach Hamburg, um von dort in einer Telefonzelle die Nummer eines Schweizer Restaurants zu wählen. So hatten wir es vereinbart.

Schon nach wenigen Tagen saßen wir uns gegenüber. Geduldig hörte er sich an, was ich ihm zu erzählen hatte, und nickte dabei immer wieder. »Das hört sich sehr gut an. Sehr gut. Ich möchte mit ihm sprechen.«

Ende Mai war es dann so weit. Mittags um 12 Uhr brachte ich sie im Lübecker Radisson zusammen, nur um sie gleich darüber zu informieren, dass das Treffen nicht hier stattfinden würde. »Wir treffen uns um 15 Uhr bei mir zu Hause. Da sind wir ganz ungestört.«

Der Treffpunkt war zwar ganz gegen meine Gewohnheiten, aber ungewöhnliche Aufträge erfordern auch einen flexiblen Ermittler, und in diesem Fall hatte ich gute Gründe, das Gespräch zu mir nach Hause zu verlegen. Ich steckte tief drin in diesem Fall, der damals, knapp ein Jahr nach dem Abschuss, noch immer so viele Fragen aufwarf wie zu Beginn. Im Grunde genommen war überhaupt nichts passiert in Sachen Aufklärung. Selbst die Standards der International Civil Aviation Organization, nach denen der Bericht über die Absturzursache eines Flugzeugs spätestens innerhalb eines Jahres vorgelegt werden muss, wurden später ignoriert und die Öffentlichkeit, vor allem aber die Angehörigen der Opfer auf den 13. Oktober vertröstet. Russlands ächzte weiterhin unter den internationalen Sanktionen.

Ich musste mich absichern, denn wenn ich tatsächlich nur der nützliche Depp war, der Geld und Information zusammenbrachte, war ich möglicherweise in Gefahr. Wer ist bereit, so viel Geld auszugeben, um sich damit eine Information zu kaufen, die dann möglicherweise nicht einmal veröffentlicht wird? Es müssen keine redlichen Absichten dahinterstecken. Er könnte jemanden erpressen oder politische Entscheidungen beeinflussen wollen. Wenn er die dafür erforderlichen Informationen hat, würde er mich unter Umständen nicht mehr brauchen. Ich könnte sogar stören.

Mossi hatte seit 12 Uhr in dem fensterlosen Lieferwagen am Straßenrand gesessen und durch ein kleines Loch alles genau beobachtet. Zu dem Zeitpunkt, zu dem ich beide Parteien über den Ort des Gesprächs informiert hatte, war Mossi längst in Position. Sollte also einer der beiden auf die Idee gekommen sein, unmittelbar im Anschluss an unser erstes Treffen irgendetwas zu organisieren und zum Beispiel irgendwelche Personen in Stellung zu bringen, hätte Mossi das gesehen und mich warnen können. Aber stattdessen war alles ruhig geblieben, als der Schweizer pünktlich um 15 Uhr an meiner Tür klingelte und ich ihn hereinließ. Daniel wartete mit mir im Haus. Keine drei Minuten später kam der Informant. Was für ein Fuchs, dachte ich sofort und erinnerte mich an Florian

Homm, denn der Informant war wie Homm mit einem Klapprad unterwegs. Das war ein wirklich durchdachter Schachzug, der mir zeigte, wie gut er seine Hausaufgaben gemacht hatte. Mein Haus liegt in einer Spielstraße, weniger als hundert Meter von einem kleinen Waldstück entfernt – perfekt, um sich mit diesem Vehikel aus dem Staub zu machen und möglichen Verfolgern keine Chance zu lassen.

Etwa 20 Minuten lang sprachen wir zu viert, dann bat der Schweizer um einen Raum für ein Vieraugengespräch mit dem Informanten. Wir führten sie in meine kleine Bibliothek im Erdgeschoss, die hinten zum Garten rausgeht. Die bodentiefen Fenster hatte ich weit geöffnet, die verschlossenen Fliegentüren simulierten eine Intimität, die es nicht gab, denn wir saßen, inzwischen zu dritt, weil Mossi seinen Posten aufgegeben hatte, eine Etage über ihnen – und konnten jedes Wort mithören. Wir protokollierten. Einfacher wäre es natürlich mit einer Wanze gewesen, aber der Einsatz ist nach Paragraph 201 des deutschen Strafgesetzbuches nicht erlaubt. Wobei es da auch Ausnahmen gibt, zum Beispiel wenn der Gesprächsinhalt von einem »überragenden öffentlichen Interesse« ist.

Ist es korrekt, ein solches Gespräch zu belauschen? Ich hatte gute Gründe. Der naheliegendste Grund war, dass sie einfach rauskommen und behaupten könnten: »Hat doch nicht gepasst.« Dann würde ich dumm dastehen, und alles wäre umsonst gewesen – auch wenn sehr wohl entscheidende Informationen ausgetauscht worden waren. Sie hätten mich einfach ausgebootet, so wie es Dietmar Blumin damals bei unserem Koks-Deal in Garmisch-Partenkirchen geplant hatte. Bei Blumin konnte es mir egal sein. Mein Job war erledigt, die Kripo hatte, was sie wollte. Hier sah es ganz anders aus. Ich hatte mein Geld noch nicht und verspürte auch nicht die geringste Lust, darauf zu verzichten. Das war der finanzielle

Aspekt. Schwerwiegender war, dass ich es in diesem Fall unter Umständen mit einem staatlich sanktionierten Massenmord zu tun hatte. Da ist es gut zu wissen, wer ein falsches Spiel spielt.

Das Gespräch unter vier Augen war nach einer halben Stunde beendet. Beide wirkten entspannt, als sie aus der Bibliothek traten. Sie waren sich einig geworden und sagten mir das auch. Sie hatten Dokumente ausgetauscht. Das hatten wir gehört. Gesehen hatte ich davon nur ein paar Auszüge. Aber vor allem hatten wir sehr genau mitbekommen, was der Informant über die Vertuschung gesagt hat. In unseren Ohren klang das sehr schlüssig und bestätigte unseren Verdacht. Alles passte zusammen. Der Auftraggeber war zufrieden. Ich sollte die Jagd abblasen. Der Informant bekam seine Belohnung. Ob es die vollen 17 Millionen Dollar waren, kann ich nicht sagen. Aber sie waren sich einig geworden, also musste der Preis stimmen. Auch meine Provision wurde mir umgehend in bar ausgezahlt, die in der Schweiz deponierten 500 000 Euro gingen zurück an den Auftraggeber.

Das Protokoll des Gesprächs zwischen dem Informanten und dem Abgesandten meines Auftraggebers habe ich zu meiner Sicherheit bei einem Notar hinterlegt.

Vier Tage nach dem Gespräch klingelte es erneut an meiner Tür. Ein Mann, der sich als Mitarbeiter einer großen Anwaltskanzlei in Nordrhein-Westfalen ausgab, machte mir ein Angebot für die gewonnenen Informationen. Ich schlug es aus. War es ein Test meines Auftraggebers, oder steckte eine Behörde dahinter? Viel sprach für die erste Variante, denn außer uns wusste noch niemand von dem geheimnisvollen Informanten.

Wird das Geheimnis um den Tod der vielen unschuldigen Menschen je gelüftet? Der Abschlussbericht vom 13. Oktober

2015 zeichnet zwar präzise die letzten Minuten und Sekunden der MH17 in der Luft auf. Er beschreibt detailliert, wie eine Rakete die verheerenden Zerstörungen anrichtete, wo und aus welchem Winkel die vielen kleinen Einzelteile einschlugen. Er zeigte, wie die geborgenen Flugzeugteile in einer Halle teilweise wieder zusammengesetzt wurden, um rekonstruieren zu können, was genau da in der Luft passiert ist. Laut dem Abschlussbericht gibt es keine Zweifel daran, dass der Abschuss mit einem BUK-System erfolgte. Die angeblichen Indizien wurden nachvollziehbar mit vielen aufwändig animierten Graphiken und Filmen vorgetragen. Eine durch und durch gelungene und technisch perfekte Präsentation. Aber inhaltlich?

Ich bin kein Ballistiker. Mit meinem technischen Background kann ich nicht aufstehen und sagen »Moment mal! An dieser oder jener Stelle werden Vermutungen oder Möglichkeiten einfach als Tatsache hingestellt«. Wenn so viele offizielle und amtliche Spezialisten so lange am Werk waren, wer traut sich da, die Ergebnisse in Frage zu stellen? Die Antwort lautet: Wahrscheinlich niemand. Diese amtlich bestellten und offiziell neutralen Spezialisten würden Einwände ganz sicher kalt lächelnd buchstäblich in der Luft zerreißen. Deswegen mache ich mir auch gar nicht die Mühe, eine technische Diskussion zu starten. Aber es ist mein Job, zu hinterfragen. Das habe ich getan. Ich habe Ergebnisse bekommen, die ich aus den erwähnten Gründen hier nicht einfach veröffentlichen darf. Und genau deswegen stelle ich diesen Abschlussbericht auch infrage.

Seien wir doch ehrlich. Da wird mit einem gigantischen Aufwand ohne Rücksicht auf die Kosten ein Flugzeug-Puzzle zusammengesetzt, und als einziges Ergebnis präsentieren die Spezialisten die Behauptung, es sei eine BUK-Rakete gewesen. Ob es ein neueres oder ein älteres BUK-System war, lässt der Abschlussbericht offen. Weil das Rückschlüsse auf den Absender dieser Rakete zulassen könnte? Rückschlüsse, die vielleicht nicht in die waffenrasselnde Polemik der NATO-Generäle in den letzten Monaten passen? Denn das darf man nicht vergessen: So perfekt der Vortrag der Untersuchungskommission war – er enthält kein Wort darüber, wer als Täter in Frage kommt. Nicht einmal den Hauch einer Andeutung.

Der NSA-Skandal um Edward Snowden hat der Welt gezeigt, wozu nicht nur die Amerikaner in der Lage sind. Sie können jedes einzelne Telefonat mithören, jede noch so private E-Mail-Korrespondenz mitlesen und auf ihren gigantischen Festplatten speichern. Ihre Satelliten liefern aus vielen Kilometern Höhe Bilder in einer beängstigenden Auflösung. Ihre Drohnen bomben gezielt und ferngesteuert einzelne Autos zielsicher in die Luft. Aber niemand will den Funkverkehr über der Ostukraine an diesem Tag mitgehört haben, einem Kriegsgebiet am Rande der westlichen Welt? Man muss schon ziemlich naiv sein, um das zu glauben.

Und das führt mich zurück zu dem denkwürdigen Gespräch, das im Hause eines einfachen Mannes aus Oberbayern geführt wurde. In dem klar gesagt wurde, wer hier die wahren Zusammenhänge vertuscht. Ich bin ein Dienstleister. Ich bin meinen Auftraggebern gegenüber verpflichtet – ob es mir nun passt oder nicht. Auch wenn ich es nur schwer mit meinem Gewissen vereinbaren kann. Das ist einer der Gründe, warum ich mich entschlossen habe, nach mehr als 30 Jahren Schluss mit meiner Arbeit zu machen und meine Firma Wifka zu verkaufen.

Nachdem das Kopfgeld meiner Auftraggeber dazu geführt hatte, dass zumindest ein kleiner Personenkreis Kenntnis darüber erhalten hat, wer die wahren Hintergründe dieses Abschusses vertuscht, explodierte am 31. Oktober 2015 über Ägypten ein russisches Urlauber-Flugzeug. Wieder mussten viele Menschen sterben. Gut zwei Wochen später setzte der russische Inlandsgeheimdienst FSB eine Belohnung in Höhe von 50 Millionen Dollar aus, um Hinweise auf die Täter zu erhalten. Ich hätte diesen Auftrag nicht mehr angenommen, aber offenbar müssen die Russen aus irgendwelchen Gründen davon überzeugt sein, dass diese Art der Ermittlung zu aussagekräftigen Ergebnissen führt.

## Kapitel 12

# Abschied

### Ein Geschenk an meine Mutter

Sichtlich bewegt ließ sich die alte Dame aus dem Auto in den Rollstuhl helfen. Es regnete, aber das war ihr egal. So viele Menschen waren gekommen: Bürgermeister, Gemeinderäte, alte Freunde, und auch viele Menschen, die sie noch nie in ihrem Leben gesehen hatte. Mehr als hundert geladene Gäste waren versammelt. Viele der Männer trugen traditionelle Lederhosen und Hüte mit Gamsbart, die meisten Frauen hatten Dirndl an. Der Parkplatz war brechend voll. Pferdekutschen hielten, um noch mehr Gäste zu bringen. Aus einer der Gaststuben hörte man durch die offene Tür die bayerischen Musikanten. Das Herz der alten Dame ging über.

Seit Jahren lebte sie schon im Altenpflegeheim. Die Kraft hatte sie verlassen. Lange hatte sie sich geweigert, ihre Wohnung in der Schwaigeralm aufzugeben. Doch irgendwann ging es nicht mehr. Zu mir in den Norden wollte sie auf keinen Fall, dafür war sie zu sehr in ihrer Heimat verwurzelt. Mindestens einmal die Woche ließ sich meine Mutter von ihrer privaten Pflegerin in die Langenau fahren. Mit Tränen in den Augen sah sie, wie ihr Lebenswerk hinuntergewirtschaftet wurde. Die Bewirtschaftung hatte sie schon vor langer Zeit in fremde Hände geben müssen.

Nichts war mehr so wie früher. Kamen in den besten Jahren bis zu 400 Essen täglich aus der Küche, war es im Sommer 2011 nur noch ein Bruchteil. Von einem gastronomischen Konzept konnte schon lange nicht mehr die Rede sein. Die Schwaigeralm stand vor dem Aus. Seit dem Tod meines Vaters 1969 war immer nur das Nötigste renoviert worden. Ich sah, wie meine Mutter daran zerbrach. Auf der anderen Seite hatte sie Angst, den Pächter zu verlieren und keinen zuverlässigen neuen zu finden.

Ich musste handeln, vereinbarte ein Gespräch mit dem Pächter und sagte ihm: »So geht's nicht weiter.«

»Wir wollen eh nicht mehr. Suchen Sie sich einen Neuen für das Geschäft.«

Das war im Oktober 2011. Meine Mutter war besorgt: »Wir finden nie einen neuen Pächter. Was soll jetzt nur werden?« Verkaufen war keine Option, zumindest nicht an einen Interessenten, der die Schwaigeralm weiter als Wirtschaft betreiben wollte. Vielleicht hätte sich irgendwann jemand mit sehr viel Geld gefunden, der sie zu einer Privatresidenz mit Swimmingpool im Keller umbaut. Von solchen Leuten gibt es am Tegernsee nicht wenige. In dieser schwierigen Situation wurde sogar in der örtlichen Presse kolportiert, wir, also die Familie Resch, würden mit diesem Gedanken spielen und wir hätten auch schon einen entsprechenden Antrag beim Gemeinderat gestellt, der das dann aber abgelehnt hätte. Wer immer diesen Schmarrn geschrieben hat, hatte nicht gründlich recherchiert.

Die Schwaigeralm sollte bleiben, was sie war – eine gastronomische Institution. Das Problem war nur, dass wir maximal einen Bruchteil dessen bekommen würden, was Gebäude und Grundstück eigentlich wert waren. Natürlich hätte ich die Schwaigeralm übernehmen können, schließlich kannte ich Land und Leute, hatte Gastronomie von der Pike auf gelernt und wusste genau, was zu tun war, um wieder Schwung ins Geschäft zu bringen. Aber ich war auch schon über 60, führte inzwischen ein ganz anderes Leben und wusste, dass ich Antje gar nicht erst fragen musste, ob sie Lust hat, an den Tegernsee zu gehen. Und aus meinem Sohn würde auch kein Almwirt werden. Von welcher Seite ich das Problem auch betrachtete, es schien keine akzeptable Lösung zu geben. Und ich wollte im Tegernseer Tal nicht als derjenige dastehen, der der Schwaigeralm den Todesstoß versetzt hatte. »Seht's, der Resch Sepp, der kann's nicht. Ihr Leben lang hat die Hermine nur Arbeit gehabt, und jetzt, wo sie nicht mehr kann, lässt ihr eigener Sohn sie im Stich.« Den Gefallen wollte ich den bösen Zungen nicht tun. Ich fühlte mich dem Lebenswerk meiner Eltern verpflichtet. Meine Mutter sollte in der Gewissheit sterben, dass die Zukunft der Schwaigeralm dauerhaft gesichert ist. Dafür brauchte ich einen Partner.

Die Augustiner Bräu, Münchens älteste Brauerei, hatte als Familienunternehmen ein Herz für Traditionshäuser. Die Firmenstruktur ist etwas kompliziert. Knapp 30 Prozent der Anteile hält die Familie Inselkammer, knapp 20 Prozent die Nachfahren der Familie Wagner. Eine andere Erbin, in deren Besitz etwas mehr als die Hälfte der Anteile war, hatte damit eine gemeinnützige Stiftung gegründet, deren vorderstes Ziel der Erhalt der Brauerei als Privatunternehmen war. Gleichzeitig aber sollte die Stiftung unter anderem denkmalgeschützte Gaststätten in Bayern und Österreich originalgetreu sanieren und betreiben. Dabei stand nicht der Profit, sondern das kulturelle Erbe im Vordergrund. Vielleicht konnte das ein Ansatzpunkt für die Schwaigeralm sein? Auf gut Glück versuchte ich es und wollte jemanden im Unternehmen sprechen, der für Bierverträge zuständig ist.

»Sie haben Glück, Dr. Inselkammer ist heute im Haus. Ich stelle Sie gerne durch.«

Dr. Jannik Inselkammer war einer der beiden Geschäftsführer der Brauerei. Die Schwaigeralm war ihm sofort ein Begriff. Schon mit seinem Vater war er oft in der Langenau gewandert und dort eingekehrt. Wir verabredeten einen Vor-ort-Termin.

»Ihnen ist klar, dass wir die Schwaigeralm nicht pachten können, Herr Resch. Hier muss so viel Geld investiert werden, dass es sich nur dann rechnet, wenn Sie verkaufen.«

»Das kann ich meiner Mutter nicht antun. Ich habe eine andere Idee.«

Es wurde ein kompliziertes Vertragswerk aufgesetzt. Wir vereinbarten, dass wir die Schwaigeralm gemeinsam renovieren, wobei ich mit einer Million Euro den Löwenanteil aus eigener Tasche beisteuern musste. Augustiner Bräu würde die Schwaigeralm im Gegenzug langfristig pachten. Als ich meiner Mutter kurz vor Weihnachten den Vertrag präsentierte, war die Schwaigeralm schon fast zwei Monate geschlossen. »Das ist das schönste Weihnachtsgeschenk meines Lebens«, sagte sie. Ich hoffte inständig, sie würde die Neueröffnung noch erleben, denn ihr ging es zusehends schlechter.

Am 31. März, einem Samstag, dachte ich, jetzt ist es vorbei. Mutter war in der Nacht aus dem Bett gefallen. Die Pflegerin hatte sie einfach zurückgelegt und sich nicht weiter um sie gekümmert. Als ich sie am Morgen besuchte, war die linke Hälfte ihres Gesichts blau angelaufen. Nur ganz leise wimmerte sie: »Schmerzen. Schmerzen.« Ich rief sofort nach dem Leiter des Pflegeheims. »Was ist hier passiert? Verdammt noch mal. Schauen Sie sich meine Mutter an. Sie sieht aus, als wäre sie schon von uns gegangen.« Ich war fuchsteufelswild. Der herbeigerufene Notarzt ließ sie sofort ins Krankenhaus bringen. Bei dem Sturz hatte sie sich den Oberschenkel ausgekugelt und das Jochbein gebrochen. Mit solchen Verletzungen ist in dem Alter nicht zu spaßen. Meine Mutter war 87 Jahre alt. Ich nahm ihre Hand und sagte: »Du musst wieder gesund werden, Mutter. Du musst die Schwaigeralm eröffnen. Das wünschen sich die Menschen im Tal.«

Die Bauarbeiten hatten gerade erst begonnen, als Mutter aus dem Bett gestürzt war. Ich konnte mir kaum vorstellen, wie alles bis zum geplanten Eröffnungstag fertig werden sollte. Aber ich vertraute in die Kompetenz von Jannik Inselkammer, der immer wieder beteuert hatte, wie sehr ihm Traditionshäuser wie die Schwaigeralm am Herzen liegen. Auch meiner Mutter hatte er das versichert, als er sie nach dem Sturz zusammen mit mir im Krankenhaus besuchte. Er sollte mein Vertrauen nicht enttäuschen. Am Eröffnungstag war bis auf das Wetter alles perfekt.

Es wurde ein rauschendes Fest. Die Schwaigeralm war zurück in der Tegernseer Gastronomie und wurde vom Pfarrer geweiht. Es war mucksmäuschenstill, als meine Mutter in ihrem Rollstuhl saß und mit schwacher Stimme eine wirklich kleine Rede hielt: »Danke, schön habt ihr's gemacht. Alles ist neu und umgebaut. Ihnen, Dr. Inselkammer, möchte ich besonders danken, dass Sie das alles möglich gemacht und einen so tüchtigen neuen Wirt für die Schwaigeralm gefunden haben. Danke.« Dann griff sie nach ihrem alten Akkordeon und spielte noch ein letztes Mal ein kleines Lied für die Gäste. Sie war nur noch ein zerbrechliches Häufchen Mensch. Aber sie war glücklich.

Zwei Tage später bin ich noch einmal allein mit Mutter hochgefahren. Ich wollte ihr alles ganz genau zeigen. Am Eröffnungstag war es dafür zu voll. Sie lächelte die ganze Zeit, war tief gerührt und sagte immer wieder: »Danke, Seppi. Danke, Seppi.« Da war ich wieder der kleine Sohn, und auch mir kamen die Tränen. Ich spürte, es würde ihr letzter Besuch auf der Schwaigeralm sein. Am 3. September kam schließlich der Anruf aus dem Altenpflegeheim: »Ihre liebe Mutter ist heute Nacht friedlich eingeschlafen.«

So traurig mich diese Nachricht stimmte, so glücklich war ich, dass wir uns Monate vor ihrem Tod noch hatten aussprechen können. Eine Stunde saßen wir zusammen und haben über alles gesprochen, was uns bewegt hat. Wir haben uns nicht immer gut verstanden, aber dieses Gespräch hat alles geklärt. Würde meine Mutter heute vor mir stehen, ich wüsste nicht, was ich ihr noch zu sagen hätte. Das ist ein sehr gutes Gefühl. Ein solches Gespräch kann ich jedem Menschen nur ans Herz legen.

Bei der Testamentseröffnung wurde mir klar, was sie tatsächlich geleistet hatte in all den Jahren nach Vaters Tod. Der einst gigantische Schuldenberg war nicht nur völlig abgetragen, sie hatte es sogar geschafft, noch ein kleines Vermögen als persönliche Altersvorsorge anzusparen.

Ein Jahr nach Mutters Tod war es an der Zeit, den zweiten Teil meiner Absprache mit Jannik Inselkammer in die Tat umzusetzen. Die Augustiner Bräu kaufte die Schwaigeralm. Bei ihm und der Augustiner Bräu wusste ich sie in den allerbesten Händen. Das hatte ich auch auf der Eröffnungsfeier gesagt: »Auf der Schwaigeralm wird noch Augustiner Bier aus den Zapfhähnen fließen, wenn der Sagenbach schon ausgetrocknet ist.«

Der Christbaum, den ich als 14-jähriger Bub gepflanzt hatte, wurde gefällt. Er war längst viel zu groß geworden. Mutter hätte das nie erlaubt. Bis zum Schluss wurde er in der Vorweihnachtszeit mit vielen Lichtern geschmückt. Jetzt gibt es eine neue, und wie ich finde, ebenfalls sehr schöne Tradition. Wenn im Sommer Hochzeiten auf der Terrasse der Schwaigeralm gefeiert werden, wird aus dem mächtigen Baumstumpf der festlich dekorierte Tisch für die Hochzeitstorte.

Zum Schluss dieses Buches möchte ich noch einmal eine Belohnung aussetzen. In der Zeit, als die Schwaigeralm renoviert wurde, gab es einen Einbruch. Erst sah es so aus, als würde nichts fehlen, doch dann bemerkte ich, dass die lange Pfeife meines Vaters, die an einer Wand im Eingang zur Josefi-Stube einen Ehrenplatz bekommen hatte, gestohlen worden war. Diese Pfeife bedeutet mir sehr viel. Wenn sie schmauchte, wusste ich, jetzt wird's gemütlich. Sie stand für mich für die Augenblicke in seinem Leben, die er genoss. Wer mir diese Pfeife zurückbringt – gerne anonym über einen Anwalt –, bekommt eine Belohnung in Höhe von 10 000 Euro.

# Danksagung

Ein Privatermittler ist entgegen allen Klischees kein Einzelkämpfer. Ohne die großartige Unterstützung sehr vieler Menschen hätte ich all die Jahre nicht so erfolgreich arbeiten können. Deswegen sprengt meine Danksagung auch den üblichen Rahmen. Aber Ehre, wem Ehre gebührt:

Meiner Frau Antje und meinem Sohn für die vielen Opfer und das in mich gesetzte Vertrauen.

Den vielen Beamten und Mitarbeitern in den Behörden, mit denen ich zuverlässig und vertrauensvoll zusammenarbeiten konnte und durfte. Hervorheben möchte ich: Detfred, Egon, Günther, Joachim, Matthias, Peter, Thomas, Thorsten und Uwe.

Meinen Freunden

- Mossi, mein Fels in der Brandung. Immer zur Stelle, wenn man ihn braucht. Vielleicht der zuverlässigste Mensch, den ich je kennen gelernt habe und der zusätzlich über ein ausgezeichnetes Netzwerk verfügt, das sich nicht nur auf Fremdenlegionäre beschränkt.
- Walter Weyerer, mein ältester Freund und Unterstützer.

Die Bescheidenheit in Person und nie um einen wertvollen Ratschlag verlegen.

- Die erfolgreiche Geschäftsfrau, die unbedingt anonym bleiben möchte, aber mich seit mehr als 30 Jahren mit Herzenswärme unterstützt.
- Thomas Lenz, Geschäftsführer des wunderschönen »Arosa«-Hotels in Travemünde, dem Schauplatz vieler Gespräche und Aktionen in diesem Buch.
- Nadeshda, eine tolle Frau und großartige Übersetzerin.
- Die Familien Bierschneider und Walch aus Kreuth.
- Außerdem Jürgen Doose, Fred Dycka, Lotte Krämer, Martin Frühauf vom Restaurant »Postillion« in Rottach-Egern, Ernie Häufle, Roland Häuser, Peter Hubert vom »Herzoglichen Bräustüberl« in Tegernsee, Familie Kauder, Thomas Krause, Joachim Mondry (†), Dr. Sylke Prill, Werner Wimmer, Christian, Georgio, Heinz, Jens, Jürgen, Marcell, Reza, Roland, Uwe und Vittorio.

Den Medien, die mich immer fair behandelt und unterstützt haben – auch wenn ich vielen Interview-Wünschen nicht nachkommen konnte.

Meinen Anwälten

- Dr. Sven Krüger, Kanzlei Schwenn & Krüger (Hamburg)
- Markus Kaempf, Kanzlei Nobel & Hug (Zürich)
- Dirk Meinicke, Kanzlei Gerst & Meinicke (Hamburg)
- Christian Schlichting, Kanzlei sts (Lübeck)
- Volker Echelmeyer, Kanzlei Kluge Rechtsanwälte (Lübeck)

Dr. Jannik Inselkammer (†) von der Augustiner-Bräu in München für seinen Glauben an die Schwaigeralm sowie den neuen Pächtern Ute und Christian Totzauer.

Dem Ski Club Kreuth e.V, der mit dem Hermine- und Sepp-Resch-Gedächtnislauf das Andenken an meine Eltern ehrt.

Jürgen Diessl (Verlagsleiter) und Silvie Horch (Cheflektorin) vom Econ-Verlag, die den Mut hatten, dieses Buch zu verlegen, sowie Markus Tollhopf, der das Wunder vollbracht hat, einen komplett unfotogenen Menschen coverfähig in Szene zu setzen.

Mein letzter Dank gilt Holger Schöttelndreier, der die Idee zu diesem Buch hatte und viel Überredungskunst anwenden musste, mich davon zu überzeugen, mit meiner Geschichte an die Öffentlichkeit zu gehen und sie nach langen Gesprächen am Ostseestrand und am Tegernsee aufgeschrieben hat. Inzwischen fühle ich mich auch ihm freundschaftlich verbunden.